LITTÉRATURE, HISTOIRE, POLITIQUE
sous la direction de Catherine Coquio,
Lucie Campos et Emmanuel Bouju
36

Écrits libres de Syrie

Écrits libres de Syrie

De la révolution à la guerre

Sous la direction de Franck Mermier

PARIS
CLASSIQUES GARNIER
2018

Ce volume paraît sous la responsabilité éditoriale de Catherine Coquio.

Franck Mermier est anthropologue, directeur de recherche au CNRS (IRIS). Il a dirigé le Centre français d'études yéménites et le département des études contemporaines à l'IFPO. Ses recherches portent sur les sociétés urbaines et la production culturelle dans le monde arabe : *Le Livre et la ville. Beyrouth et l'édition arabe* (Arles, 2005) et *Récits de villes. Entre Aden et Beyrouth* (Arles, 2015).

ISBN 978-2-406-08366-5 (livre broché)
ISBN 978-2-406-08367-2 (livre relié)
ISSN 2259-9479

PRÉSENTATION

La « question syrienne », ainsi que la qualifie l'écrivain Yassin Al-Haj Saleh[1], possède une dimension mondiale, avec ses millions de réfugiés, l'engagement militaire de nombreux pays en Syrie et les clivages politiques qu'elle révèle au sein même des autres sociétés. Si certains responsables politiques et experts autoproclamés du « monde arabo-musulman » s'entendent à disserter sur la Syrie en reprenant des catégories figées de la géopolitique – le conflit se voyant souvent résumé à une guerre régionale opposant l'Iran à l'Arabie saoudite, au Qatar et à la Turquie, et à une ligne de fracture mondiale opposant la Russie aux États-Unis et leurs alliés européens, sans oublier la lutte contre le terrorisme et les revendications kurdes –, peu analysent cette guerre à partir de paradigmes internes à la société syrienne. Une société qui a été profondément bouleversée par un conflit qui a provoqué des pertes humaines et des destructions considérables, ainsi que le déplacement de millions de civils au sein même du territoire syrien.

Si la Syrie est présente de façon continue dans le champ médiatique, relativement à ses réfugiés, lors des bombardements de la coalition sur les bastions de l'organisation de l'État islamique, ou de ceux des aviations russe et syrienne sur les quartiers est d'Alep, on parlera en revanche plus rarement des milliers de Syriens disparus dans les geôles du régime d'al-Assad[2], et encore moins des initiatives de la résistance civile syrienne. Le prisme de la lutte contre l'organisation de l'État islamique a poussé de larges fractions des opinions publiques à occulter, ignorer ou minorer plusieurs aspects de la tragédie syrienne. Le refus des États-Unis et de la Grande-Bretagne de punir le régime de Damas pour son utilisation des armes chimiques, en août 2013, a constitué un tournant important laissant le champ libre à la Russie et à l'Iran.

1 Yassin Al-Haj Saleh, *La question syrienne*, traduit de l'arabe par Ziad Majed, Farouk Mardam-Bey et Nadia Leïla Aïssaoui, Arles, Actes Sud, 2016.

2 Garance Le Caisne, *Opération César. Au cœur de la machine de mort syrienne*, Paris, Stock, 2015.

L'expansion du Front al-Nosra et de Daech en Syrie s'en est suivie. De fait, la stratégie du régime a été de militariser et d'islamiser l'opposition en faisant notamment sortir de prison, en octobre 2011, des centaines d'islamistes qui sont allés rejoindre les groupes armés censés défendre les populations contre la répression barbare du régime. La propagande de ce dernier – qui le pose en rempart du terrorisme – a été en grande partie couronnée de succès, si l'on observe que dans tous les bords politiques, de l'extrême gauche à l'extrême droite, s'expriment de fortes complaisances envers les actions criminelles d'al-Assad et de ses alliés en Syrie, et une occultation des nombreuses pertes civiles occasionnées par les bombardements de la coalition et par ceux de l'aviation russe, notamment à Raqqa et Idlib.

La difficulté à qualifier ce conflit qui, au fur et à mesure que le territoire syrien s'est morcelé et que les belligérants se sont multipliés, vient encore ajouter à la confusion : le qualificatif de guerre civile tend à rendre les deux camps équivalents (comme s'il n'y en avait que deux), et à passer sous silence l'engrenage de la violence dont le régime porte l'entière responsabilité par la politique de répression sauvage qu'il a menée au début de la révolution, en mars 2011. Cette grille de lecture est aussi largement disqualifiée par la concomitance de plusieurs guerres sur le sol syrien, avec l'intervention de nombreuses forces étrangères, notamment aux côtés du régime d'al-Assad, dont le maintien est dû à l'action décisive des milices chiites irakiennes, afghanes et pakistanaises, du Hezbollah libanais, des gardiens de la révolution iraniens et des forces russes.

Par ailleurs, le camp de ceux qui sont appelés, dans le langage médiatique, « les rebelles » est loin d'être homogène et ne peut se réduire à ses forces militaires, souvent divisées, dont certaines combattent sous le drapeau de la révolution, tandis que d'autres souhaitent instaurer un émirat islamique et oppriment les partisans de la révolution dans les territoires sous leur contrôle. L'opposition syrienne ne doit pas non plus être réduite à ses instances, qui se veulent représentatives mais qui ont montré leurs faiblesses et les limites de leur action, rendues inefficaces par les atermoiements et rivalités de leurs parrains occidentaux, turc et de la péninsule Arabique.

La forte médiatisation du conflit syrien a pour corollaire, la polarisation sur la lutte contre le jihadisme, la vigueur de campagnes de désinformation qui puisent souvent aux sources frelatées du complotisme[3] et l'occultation de nombreux aspects liés notamment à la résistance civile. Le rôle de celle-ci est constamment minoré. Pourtant, ses acteurs, à l'intérieur et à l'extérieur de la Syrie, portent les espoirs d'une nouvelle Syrie. De fait, c'est toute une constellation de collectifs qui œuvrent à repriser le tissu social syrien. Une constellation que le vacarme des armes tend à rendre inaudible : des casques blancs d'Alep aux comités locaux pour la gestion des territoires libérés, et en passant par les ONG éducatives et humanitaires qui opèrent à l'intérieur de la Syrie ou dans les camps de réfugiés des pays voisins.

Des artistes et des intellectuels syriens se sont mobilisés pour produire des récits et de nouveaux langages, donner du sens, élaborer des supports d'expression et créer à la fois une nouvelle sphère publique et une nouvelle culture syrienne. De nombreuses initiatives culturelles ont ainsi été lancées, notamment dans les capitales de l'exil, à Beyrouth, Istanbul, Berlin, Londres et Paris, relayant les voix venues de l'intérieur. À Beyrouth, plusieurs organisations fédèrent et promeuvent des activités artistiques et culturelles, telles que *Bidayyat pour les arts audiovisuels*, la *Maison du citoyen* qui publie des récits et des témoignages, *Ettijahat-Independent Culture* créé pour aider les artistes syriens à l'intérieur de leur pays, la Mémoire créative de la révolution syrienne qui recense et documente les expressions artistiques depuis la révolution. À Istanbul, la librairie *Pages*, « la première librairie arabe » de cette ville, fondée en juin 2015, est devenue un espace culturel important pour de nombreux jeunes syriens, tandis que la galerie *Arthere*, créée en décembre 2014, est un lieu de création qui vise à connecter les artistes syriens aux courants et aux réseaux de l'art contemporain.

La révolution a en effet suscité un nouveau désir de connaissance de la société syrienne, désir qui s'est confondu avec le souci de trouver des réponses aux questionnements soulevés par cette tragédie. Comment expliquer la violence inouïe qui s'est abattue sur les populations, le développement de l'extrémisme et du confessionnalisme, si ce n'est en allant chercher ces données sociologiques longtemps restées enfouies sous le boisseau de la propagande du régime ? Nombreux sont ceux qui, par un désir militant de témoignage et de compréhension, se sont mués en chroniqueurs ou en analystes de la situation syrienne. Ils tentent ainsi de

3 Voir Ziad Majed, « Syrie. La révolution orpheline, la révolution continue », *Contretemps*, n° 33, avril 2017, p. 22-31.

combattre le monopole que le pouvoir s'est attribué sur la vérité, dans l'État de barbarie[4] qu'est la Syrie – où, depuis l'arrivée au pouvoir de Hafez al-Assad en 1970, l'accès aux données par le biais des archives, des statistiques ou des pratiques d'observation est sévèrement contrôlé, voire impossible. Quelques textes rédigés par des acteurs de la révolution syrienne, qui en relatent les premières phases, ont été traduits en français. Ils constituent des témoignages importants qui ne représentent que la partie émergée de la production éditoriale des Syriens en exil[5].

Cet ouvrage a donc pour objectif de porter à la connaissance du public, par le biais de la traduction, des textes rédigés en arabe sur les conflits qui dévaste ce pays et qui font partie de ces « nouvelles écritures syriennes » finement analysées par Yassin Al-Haj Saleh dans le premier chapitre du livre. Leurs auteurs sont généralement des intellectuels engagés, souvent jeunes, qui tentent d'analyser avec un regard critique les dynamiques sociales, culturelles et politiques suscitées par les guerres, internes comme externes, qui bouleversent leur société. Plusieurs d'entre eux sont restés dans leur pays ; ceux qui sont partis en exil sont restés en liaison avec leurs compatriotes demeurés sur place. En Syrie notamment, de nombreux militants ont investi le domaine de l'information et sont devenus journalistes, créant alors des supports médiatiques qui sont devenus des centres de vie intellectuelle particulièrement actifs. Il en est ainsi du site d'*Al-Jumhuriya* (République), fondé en mars 2012 par plusieurs militants d'une Syrie laïque et démocratique dont certains sont installés à Istanbul, comme l'écrivain Yassin Al-Haj Saleh et le journaliste Yassin Swehat.

Cette revue en ligne publie des analyses et des enquêtes particulièrement fouillées, notamment sur la mainmise et les exactions du régime de Bachar al-Assad et des groupes jihadistes ou autres. Plusieurs auteurs font parvenir leurs textes depuis le territoire syrien, livrant ainsi des informations de première main relayées par ce site dont l'incipit est « Le monde en Syrie et la Syrie dans le monde », résumant en une ligne la tragédie syrienne. Plusieurs des textes syriens choisis ont aussi été publiés dans deux revues libanaises qui accueillent les écrits d'auteurs du monde arabe,

4 Michel Seurat, *Syrie. L'État de barbarie*, Paris, PUF, 2012.

5 Pour n'en citer que quelques-uns : Samar Yazbek, *Les portes du néant*, Paris, Stock, 2016 ; Majd Al Dik et Nathalie Bontemps, *À l'Est de Damas, au bout du monde. Témoignage d'un révolutionnaire syrien*, Paris, Don Quichotte Éditions, 2016. Voir aussi les témoignages rassemblés dans *Sur la révolution syrienne*, Paris, Éditions La Lenteur, 2017 et dans la revue *Vacarme, récits et voix de Syrie*, n° 79, printemps 2017.

Kalamon[6] (Parole) et *Bidayat* (Commencements). Celles-ci constituent des espaces culturels et politiques particulièrement précieux dans un monde arabe déchiré par les polarisations partisanes et communautaires. Elles relayent une pensée critique et des formes d'expression alternatives qui sont portées par une jeune génération d'intellectuels.

Ces visions de l'intérieur, transmises par les textes qui composent cet ouvrage, apportent de nouveaux éclairages sur cette guerres aux enjeux multiples, qui restent habituellement difficilement lisibles pour le public. Cette anthologie est certes arbitraire. Il a fallu faire un choix dans l'abondante production syrienne, en privilégiant une certaine succession chronologique, un impossible équilibre thématique et une variété de styles pour suggérer la riche palette de ces « nouvelles écritures syriennes ». Ces écrits relèvent de différents genres ou sont à la croisée de plusieurs : du témoignage, du document à caractère littéraire, de la chronique, de l'article académique, de l'essai sociologique et du reportage journalistique, voire de la fiction. Ils manifestent des manières de voir attachées à des expériences personnelles et collectives. Ils laissent transpirer des formes de subjectivité créatrice tout autant que des regards informés et critiques sur une guerre dévastatrice qui nous concerne tous.

Franck Mermier
CNRS (IRIS)

La réalisation de cet ouvrage a été rendue possible grâce à des financements du projet Attentats-recherche *du CNRS et de l'Institut Interdisciplinaire d'Anthropologie du Contemporain (CNRS-EHESS). Je remercie Yassin Swehat (*Al-Jumhuriya*), Fawwaz Traboulsi (Bidayat), Hazem Saghié (Kalamon), Pierre Blanc (*Confluences Méditerranée*), Marianne Babut, Elisabeth Longuenesse, Florence Troin et Manon Frappa pour leur contribution précieuse à cet ouvrage.*

6 Faute de moyens financiers, cette excellente revue a malheureusement cessé de paraître en 2016, ce qui a réduit un peu plus l'espace d'expression culturelle au Liban après la disparition des suppléments culturels des journaux *An-Nahar* et *Al-Mustaqbal*.

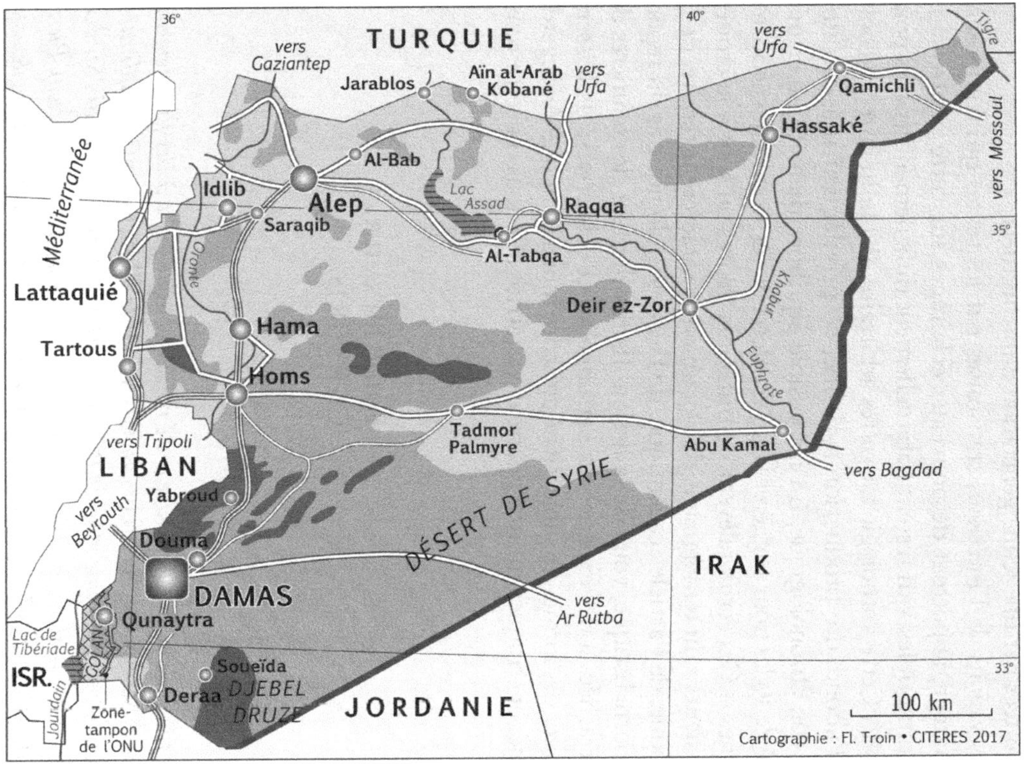

Ill. 1 – Carte de la Syrie réalisée par Florence Troin.

L'ÉCRITURE HABITÉE

À propos de quelques caractéristiques de la nouvelle écriture syrienne[1]

Après la révolution syrienne, est apparue une écriture nouvelle, de plus en plus différente de l'écriture d'avant la révolution. On la rencontre parfois chez les mêmes écrivains, mais le plus souvent chez de nouveaux auteurs, femmes et hommes, et au delà, dans une société plus large de personnes qui parlent et écrivent. La complexité de la situation syrienne a libéré la parole et l'expression, a brisé des chaines visibles et invisibles qui bridaient la génération précédente : celles du pouvoir de la censure, celles de l'idéologie et de la religion, celles de l'étroitesse de l'horizon local, celles de l'« écriture correcte » et enfin celles de la distinction entre formes d'écritures.

Cet article ne prétend pas donner une liste de nouveaux auteurs représentatifs de cette nouvelle écriture. Une telle liste ne pourrait être que partielle et arbitraire, car ceux-ci sont le produit de la rencontre entre la révolution syrienne et d'innombrables épreuves et expériences d'un côté, et des tribunes offertes par les réseaux sociaux à d'innombrables individus, où ceux qui écrivent ne sont pas tous des écrivains, de l'autre.

Le phénomène est lié à l'élargissement de la base de l'écriture, à l'apparition de nouveaux outils et de nouvelles expérience d'expression, au resserrement de l'écart entre l'écrivain et le non écrivain. Elle est liée aussi à la révolution et à la lutte syrienne. L'écriture nouvelle est par essence un récit désordonné de la révolution écrit par des écrivains et des non écrivains.

---

1 Cet article, traduit par Elisabeth Longuenesse, est la version abrégée d'un article plus long paru en arabe le 15 janvier 2016 sur le site *aljumhuriya.net*. Il a d'abord été publié dans la revue *Confluences Méditerranée. Syrie : entre fragmentation et résilience*, n° 99, hiver 2016-2017. Nous remercions M. Pierre Blanc, directeur de la revue, de nous avoir aimablement autorisé à le reproduire ici.

LA NOUVELLE ÉCRITURE SYRIENNE

Dans cet article, je présente les traits qui caractérisent l'écriture formelle, celle des écrits publiés dans une diversité de supports (essentiellement syriens, mais aussi, dans une moindre mesure, « arabes ») par des écrivains. Mais il faut garder à l'esprit que ces écrits formels s'appuient sur une base beaucoup plus large d'écrits informels et formes d'expressions publiées par d'innombrables non écrivains, et des auteurs anonymes.

LA CENTRALITÉ DE L'EXPÉRIENCE PERSONNELLE

Le premier trait caractéristique de la nouvelle écriture, formelle et informelle, est qu'elle s'appuie sur une expérience personnelle vivante. La raison en est évidente : c'est le nombre sans précédent d'expériences qui sortent de l'ordinaire, et d'individus qui ont été eux-mêmes confrontés à ces expériences. Un très grand nombre de Syriens et de Syriennes – des millions, si l'on pense à l'importance des déplacements internes et externes, au nombre d'emprisonnés et de blessés et handicapés – peuvent parler des situations extrêmes qu'ils ont personnellement vécues, ou dont ils ont été les témoins directs. Tous les Syriens sont concernés, y compris les partisans du régime, même s'il ne semble pas que ces derniers aient écrit quoi que ce soit de nouveau, peut-être parce qu'ils ne sont pas capables de parler de ce qu'ils ont vécu ou des injustices dont ils ont souffert. Les écrivains du régime écrivent d'en haut, une écriture « raisonnable » et « rationnelle », qui défend une raison a priori, la « Patrie », l'« État », l'« Armée arabe syrienne », et la « Résistance » (en fait, les assassins du Hezbollah, partisans de l'Iran).

Parmi ceux qui ont participé à la révolution et ceux qui la soutiennent, raconter leurs histoires personnelles et les histoires des autres, est une façon de poursuivre la révolution qui leur a été confisquée, à laquelle la plupart d'entre eux ne peuvent plus participer directement.

Ces expériences sont au cœur d'un nouveau « sujet » (*dhât*), forgé dans la lutte, qui a connu le danger, a été emprisonné et torturé, a failli mourir, a été assiégé dans son pays, ou a été contraint à le quitter. Même si beaucoup en sont sortis détruits, il se libère à travers la lutte. En faire le récit aide à lutter contre la destruction de soi et à le construire.

C'est quelque chose de nouveau en Syrie, qui jette les fondements d'une nouvelle génération d'écrivains, artisans d'une culture et d'une pensée syrienne nouvelle à venir.

La centralité de cette expérience personnelle dans les épreuves de nombreux Syriens s'oppose à la toute puissance extérieure d'un « référent » (*marja'*), qu'il soit politique, idéologique, ou religieux. On considérera un jour cela comme une étape essentielle, ou comme l'étape essentielle, vers la naissance d'un sujet syrien et plus généralement proche-oriental.

Que l'on s'intéresse aux femmes et aux hommes qui vivent dans le pays aujourd'hui – dans les régions sous le contrôle du régime, comme celles qui lui échappent – ou à ceux qui l'ont quitté, la lutte se poursuit de façon différente, et les récits sont chaque jour plus nombreux.

Pour réaliser l'importance de ce point, il suffit d'évoquer ce qu'a écrit la génération de nos maîtres, et aussi quelques-uns de nos contemporains, qui est à peu près vide de toute expérience concrète, de lutte personnelle, de souffrance et de déchirure, de doute et d'hésitation, a fortiori de danger. C'était dû en général à l'influence déterminante de référents imposés, qui garantissaient la validité de ce qui était dit et qu'aucune expérience réelle ne validait. La vérité était donnée a priori, elle n'était pas le produit d'une connaissance nouvelle ou de valeurs nouvelles, le produit d'une lutte.

LE SENTIMENT TRAGIQUE

La seconde caractéristique est le « sentiment tragique », qui fait de l'écriture elle-même un acte de lutte. Ce « sentiment tragique de la vie » dont parlait Miguel de Unanumo dans un livre paru en 1912, dans le contexte de l'Espagne lourde des contradictions non résolues de l'époque, n'est pas seulement lié aux expériences de la lutte, de la mort, de la torture, ni aux énormes souffrances et au coût humain et matériel effrayant de cette lutte. Il est aussi lié à la force de l'événement, à la difficulté à l'assimiler, à la confrontation avec un réel violent et changeant, aux conséquences de l'effondrement des cadres sociaux de la pensée d'avant la révolution (c'est-à-dire de la « Syrie d'Assad » et de son monde culturel et politique étroit).

Le sentiment tragique dans l'écriture d'aujourd'hui ne se réduit donc pas à une description des catastrophes, ne s'applique pas à un état de plainte et de douleur, n'évoque pas nécessairement une expérience de torture, de meurtre, de corps démembrés, de prisonniers écrasés. Le sentiment tragique est ce qui pénètre notre pensée et notre écriture au moment même où nous réfléchissons avec nos outils et nos moyens d'expression habituels (mous, tièdes, malléables), à ces expériences de lutte, mais aussi de doute sur sa justesse, d'efforts pour l'ajuster, ou pour inventer d'autres méthodes, dans un contexte de lutte d'une grande violence et sans protection, face à un ennemi d'une sauvagerie extrême. Le sentiment tragique transforme l'écriture elle-même en acte de lutte. Le tragique est un combat entre le référent et l'expérience, entre la clarté du référent et le risque de l'expérience.

Le référent ne renvoie pas seulement à une doctrine ou une théorie, il est un lien social et un cadre de pensée, de valeur, de jugement. Alors qu'ils nous protégeaient de la dureté de l'expérience et atténuaient notre sentiment de l'énormité de ce que nous vivions, ce lien et ce cadre se sont défaits. Le référent nous enveloppe, organise le monde autour de nous, nous assure une position et une identité, et en échange nous lui abandonnons notre jugement personnel. Qu'il explose, et l'expérience nous engloutit et nous écrase. Celui qui craque sous la torture n'est pas le seul à être détruit. Un grand nombre de ceux qui ne disposent pas des moyens d'organiser l'expérience et de la maîtriser et surmontent la souffrance par la drogue ou la religion le sont aussi. La pratique religieuse islamique, dans ses formes les plus rigides actuelles est un moyen de fuir le combat. Le recours à l'idiome de l'islam est peut-être une tentative d'atténuer la dureté de l'expérience et de jeter un voile de mots familier sur nos nerfs à vif. Peut-être est-ce le signe de l'immense lassitude provoquée par l'imposition de la langue assadienne depuis presque deux générations.

Nous avons connu des expériences extrêmes sans précédent, qui nous ont transformés, à un point dont nous ne sommes sans doute pas totalement conscients. Nous écrivons pour essayer de les comprendre. Comment les assimiler, les maîtriser, nous les approprier ? Faire qu'elles donnent un sens nouveau à nos vies, à notre société, à la politique ?

Le tragique n'a pas à voir avec la conscience ou l'absence de conscience de notre transformation, il est en soi une transformation, et il n'y a pas de transformation sans mort. La transformation/mort seule peut être porteuse de sens, peut produire une culture et une pensée nouvelles. Personne ne peut l'accepter spontanément. La transformation est toujours un événement tragique. Les sociétés et les cultures se sont constituées en lui résistant. Les cultures et les sociétés se transforment sous l'effet et dans le contexte d'une modernité brutale, mais aucune n'est l'alliée naturelle du changement.

Le sentiment tragique est lié à des conflits d'engagements, à l'impossibilité de concilier des attitudes opposées. Depuis que la révolution a éclaté, les Syriens sont confrontés en permanence à des choix contradictoires. Nous oscillons entre l'acceptation de la contradiction et du conflit, l'acceptation du tragique, ou au contraire le refus et le rejet. Si accepter le tragique ne garantit pas de pouvoir le maîtriser, respecter la tragédie reste le meilleur moyen pour en faire émerger un sens.

Peut-être faut-il accepter aussi que le sens ne soit pas donné. Reporter la recherche de sens ne signifie rien d'autre qu'accepter le conflit et vivre avec. Attribuer trop vite un sens à la lutte revient à relativiser nos terribles souffrances, à en faire le « prix nécessaire », « une étape inévitable », « ce que Dieu a écrit pour nous », et cela efface la dimension tragique et noble de notre lutte.

Cette lutte dans l'écriture et à l'intérieur de soi est l'équivalent et la poursuite de la révolution qui trébuche dans la réalité sociale et politique.

L'IMBRICATION DES GENRES D'ÉCRITURE

La troisième caractéristique est liée à la question du genre littéraire et de la façon d'écrire. Pendant un quart de siècle, l'article d'opinion était le genre littéraire le plus courant dans les médias. La nouvelle écriture syrienne se refuse à tout classement : elle n'est ni article d'opinion, ni enquête journalistique, ni récit, ni témoignage personnel, ni pensées. L'écriture formelle elle-même est plus proche d'un mélange de tout cela, celui qui parle y est fortement présent ; pas nécessairement la conscience de l'individu qui parle, mais celui qui raconte. Cela révèle peut-être la fin de la « modernité » intellectuelle et « objective », qui était apparue chez nous (à la différence de l'Occident) sous la forme d'un mélange d'anéantissement politique et littéraire de l'expérience personnelle, et d'une vie dans un monde d'abstractions (la « modernité », la « raison », la « rationalité », la « laïcité », la « démocratie », le « nationalisme », l'« islam »).

On observe aussi un rapprochement entre l'écriture et l'image que les générations antérieures ne pouvaient pas imaginer, une liberté dans la forme liée à une crise des référents et à une crise dans les formes d'écriture antérieures. On est peut-être face à un moment fondateur où s'effacent les distinctions héritées entre types d'écriture et formes d'expression, et plus largement entre cadres d'action et de pensée, tandis que de nouvelles distinctions apparaissent. Cette liberté s'explique peut-être aussi par le fait que beaucoup de non écrivains ont expérimenté des formes d'expression, pendant qu'ils étaient pris dans un bouleversement effrayant, dans leur vie personnelle, leur environnement, leur société, leur pays. Ceux-là fabriquent une écriture qui leur ressemble, moins formelle, moins respectueuse des formes consacrées. En tout état de cause, une seule forme d'écriture ne peut embrasser ces expériences extrêmes et répétées.

Les nouvelles écritures n'ont produit jusqu'à présent que peu de livres, peu de récits, mais elles prennent le chemin de productions plus importantes. Dans les prochaines années, je fais l'hypothèse qu'une nouvelle génération d'auteurs, hommes et femmes, réalisera chacun dans son domaine la révolution qui ne s'est pas réalisée dans la réalité.

Si l'on s'en tient à la question de la liberté de forme, il me semble que le roman est la forme la mieux adaptée pour la nouvelle écriture syrienne. En effet, le roman peut embrasser des formes d'expression qui vont du reportage journalistique, au témoignage, en passant par l'essai et la nouvelle, mais aussi l'analyse sociale ou psychologique. Il peut aussi être à plusieurs voix, et offrir un espace pour l'introspection personnelle, qui n'est pas possible ailleurs. Mais le roman doit s'appuyer sur les expériences nouvelles, et casser, une fois de plus, le pouvoir du référent ancien.

LA CONFIANCE EN SOI

La quatrième caractéristique de la nouvelle écriture est la confiance en soi gagnée dans les épreuves vécues. Le régime assadien avait tout fait pour écraser la confiance des Syriens en eux-mêmes, et les imprégner d'un sentiment d'insuffisance et de faiblesse, tandis qu'il insufflait un sentiment de supériorité, de confiance et de liberté face aux gouvernants, et se décrivait comme exceptionnel, génial et formidable. Le Syrien moyen était un être de faible valeur, qui subissait en permanence l'humiliation, et que l'on entendait rarement se plaindre. Le plus que pouvait faire la plupart des gens était de dissimuler l'humiliation et de la refouler. Cela s'appliquait aussi largement à l'écrivain, à l'intellectuel, à l'artiste syrien, bien qu'ils fussent en général moins vulnérables et fragiles que les gens ordinaires. La combinaison des conditions peu honorables de la vie publique et privée, et des diverses formes de compromission se répercutait sur leur écriture par des plaintes et des lamentations, et l'incapacité à désigner les responsables. C'est ce qui a fait le lit du culturalisme idéologique naturel des intellectuels à l'époque assadienne – particulièrement à l'époque de Bachar – qui leur faisait attribuer la responsabilité de la situation à la mentalité des habitants.

Aujourd'hui, la sortie de l'impuissance volontaire, que Kant attribuait aux Lumières, s'appuie sur un acte de révolte politique et non avant tout sur la « Lumière de la Raison ». Nos hommes des Lumières sont des maîtres de l'ignorance et des obscurantistes, dans tous les sens du mot.

Mais cette confiance en soi se combine avec un trait opposé : une grande fatigue face à l'énormité de la tâche à accomplir. Un monde a été détruit ; il est tombé entre nos mains et sur nos têtes. La révolution a écrasé beaucoup d'entre nous, elle nous a aussi sauvés du pourrissement.

La manifestation la plus importante de confiance en soi est la révolte contre le suivisme et la tradition qui étaient répandus dans les milieux des intellectuels syriens : l'imitation d'un principe supposé juste et parfait, l'obéissance et la soumission à son autorité. Aujourd'hui, la remise en cause des tabous va croissant. Le premier est le tabou *politique*. Avec lui, son jumeau, le tabou *communautaire*. Désormais, alors que la structure de l'assadisme est toujours debout, ces deux tabous ont perdu leur caractère sacré, et ne peuvent plus produire de valeur ajoutée politique ou intellectuelle. Le tabou *religieux*, est de plus en plus transgressé, malgré ceux qui cherchent à en faire une idole en remplacement des deux autres, une culture, plutôt qu'un acte individuel privé. Si elle est surtout présente dans la diaspora syrienne, cette disposition tend à progresser à l'intérieur de la Syrie. Le tabou *sexuel*, enfin, ne restera pas longtemps à l'écart de la culture. Les rapports de force évoluent de plus en plus en faveur des individus et des groupes qui mettent en question avec courage et colère ces tabous et les pouvoirs qui les protègent et les légitiment.

Cette confiance est aussi liée à la libération progressive du complexe vis à vis de l'Occident, vis à vis des islamistes, et bien sûr avant tout vis à vis du régime. Cette nouvelle liberté gagnée dans la souffrance est une façon de poursuivre la révolution.

Ceux qui ont confiance en eux sont libres, ils pensent et décident par eux-mêmes, ils s'entraident, toutes pratiques dangereuses auxquelles le régime assadien comme l'islam salafiste s'oppose à toute force. Si les parrains internationaux de l'assadisme rétablissaient son pouvoir sur la Syrie, ils ne rétabliraient pas seulement les deux tabous politique et communautaire, mais avant tout celui de la religion. Comme par le passé, lorsqu'après la répression de la fin des années 70 et du début des années 80 le régime a mis en avant al-Bouti[2], les Instituts Assad d'apprentissage du Coran et les « qubayssiates », il est probable qu'il développe sa propre organisation salafiste et qu'il renforce le tabou du sexe. Le sexe est permis pour l'élite assadienne et comme outil d'humiliation, à ses clients. Toutes les femmes syriennes, surtout celles qui ne défendent pas le régime, sont « permises » au sens où le viol et les agressions sexuelles ont été pratiqués à grande échelle dans les centres des forces de sécurité. Tandis que les pratiques sexuelles des gens ordinaires sont nécessairement surveillées et contrôlées, et sur ce plan le régime vient à l'aide des religieux de toutes les confessions. Le confessionnalisme redeviendrait à nouveau le saint des saints, car il est le lieu de convergence des tabous religieux, politique et sexuel grâce au monopole des communautés confessionnelles sur la vie sexuelle, et plus particulièrement des femmes.

LE RADICALISME

Cinquièmement, des espaces de radicalisme politique et intellectuel s'ouvrent du fait de la confiance en soi retrouvée. Y contribue aussi la conscience de l'impasse dans laquelle se trouvent les Syriens face aux choix qui leur sont proposés, aux combinaisons politiques qui les portent, et à la multiplicité des fronts de la lutte. Le régime assadien n'est pas le seul ennemi, nous devons également faire face à Daech et aux salafistes, mais aussi au système mondial actuel et aux forces qui le dominent. Cela rend notre lutte plus tragique, et contribue à la fabrication d'une « question syrienne » vouée à durer et à s'étendre. Notre lutte s'inscrit

2 Mohamed Said Ramadan al-Bouti, théologien musulman d'origine kurde, était à la tête du département des Croyances et Religions de la Faculté de Charîa de l'Université de Damas et prêchait dans les mosquées de la capitale syrienne. Proche du régime, mais opposé à la violence, il a été assassiné dans des conditions non élucidées le 21 mars 2013 à Damas (Note de la traductrice).

enfin dans le contexte d'une mutation mondiale qui la rend d'autant plus nécessaire. Mais l'affrontement avec ces trois forces hostiles est aussi l'affrontement avec un ennemi puissant qui les soutient : nous-mêmes. Cela transparaît à travers la réalité de l'« opposition syrienne », dans ses différentes composantes, avec leur médiocrité, leur suivisme, leur inconsistance ; de petits représentants pour une immense tragédie.

Être radical aujourd'hui, c'est être capable de s'affronter soi-même, se transformer pour transformer le monde et contribuer à cette transformation. C'est ce qui nous met en position d'affrontement avec le religieux et le politique, un affrontement imposé par les formes agressives de l'ordre dicté par les groupes salafistes dans les communautés locales passées sous leur pouvoir.

Être radical sur le front religieux, est un appui pour le radicalisme politique et une source de cohérence. Il s'agit non seulement de critiquer les islamistes d'une façon détournée, comme nous l'avons souvent fait avant la révolution, mais aussi rien moins qu'interroger les cadres sociaux et politiques de la critique, ce qui inclut particulièrement le régime d'Assad et les logiques confessionnelles qui se sont développées dans son ombre, en rupture avec les valeurs de la justice, de la liberté, de l'honneur et de l'humanité. La critique de la religion et de ses défenseurs aujourd'hui doit être précédée par la critique de cette sorte de critique, et s'appuyer sur l'expérience de ces cinq dernières années, pour faire une critique radicale des pouvoirs, de leurs représentants idéologiques (laïcs autoritaires), des islamistes sous toutes les formes, et du monde d'aujourd'hui.

UNE PERSPECTIVE MONDIALE

Ce qui précède est en lien avec une sixième caractéristique que l'on peut repérer dans les nouvelles écritures syriennes : une perspective mondiale, qui découle de la prise de conscience du fait que le monde est une affaire syrienne, autant que la Syrie est une affaire mondiale. Le monde a joué un rôle réactionnaire dans la question syrienne – le monde, c'est-à-dire les acteurs régionaux et internationaux et les institutions internationales. Le résultat a été d'appuyer le fascisme assadien, de le préserver de toute condamnation, et finalement de faciliter la transformation de la Syrie en un terreau fertile pour les forces parasites terroristes. « Le monde » est chez nous aujourd'hui : plus de 70 États nous font l'honneur de venir faire le jihad dans notre pays, dont quatre des cinq membres permanents du conseil de sécurité de l'ONU. Cela ne s'était encore vu dans aucun des conflits mondiaux du passé. Ensuite nous sommes dans le monde (la diaspora syrienne se répartit dans des dizaines de pays, 20 % environ des syriens ont été chassés et ont fui leur pays durant les 4 dernières années). Le changement en Syrie dépend du changement dans le monde, du fait de l'interdépendance des processus, des destins et des perspectives. Alors que la Syrie est un pays dévasté, placé sous le règne d'un roitelet protégé par les puissants, durant les cinq années de notre lutte, le monde dans son ensemble a avancé vers le pire.

Dans la diaspora syrienne, se développe le sentiment du besoin de partenaires, qui nous ressemblent et auxquels nous ressemblerions, avec qui nous partagerions leurs problèmes comme les nôtres, et travaillerions ensemble pour un monde libéré.

En même temps, nous sommes de plus en plus nombreux, du fait de la dispersion, à être sensibles à la nécessité de ne pas nous séparer du monde comme le font les nationalistes et les islamistes. Nous faisons partie du monde, et quelle que soit la façon dont nous nous définissons (comme Syriens, comme musulmans, comme êtres humains) notre responsabilité dans son déclin n'est pas marginale. Nous ne sommes pas que des victimes, nous sommes des partenaires, faibles peut-être, qui ont été écrasés de façon répétée, mais nous pouvons agir pour notre libération et notre changement. C'est notre contribution au changement du monde.

Ensuite, ce monde nouveau en nous, ne s'est pas constitué en coulisse ou séparément du reste du monde. Cela s'applique à l'islamisme contemporain, y compris le salafisme jihadiste, non seulement du point de vue de l'hostilité qu'il exprime et qu'il suscite, et qu'on ne peut comprendre en dehors du contexte mondial, mais même du point de vue de la structure de son dogme (le « règne de Dieu », qui réunit le concept de souveraineté, comme concept moderne concernant l'État nation, et la confiscation de la politique, comme caractéristique des États totalitaires du 20e siècle).

Ce monde est malade et on ne pourra pas le soigner sans le considérer du point de vue de l'intérêt de tous. Ce n'est pas seulement que l'islam n'est pas la solution, mais qu'en tant que négation du monde, il est lui-même abstrait et stérile. L'islam est un des visages du problème du monde, et la face la plus visible de notre problème à nous. Les islamistes n'ont rien à proposer comme remède pour le monde, rien d'autre qu'une hostilité hargneuse. C'est un appauvrissement pour l'islam lui-même, pas seulement pour le monde. Une croyance bâtie sur l'unicité et la justice, sur l'acceptation des croyances qui l'ont précédée, pourrait être une force de proposition pour réformer le monde, que ni Daech ni ses semblables ne pourraient usurper. L'islam, présenté comme « spécificité » menacée aujourd'hui, était en effet la promesse de notre appartenance au monde. Seul notre engagement dans le monde, contre son ordre discriminatoire actuel, contre toutes les formes de négation nihiliste, contre la négation nihiliste de l'islam lui-même, peut fonder une nouvelle mondialité, plus juste et plus libre.

Il est clair que les islamistes ne sont pas qualifiés pour résoudre les problèmes qui se posent aux Syriens et aux autres, et que les Syriens se posent à eux-mêmes. Certaines formes de l'islam ont contribué à profaner leur pays, et à faciliter sa profanation par le monde entier. Mais l'expérience de la révolution syrienne est un socle suffisant pour poser ces questions qui trouvent de plus en plus leur voie vers l'écriture et le débat public.

QUI SONT LES PRODUCTEURS DE LA NOUVELLE ÉCRITURE SYRIENNE

Ces caractéristiques ne se sont sans doute pas toutes réalisées dans les productions des années du soulèvement, mais elles représentent une tendance générale. S'il n'est pas facile d'identifier des auteurs, hommes et femmes, qui seraient les représentants de cette écriture, on peut citer certains écrits de Razan Zaytouné, Saïd al-Batal, Nayla Mansour, Rim al-Ghazzi[3], et d'autres encore.

En effet, dans la mesure où apparaissent dans la nouvelle écriture des thèmes qui jusque là n'étaient pas habituels pour les Syriens, avec des

3 Leurs textes ont été publiés sur les sites libanais NOW (https://now.mmedia.me/), *Al-modon* et *Kalamon* (http://www.kalamon.org/), et sur le site syrien à Beyrouth *Bidayyat* (http://bidayyat.org/)

témoignages personnels, des investigations de terrain, visant à documenter et à préserver le souvenir, le champ de l'écriture s'élargit à son tour à des juristes, des militants politiques, des citoyens journalistes, et des révolutionnaires sur le terrain. En même temps, la nouvelle écriture est un des visages d'un effort collectif pour se saisir de l'événement, dont la caméra a été l'instrument principal, que ce soit la caméra du téléphone portable, ou une caméra plus sophistiquée.

Tout moment fondateur se caractérise par de nouvelles combinaisons. C'est le cas de l'écriture nouvelle : d'un côté, un mélange de genres d'écriture, un brouillage des frontières, l'apparition d'écrits qui sortent des modèles habituels par leur structure, leur âpreté, ou les thèmes abordés ; de l'autre, l'absence de distinction entre écrivains et non écrivains – puisque nombre des représentants de l'écriture nouvelle ne sont pas des écrivains, comme Ahmed Ibrahim, Said al-Batal ou Rim al-Ghazzi… Et beaucoup de textes publiés sur ce site[4] ne sont pas des textes d'écrivains. Cela donne à la nouvelle écriture un caractère démocratique inconnu en Syrie. Notons que cette nouvelle écriture est de façon croissante associée à de nouveaux outils d'expression : d'abord l'image, puis la voix humaine, et à un moindre degré le dessin, la vidéo et la musique. Cela éclaire la centralité du rôle des ordinateurs et téléphones portables (particulièrement les smartphones, qui associent une partie des caractéristiques des deux) dans la vie de beaucoup de Syriens, tant à l'intérieur qu'en diaspora.

Il n'y a pas là une préférence irrationnelle pour des appareils coûteux de la part de ceux qui sont assiégés ou réfugiés. Au contraire, précisément parce qu'ils sont assiégés ou réfugiés, leur choix est rationnel au sens où cet appareil est tout à la fois un moyen de communication, une caméra, un enregistreur, un carnet de note, un journal, une radio, une télévision. Sans lui, l'assiégé meurt et le réfugié se perd. Sans les images de Madaya, qui ont été prises par des citoyens locaux assiégés, des milliers de personnes seraient mortes, sans que personne n'en entende parler. Alors si le sac de voyage a été le symbole du réfugié palestinien, aujourd'hui, le téléphone portable est celui du réfugié syrien, et de tous les Syriens.

L'important c'est que les réseaux internet, grâce aux ordinateurs et aux téléphones portables, offrent aux Syriens dispersés un moyen de

4 Il s'agit du site d'*Aljumhuria* sur lequel a été publié la version arabe de cet article, *cf.* note 1.

communiquer qu'ils avaient perdu suite à l'écrasement de leur société. Les réseaux sociaux ne sont pas pour les Syriens un « contact » qui en complète d'autres, mais une forme de société alternative unique dans les conditions qui sont les leurs.

À travers Facebook, tous les Syriens sont de « nouveaux auteurs », qui s'expriment, qui deviennent des sources d'information et de récits, qui racontent des histoires, enregistrent leurs épreuves personnelles, ou des aspects de l'épreuve générale, notent leurs opinions, débattent, réfléchissent. Cette écriture informelle est la base sur laquelle s'appuie l'écriture formelle.

Du fait que la révolution a effacé la distinction entre le personnel et le général dans la vie de la plupart des Syriens grâce aux outils technologiques, une autre forme de mélange caractérise la nouvelle écriture : celui de la parole et de l'écrit, de la langue parlée et de la langue littéraire. La langue parlée offre en effet de plus grandes possibilités d'expression personnelle. Ainsi la nouvelle écriture est une écriture qui part d'en bas, elle n'est pas élitiste, elle est l'écriture d'une société déracinée, la société d'une écriture différente. Peut-être que cette société n'analyse pas la situation mondiale, mais elle a une opinion sur le monde, elle en condamne les dirigeants, elle le voit comme un monde injuste à changer ; elle n'a peut-être pas développé une pensée organisée à propos de ce besoin de changement total, mais elle « maudit tout », et ses invectives sont toujours fondées sur des situations vécues et des exemples concrets ; elle n'a peut-être pas de réflexions formalisées sur le rôle de l'expérience et de la pratique dans la connaissance, mais ce qu'elle sait est fondée sur des expériences bien plus réelles que ceux qui ont une pensée théorique sur la question ; peut-être que son analyse des perceptions des contradictions de la lutte et de la tragédie n'est pas organisée, mais elle vit la lutte, se déchire dans cette lutte, et n'y trouve ni point d'appui ni protection. Peut-être que ni Ghadir Firas, ni Zubayda Ismail[5] (les deux femmes se sont donné le nom de leur mari enlevé, Firas Al-Haj Saleh et Ismail al-Hamed) ne sont des écrivaines, mais toutes deux écrivent leur combat quotidien contre la barbarie, le malheur et la rupture des liens, expriment par leur colère qu'elles ne pardonneront ni n'oublieront. Ce

5 Voir leurs pages Facebook. Firas (activiste et frère de l'auteur), et Ismaïl al-Hamed (médecin) sont deux opposants au régime Assad qui ont été enlevés par Daech à Raqqa, en juillet et novembre 2013.

qui est triste, c'est qu'un nombre immense de témoignages et de récits se perd, du fait du nombre de vies détruites ou écrasées.

Ce qui précède ne nous dispense pas de développer des formes d'écriture savante, plus générale et abstraite, travaillée et réflexive. Mais une écriture qui ne s'appuie pas sur les cris et les imprécations de ceux qui ont tout perdu, sur leur colère et leur détresse, leurs espoirs et leur malheur, ne peut fonder un nouvel humanisme. L'unité humaine ne peut être fondée sur autre chose que la situation par laquelle les êtres humains se ressemblent le plus : le traumatisme.

Si ce qui précède a une part de vérité, alors nous sommes à la veille d'une grande transformation, qui concerne la politique, la religion, la langue, la société, à laquelle participent les femmes en grand nombre, et dont l'horizon est mondial. C'est une révolution.

DE LA CULTURE ASSADIENNE À LA RÉVOLUTION CULTURELLE

Dans la mesure où la nouvelle écriture est un acte de lutte, chacune des caractéristiques que je viens d'évoquer entre en conflit avec une caractéristique d'écriture opposée. Comme par exemple celle qui juge les expériences d'aujourd'hui au nom d'anciennes conventions qui prétendent définir ce qui est juste, sans pour autant s'être jamais confrontées à ces expériences (voire à des expériences). Les écrits d'Adonis en sont un exemple, lorsqu'il parle d'un Arabe abstrait ou d'un musulman abstrait, dont on a l'impression qu'il est semblable à lui-même de tout temps, qu'il soit soumis à une répression terrible, qu'il proteste pacifiquement, qu'il soit un révolutionnaire armé, ou mort sous la torture, ou chassé vers un exil lointain. Et Adonis n'est pas le seul dans ce cas.

En réalité, la nouvelle écriture n'est pas une question tranchée dans les milieux de la révolution eux-mêmes. Même si l'on a pu dire qu'elle représente une orientation prévisible d'un côté, souhaitable de l'autre, la difficulté à penser et écrire autrement, dans des circonstances terribles sur le plan humain, peut inciter à se réfugier dans une forme d'expression et d'écriture anciennes, d'« écriture par en haut », qui fuit les expériences et la lutte, et qui est vide d'humanité.

La crainte de classer les écrits s'accompagne d'une stabilisation des formes anciennes, chez les auteurs les plus âgés, et d'une crainte de l'expérimentation. Mais la confiance en soi est brisée par l'épuisement, le découragement et le désespoir. L'humiliation prolongée entraine le glissement de la soumission d'un maître vers un autre, du maître assadien au maître islamiste, ou au maître des organisations occidentales, ou des États arabes riches. Le radicalisme se réduit à l'allégeance à une croyance ou une référence, ou à la recherche d'un consensus impossible au nom du patriotisme. Le mondialisme à son tour devient aveuglement, sentiment d'insuffisance, disposition à la soumission, ou complaisance dans le rôle de victime, dans notre tendance si fréquente à nous plaindre et à nous lamenter.

Ensuite, le caractère démocratique de la nouvelle écriture, et le rétrécissement de la distance entre l'écrivain et le non écrivain, voire entre la langue parlée et la langue littéraire, va à l'encontre de la logique dominante de rareté – à savoir celle qui décide que la bonne écriture est rare, et que ses clés sont entre les mains des « bons écrivains », qui écrivent une langue littéraire, et que n'y accède qu'un petit nombre.

Si l'expérience personnelle et la richesse de détails vivants, le sentiment tragique, l'interpénétration des genres d'écriture, la confiance en soi, le radicalisme, le mondialisme, la démocratie, sont les caractéristiques d'une nouvelle écriture, une écriture par en bas, d'une culture nouvelle, révolutionnaire, les caractéristiques opposées, auxquelles cette nouvelle écriture est confrontée, sont faites de somnolence, d'abstraction, de distance avec les expériences vivantes, d'écriture formelle muette, qui n'exprime ni lutte et ni vie, d'un monde figé, de servitude, d'artifice, de manque de courage, de soumission à la force, de localisme étroit, et bien sûr de distinction affirmée entre écrivain et non écrivain, entre l'écriture et la vie des habitants, tout ce qui distingue ce que l'on peut appeler la culture assadienne. C'était le caractère général de la culture dans la « Syrie d'Assad », non seulement chez les soutiens du régime, mais aussi chez une grande partie des gens de lettres.

La caractéristique essentielle de l'écriture assadienne est qu'elle n'est pas habitée, c'est une écriture dépeuplée, la voix des êtres humains en est absente, elle ne raconte pas leurs histoires, elle n'évoque pas leurs oppositions, leurs protestations, leurs colères, nous n'y trouvons rien de leurs vies et de leurs épreuves, rien n'y transparaît qui ait la moindre relation avec leur quotidien et les détails de leur vie. Cette écriture n'est pas habitée, elle ressemble à la Syrie d'Assad elle-même, au sens où ses habitants sont invisibles et sans voix, chassés de l'espace public dans leur pays, un espace réservé au clan, à son pouvoir, à son éternité.

On peut dire ainsi que l'écriture est dans tous les cas un acte politique, et que la nouvelle écriture – habitée par les voix des gens, leurs histoires, leurs images, leurs récits, leurs petites anecdotes et leur mort – elle seule est l'écriture démocratique, même s'il n'est pas écrit sur son front qu'elle le soit. En somme, l'écriture ancienne, et la culture assadienne en général, est confrontée aujourd'hui à une nouvelle écriture et une nouvelle subjectivité, emplie de monde.

Nous sommes dans une situation de conflit, nous luttons nous-mêmes et contre nous-mêmes, autant que contre les forces et les chaines extérieures. Le résultat n'est pas assuré, mais de nouvelles ruptures semblent nécessaires (politique, intellectuelle, religieuse, voire sociale), et nous devons en assumer les implications.

L'indépendance de la nouvelle écriture et de la nouvelle culture aura de plus en plus besoin d'être formalisée, théorisée, de se donner des règles, pour transformer l'expérimentation en réflexion. Pour affronter nos expériences douloureuses, nos efforts répétés pour leur donner un sens, et les combats tragiques pour faire naître ce sens, nous avons besoin d'une révolution dans la culture et nous devons résister à la contre révolution – celle que nous opposent les conceptions anciennes, qu'elles soient religieuses ou non religieuses.

Yassin Al-Haj Saleh

DU CARACTÈRE NON-CITADIN DE LA RÉVOLUTION SYRIENNE[1]

Un an après le déclenchement de la révolution syrienne, le discours selon lequel les villes de Damas et d'Alep ont participé de façon peu significative au soulèvement continue de régner dans les médias. De nombreuses analyses imputent cela au fait que les milieux d'affaires de ces deux villes-clés pour l'économie du pays ont refusé de rompre leur solide alliance avec le régime tant que leurs intérêts n'étaient pas sérieusement menacés, ni l'effondrement des institutions imminent.

La participation tardive d'Alep et celle, « timide », de quelques quartiers damascènes a servi d'argument aux porte-parole du régime pour réduire la révolution à un épiphénomène, circonscrit et marginal – avec tout ce que cela sous-entend de différenciation implicite entre ces deux villes et le reste du pays. Sans Alep et Damas, la révolution paraît incomplète, elle reste cantonnée à un mouvement protestataire de seconde zone, une simple émeute de malfrats et de gueux !

Or cette conception n'est pas le fait des seuls médias. Ainsi, les militants syriens ont longuement tenté de réveiller les populations des deux grandes villes en en appelant plus ou moins explicitement à leur honneur, sur l'exemple de ce slogan maintes fois repris dans les manifestations à Deraa et à Homs : « Hé, Damas ! Sais-tu que chez nous le régime est tombé ? » La ville d'Alep a, quant à elle, fait l'objet de nombreux propos cyniques, voire agressifs, sans parler des violences parfois physiques qu'ont subies des Aleppins présents dans les régions révoltées, étant perçus d'emblée comme pro-régime. Les révolutionnaires ressentent une certaine défiance de ces deux villes à leur égard – avec, en filigrane, l'aveu de l'incapacité de faire tomber le pouvoir d'al-Assad sans elles. C'est dans cet esprit qu'ont circulé des

---

1 Texte publié dans *Kalamon*, n° 6, printemps 2012. Traduit par Marianne Babut.

listes de sanctions économiques internationales, divulguant le nom des personnalités économiques des deux villes considérées comme des soutiens du pouvoir. Ces révélations visaient à forcer leur désolidarisation d'avec le régime, et à les pousser à s'engager aux côtés de la révolution.

Cependant, pour comprendre la situation dans toute sa complexité, il est nécessaire de prendre en compte certaines caractéristiques de l'appareil sécuritaire du régime, ainsi que la grande « élasticité » du tissu social syrien face aux pratiques répressives subies depuis le début de la révolution – ce, d'autant que le carcan policier actuel ne date pas d'hier, mais participe d'un système qui s'emploie à œuvrer contre la structure sociale depuis des décennies. Le caractère supposément « citadin[2] » d'Alep et de Damas est censé se lire dans la présence d'une bourgeoisie traditionnelle alliée au régime. Pourtant, dans les faits, le règne du Baath s'est appliqué depuis ses débuts à saper la bourgeoisie traditionnelle, en vertu de ses poncifs théoriques qui prônaient, jusqu'à récemment encore, la victoire de sa révolution sur le féodalisme et la bourgeoisie. Si cela ne remet pas en cause l'existence de vestiges d'une bourgeoisie traditionnelle inféodée au régime, liée à lui par un pacte vicié, il faut néanmoins considérer ces cas comme isolés. Ils ne constituent en rien un phénomène systématique, et ne signifient absolument pas que la bourgeoisie traditionnelle dans son ensemble, en tant que classe, se soit alliée à l'État baathiste. Toutefois, l'ampleur de la corruption du régime est telle que celui-ci a su noyauter une partie de la bourgeoisie, qui s'est fondue dans les rouages du régime au point d'en oublier son ancrage économique et social antérieur.

Les « déclassés » de la bourgeoisie traditionnelle n'ont pu s'allier au régime qu'en se pliant à son arbitraire. Pas une fois, il ne leur a été possible d'avoir une quelconque influence sur les orientations et les décisions économiques importantes, taillées sur mesure pour les nouveaux riches du régime et leurs protégés. Le reste des acteurs économiques devaient se contenter des miettes – à l'exception de ceux qui étaient entrés en

2 De nombreux sociologues et intellectuels arabes établissent un lien entre l'installation dans les villes de nombreux ruraux, la « ruralisation de la ville », et la diffusion subséquente d'un conservatisme social avec la prégnance des liens de solidarité communautaire, au détriment de la formation d'institutions civiles et la diffusion de liens de citoyenneté. Note de l'éditeur.

partenariat direct avec les gros bonnets du régime, ou qui avaient accepté d'être les faire-valoir de ces derniers, c'est-à-dire des acteurs faibles.

Quelle ironie de voir, après une année de révolution, l'importance que donne désormais le régime, via ses médias, à son alliance avec cette classe sociale qu'il définissait jusque-là comme son ennemie ! On ne peut la comprendre que si l'on sait que la classe sociale en question n'est en fait qu'un duplicata du régime lui-même : il s'agit de la classe des nantis de la corruption, dont la fortune, qui repose sur le monopole de la décision économique et des secteurs à rendements faciles et rapides, disparaitra avec la disparition du régime. Or, au regard de l'origine d'un grand nombre de ses membres, mais aussi du fait qu'elle n'a pas émergé d'un processus endogène à l'économie urbaine, cette classe sociale n'est pas citadine. C'est une classe qui s'est constituée « par le haut », raison pour laquelle elle ne possède pas d'autre outil de contrôle social que sa toute-puissance sur les moyens de subsistance de la population. Cela signifie que son ancrage social, à l'image de celui du régime tout entier, repose sur la coercition et la force, et non sur l'interaction et la collaboration.

Il est alors possible de comprendre pourquoi les nantis du régime sont déterminés à soutenir ce dernier par tous les moyens, à commencer par le financement pérenne des milices de *chabiha*[3], en dépit de toutes les répercussions financières et morales que cela implique. La chute du régime d'al-Assad viendrait non seulement tarir leur fortune à la source, mais elle révèlerait aussi, documents à l'appui, l'étendue de leur corruption.

Comprendre la « tiédeur » des deux principales villes syriennes à l'égard de la révolution implique de connaître la nature des procédés répressifs qui y sont à l'œuvre, leur efficacité, ainsi que leur impact, direct et indirect, sur la révolution elle-même. Sans intégrer cette dimension, il est impossible de saisir par quels mécanismes le régime influe sur le devenir de la révolution, ni comment il l'accule dans des retranchements qui lui profitent à lui, et dont il fait son fonds de commerce dans les médias et sur la scène internationale.

3 *Chabiha*, nom donné aux membres des gangs de nervis partisans du régime d'al-Assad. *(NdT)*.

EXPULSER LA RÉVOLUTION HORS DES PLACES PUBLIQUES, L'ACCULER DANS DES IMPASSES, L'ENFERMER DANS DES ENCLOS

Depuis le début de la révolution, les appareils policiers consacrent une grande partie de leurs efforts à maintenir sous leur joug les villes de Damas et d'Alep, et tout particulièrement les places principales et le centre-ville de la capitale. Nous savons que le rassemblement qui a marqué le début de la révolution a eu lieu au cœur de Damas, devant la mosquée des Omeyyades, forte de son symbole historique. Y ont participé de jeunes hommes et femmes issus majoritairement des milieux laïcs. Suite à cela, les forces de sécurité ont cadenassé le centre de Damas, rendant impossible aux activistes l'accès aux grandes places publiques, quitte à les en empêcher par l'usage d'une violence extrême, voire du meurtre. Le régime al-Assad, édifié par les évènements de la place Tahrir en Égypte et leur immense portée symbolique, était prêt à tout pour que cela ne se reproduise pas en Syrie, quel qu'en soit le prix.

Le résultat immédiat de la mainmise policière du régime sur le centre de la capitale et ses places publiques est d'avoir forcé les militants à se retrancher vers des quartiers moins verrouillés d'un point de vue sécuritaire. Or, cela n'est pas un secret, certains de ces quartiers n'étaient pas prêts pour la révolution. Les activistes s'y rendaient depuis d'autres régions pour y faire des manifestations-éclairs (appelées en Syrie « manifestations volantes ») dans l'intention de rallier à eux les habitants des quartiers en question. Les forces répressives sont parvenues à disperser les initiatives des activistes, qui étaient divisés sur la stratégie à adopter face à certains quartiers pas encore « mûrs » pour la révolution. Pour mettre un terme définitif à la vague de manifestations, la logique policière pariait – et continue de le faire – sur l'éparpillement des énergies militantes. Une fois les manifestants piégés dans des quartiers faciles à encercler, il était aisé de les violenter et de les arrêter massivement, sans risque de couverture médiatique importante.

Le régime d'al-Assad a su préserver, aussi bien d'un point de vue symbolique que pratique, son monopole sur l'espace public en gardant le contrôle des places principales. Ces dernières constituent un point d'attraction pour les militants, et ce, bien qu'elles ne leur offrent aucun élément de sécurité, les exposant plutôt à nu face aux machines de la mort. La plus célèbre place de Damas, la place des Omeyyades, est jalonnée de bâtiments officiels, pour la plupart militaires et policiers. Le carcan sécuritaire du régime est garanti par ses miliciens, les *chabiha*, qui n'hésitent pas un seul instant à ouvrir le feu sur les manifestants. Face à cela, les militants ont dû s'organiser dans des zones où il était possible de prendre la fuite : dans les quartiers aux ruelles étroites et à l'architecture ancienne, et dans les quartiers informels, où le bâti est spontané et sans permis. Les manifestants de la première heure ont su mobiliser les habitants de ces quartiers, donnant dès lors à la révolution une extension horizontale, et ce, même si cela allait la contraindre à rester désarticulée.

La caractéristique la plus importante de ce soulèvement des quartiers et des « ruelles » est peut-être la complémentarité des protections assurées par le bâti et la société locale. À la différence des quartiers modernes, plus riches, les quartiers traditionnels et informels ont conservé un tissu social homogène, ce qui les rend plus difficiles d'accès aux appareils policiers.

En l'absence d'un espace public dans lequel ils pourraient voir garantir leurs droits, les manifestants ont cherché refuge auprès de la structure sociale traditionnelle, et celle-ci les a soutenus. Parfois, les militants ont dû se plier aux usages conservateurs qui y étaient en vigueur, mais dans d'autres cas, ce sont ces quartiers qui ont en partie abandonné leurs « susceptibilités sociales », et il est ainsi devenu courant de voir des femmes en hijab, élevées dans l'interdiction d'ouvrir leur porte à tout homme inconnu, abriter chez elles des manifestants fuyant la traque des forces de sécurité et des *chabiha*.

Le quartier de Midan, à Damas, constitue l'archétype de la dynamique décrite ci-dessus. Il s'agit d'un quartier peu éloigné du centre de la capitale, dont les habitants appartiennent dans leur majorité à la classe moyenne, avec une tendance conservatrice et une religiosité populaire assez marquées. Les premières manifestations y ont été réalisées suite à la prière du vendredi, au départ de la mosquée al-Hassan, située sur le principal axe de circulation du quartier. Cette mosquée est restée pendant un certain temps le point de ralliement des manifestants, venus de différents quartiers de Damas et de sa périphérie. Le premier manifestant tombé à Midan sous les balles du régime n'était pas un fils du quartier, mais un jeune homme venu avec son père de Daraya (cette ville de la banlieue de Damas dont on sait qu'elle a été et continue d'être centrale dans la révolte contre le régime) pour assister à la prière et participer à la manifestation.

Après les premiers vendredis de manifestations, les forces répressives ont commencé à quadriller les alentours de la mosquée al-Hassan. Lorsque la première victime est tombée – ce jeune homme de Daraya –, cela n'a pas provoqué d'explosion de colère parmi les habitants du quartier. La victime n'était pas « des leurs », elle n'était pas directement liée à eux par le sang. Et cette réaction n'est pas spécifique aux habitants de Midan. La ville de Hama, par exemple, se divise en deux parties principales, al-Hader et al-Souq, réparties de part et d'autre du fleuve de l'Oronte. Or, dans les premiers temps, les manifestations sont restées cantonnées dans al-Hader, rejointes par quelques habitants d'al-Souq. Ce n'est que lorsque l'un des « fils d'al-Souq » y a été tué qu'al-Souq s'est à son tour soulevé, pour célébrer les funérailles de sa victime : environ deux mille manifestants sont descendus dans la rue à la sortie de la célèbre mosquée al-Sarjawi. À compter de cette date, al-Sarjawi est devenue le point de départ des manifestations, qui ont continué longtemps par la suite.

Revenons à Midan. Les premières manifestations qui se sont déroulées dans ce quartier ont donné un « coup de fouet » à la mobilisation de toute la région. Lorsque les forces de sécurité sont parvenues à contrôler le principal axe de circulation de la zone, les manifestations se sont déplacées vers les quartiers intérieurs, caractérisés par un bâti plus dense et une cohésion sociale plus forte – ce qu'allait illustrer la mobilisation massive des habitants du quartier. Pour les activistes issus de quartiers hermétiques aux manifestations, Midan devient alors la *qibla*[4]. On y voit se côtoyer jeunes hommes et jeunes femmes révoltés, avec certaines incohérences… Par exemple, des manifestantes portent à la fois un pantalon moulant et un hijab, ce qui a par exemple poussé une activiste à enjoindre, sur sa page Facebook, les militantes à dévoiler leurs visages pour révéler leur appartenance sociologique. Mais son appel n'a pas trouvé d'écho. Ce qui a prévalu, c'est le respect des mœurs du quartier hôte – et de la société syrienne en général –, conjugué à la sécurité offerte par l'anonymat et la dissimulation face aux forces répressives. Pour les

4 Direction indiquant La Mecque vers laquelle se tourne le musulman pour prier. *(NdT)*.

militantes, il valait mieux ne pas avancer à visage découvert face aux forces du régime, et, dans certains cas, se dissimuler également aux regards de leurs propres familles. Le quartier de Midan a offert la protection que les militants lui demandaient, et pas seulement à ses propres habitants. Les portes des maisons de Midan se sont ouvertes à toute personne qui fuyait la répression pour lui offrir un refuge, aux hommes comme aux femmes. Certains propriétaires de restaurants (Midan est réputé pour ses nombreux restaurants, qui attirent une clientèle venue de différents quartiers) ont adopté la même attitude, se pressant pour servir ceux que poursuivaient les hommes du régime. Allant plus loin encore dans la complicité, certains apportaient aux manifestants des repas déjà entamés pour faire croire aux forces policières qui les traquaient qu'ils étaient présents depuis un moment dans le restaurant, et n'avaient par conséquent rien à voir avec ce qui se déroulait dehors.

Par cet aspect, les quartiers traditionnels ou « quasi traditionnels » des grandes villes fonctionnent comme les petites communes ou les villages. Le tissu social, soudé et homogène, fortement ancré dans ces espaces sociaux, rend ces lieux mieux immunisés face aux assauts du pouvoir – tant que ce dernier ne recourt pas à l'extrême violence. Il est donc vrai que le caractère non citadin d'un lieu est ce qui conditionne la formation d'un milieu social plus protecteur. Alors que les slogans révolutionnaires qui s'élèvent dans l'espace public national relèvent nécessairement de concepts de la « citadinité » contemporaine, ils restent captifs de configurations sociales, rétives à l'ouverture citadine.

Le caractère « citadin » de Damas et d'Alep n'est donc pas un facteur qui joue en faveur des révolutionnaires, a fortiori compte tenu de la chape policière qui y est imposée par le régime. Quant aux quartiers qui ont décidé de se tenir à distance de la révolution, ce n'est pas uniquement en raison de leurs caractéristiques économiques et de leur structuration en termes de classes sociales, mais aussi parce que leur tissu urbanistique et démographique, marqué par un caractère plus citadin, est incapable de garantir leur protection.

LA RURALISATION DE LA RÉVOLUTION

On accuse le régime Baath d'avoir œuvré à la ruralisation des villes syriennes, en vertu de ce qu'il considère être la « révolution baathiste », à savoir, celle des ouvriers et des paysans contre les bourgeois. Or l'industrie syrienne est très peu développée, et les ouvriers sont bien peu nombreux ! Toutefois, les membres du parti Baath sont, dans leur écrasante majorité, issus de familles paysannes, ce qui explique en partie la relation de défiance qu'a toujours entretenu le Baath avec les habitants des villes, qui n'ont pour leur part jamais caché leur réticence à partager les miettes du pouvoir politique.

Le Baath a mené son coup d'État au nom du renversement de la structure sociale traditionnelle, suscitant d'emblée la méfiance des populations citadines, qui pressentaient que la structure démographique urbaine allait en être entièrement ébranlée, et les villes noyées sous un afflux humain qu'elles seraient incapables d'absorber. Comme de coutume, les mots d'ordre du Baath n'étaient qu'un vernis qui dissimulait des pratiques bien différentes. L'exode des populations rurales vers les villes, au lieu de donner lieu à une citadinisation de la société, s'est résumé, avec l'aide du pouvoir baathiste, à un simple déplacement géographique des campagnes à l'intérieur des villes. Les ruraux se sont installés dans les villes avec tous leurs habitus antérieurs. C'est bien la citadinité qui était visée par le nouveau pouvoir, qui a tout fait pour préserver et encourager le maintien des liens traditionnels tels que la parenté élargie, le clan et, finalement, la communauté religieuse. Sous prétexte de « révolutionner la structure traditionnelle », c'est à la « citadinité », en tant que foyer de la démocratie alors naissante, que le régime Baath a donné son coup de grâce.

En effet, contrairement à ce que certains se plaisent à dire, il ne s'agissait pas tant d'un désir de revanche historique de la part du monde rural, que de la volonté du pouvoir baathiste d'exclure la société du politique. Pour appliquer son régime fasciste, il lui fallait empêcher la société de se réorganiser au sein d'un espace urbain moderne. La ville est un espace qui engage la dislocation progressive et naturelle des structures traditionnelles, et qui produit des institutions politiques modernes telles que les partis, les syndicats, etc. La ville est le commencement de la politique, la démocratie s'y développe en corrélation avec le degré de citadinité. Pour le pouvoir baathiste, parvenir au monopole de la politique impliquait d'éradiquer cette culture citadine des villes pour lui substituer les solidarités traditionnelles, susceptibles d'être manipulées et soudoyées aussi souvent que nécessaire. Si l'on regarde les quarante et quelques années du règne de la famille al-Assad, on remarque que le pouvoir s'est progressivement débarrassé de son vernis idéologique, au profit d'alliances pré-étatiques. Le régime de Hafez al-Assad a fait croire aux autres groupes qu'ils étaient associés au partage du pouvoir en mettant un place un système dans lequel la prétendue répartition régionale, tribale et confessionnelle ne donnait en fait qu'une part congrue aux catégories citadines, et n'entamait pas le monopole pérenne de son pouvoir garanti par les appareils sécuritaires et militaires.

À l'exact opposé des slogans nationalistes, qui appellent en premier lieu à l'intégration et à l'ouverture patriotiques, le régime al-Assad a œuvré à la ruralisation de la société syrienne dans son intégralité, c'est-à-dire : à sa régression vers des modèles pré-citadins de solidarités. Sans les processus inhérents à notre époque contemporaine, faite de déplacements et de croisements entre les différentes catégories sociales, le régime al-Assad serait parvenu à faire complètement disparaître la question nationale en Syrie. Cela s'est révélé de façon évidente dans les premiers temps de la révolution : le pouvoir a essayé de diviser les Syriens, prétendant se mettre à l'écoute des délégations de certaines régions révoltées, convoquées pour « dialoguer », alors même que ses médias martelaient qu'il ne s'agissait que de simples protestations locales portant des revendications d'ordre purement administratif. Ainsi, par exemple, les habitants de Deraa sont apparus comme une sorte d'entité sociale isolée, sans lien avec le reste de l'espace public national. Il va de même des habitants de Homs, dont la participation à la révolution a été, dans les débuts, présentée comme un mouvement revendiquant simplement le départ du préfet de la région. C'est en cela que le régime a essayé de « ruraliser la révolution » : d'abord, en la dépouillant de la portée nationale de ses revendications ; ensuite, en insistant sur la supposée réticence des classes citadines de Damas et d'Alep à son égard. En matière de répression, le pouvoir a isolé de manière délibérée chaque région, afin de signifier à chaque lieu réprimé qu'il était littéralement privé de la protection de la collectivité nationale. La thèse d'un prétendu esprit « citadin » du régime et de ses alliés a trouvé un écho chez ceux qui ne connaissaient pas les ressorts de ce pouvoir, et qui considéraient dès lors le résultat indépendamment de ses causes. Il a ainsi parfois été donné à la révolution syrienne l'image d'une révolte de démunis et de marginaux, au détriment du caractère national de la révolution et de ses tentatives répétées de reprendre l'espace public national des mains de l'oppresseur.

Mais nous manquerions nous aussi de bon sens à ne considérer que la noblesse et la sincérité des slogans révolutionnaires nationaux sans prêter attention à l'empreinte qu'a laissée sur eux le régime, que ce soit par l'effet de décennies de pratique du pouvoir, ou par celui d'une année de répression de la révolution. La question ne se résume pas à l'impact direct des procédés de la répression policière : expulser la révolution hors des places publiques pour la parquer dans des enclos n'a pas été une simple opération technique, ni ses répercussions purement formelles.

La façon dont la révolution a évolué à Homs apporte un exemple criant des répercussions négatives des procédés du régime. Nous savons qu'au début, les activistes ont pu accéder à la place principale de l'Horloge, mais qu'ils y ont immédiatement été exposés aux tirs des forces de sécurité, ce qui les a contraints à se retrancher chacun dans son quartier. Or, le mouvement de révolte qui s'était rendu sur la place de l'horloge était « total » : non seulement parce que les gens affluaient de différents quartiers, mais aussi parce qu'ils venaient de différents milieux religieux et confessionnels. Cette configuration aurait pu offrir un climat approprié aux jeunes révoltés minorisés dans leurs milieux d'appartenance et réprouvés dans leurs quartiers. Cela aurait même peut-être pu encourager par la suite leurs semblables à s'engager, eux aussi, dans la révolution. Mais le fait que la révolution a été contrainte de s'organiser dans certains quartiers précis a rendu cette dernière « monochrome ». Les quartiers révoltés ont revêtu une unique couleur confessionnelle, et la nécessité de l'autodéfense face à la brutalité de la sûreté et des *chabiha* a, de fait, poussé ces quartiers à se fermer aux « étrangers ». Pour dire les choses comme elles sont, à Homs, la révolution des quartiers rebelles s'est transformée en révolte sunnite. Mais cela s'est passé par la force des choses, et on est bien loin de l'immense manifestation des débuts, qui rassemblait des jeunes chrétiens et alaouites, c'est-à-dire, l'ensemble des communautés de la ville – même si celles-ci étaient représentées dans des proportions différentes.

Il est important de signaler que le régime a réussi à pousser la révolution vers le seuil minimum de ses revendications nationales et citoyennes, et qu'il a su diviser Homs entre quartiers loyalistes et quartiers révoltés pour ensuite pousser ceux-ci à s'entretuer. Du côté des quartiers loyalistes alaouites, la jeunesse révoltée a été mise à l'index, entravée et interdite de participer davantage à la révolution, de façon à ce que les jeunes de la communauté embrassent la fonction de *chabiha* du régime. Le recours à la « protection sociologique » des révolutionnaires, tout comme celle des *chabiha* – deux groupes qui reposent sur la « solidarité communautaire » – a permis au régime de passer du discours latent sur la guerre confessionnelle à la menace directe. Les *chabiha* du régime venaient de quartiers tels que al-Zahra et al-Nuzha, ils saccageaient les maisons et les commerces des quartiers révoltés comme al-Khalidya et al-Bayada bien avant que cela ne provoque des prises d'otages et des enlèvements à titre de représailles. La logique d'auto-défense à laquelle ont été acculés les quartiers révoltés illustre le succès du régime, dès lors qu'il n'a plus seulement été question de se protéger contre ses pratiques répressives, mais également contre les quartiers confessionnellement et politiquement « autres ». Ainsi, les chrétiens de Homs, après avoir participé timidement aux débuts de la révolution, se sont refermés sur eux-mêmes, estimant que la spirale de la guerre qui embrasait leurs voisins ne les regardait ni de près ni de loin. De façon générale, l'expérience de la révolution à Homs a dévoilé la fragilité de la citadinité en Syrie. Les différents groupes de la ville se sont repliés sur leurs quartiers, caractérisés par des liens sociaux pré-citadins. L'impossibilité pour la révolution de prendre le contrôle de la place principale de l'Horloge a été lourde de conséquences – et l'initiative de préserver le symbole de la place en installant une maquette conforme à l'horloge originale sur une petite place de l'un des quartiers n'a pas suffi à compenser cet échec.

À Douma – une ville de la banlieue de Damas –, l'Armée libre a enlevé un général de l'armée du régime. Les ravisseurs ont demandé, en contrepartie de sa relaxe, que soient libérés des habitants de Douma détenus dans un des centres sécuritaires du régime. Or, cette action, qui peut tout à fait se justifier, indique une régression conforme aux attentes du régime. En effet, cela aurait été à l'honneur des ravisseurs de soumettre une liste de détenus appartenant à différentes régions, et non cette liste établie sur le principe de l'appartenance communautaire. L'empreinte que le régime pourrait laisser sur la révolution à long terme si cette dernière se retrouve totalement morcelée est plus grave encore. Or, ce risque est d'autant plus grand que la chute du régime tarde, et pourrait prendre bien plus de temps qu'espéré. Si la révolution parvient encore à maintenir une certaine unité autour de ses slogans à portée nationale, les mobilisations réalisées sur une base communautaire, en l'absence évidente d'une praxis révolutionnaire collective, risquent à terme d'éroder sa dimension nationale. D'un côté, l'islam politique s'infiltre dans certaines régions insurgées – avec ce que cela implique, dans le présent contexte, comme risques de tomber dans le piège communautaire confessionnel tendu par le régime, comme appréhensions concernant le futur, mais aussi comme conséquences sur la cohésion de la révolution elle-même. De l'autre, la « question kurde » se profile, à la faveur d'un certain nombre d'acteurs qui s'emploient à la séparer de la « question syrienne », arguant l'absence de considération pour la réalité kurde de la part de la composante arabe de l'opposition. Des éléments qui font craindre à certains un nouveau conflit, ce qui pourrait bien advenir si la chute du régime al-Assad était une perspective tangible, et si ces divisions s'exprimaient dans un contexte politique mûr. Or, ce n'est pas le cas. Celles-ci surviennent dans un contexte pré-politique, dans celui d'une révolution qui vise à ressusciter la politique dans une société qui en est depuis longtemps privée.

Bien entendu, on ne peut attendre de la révolution syrienne qu'elle soit nette et limpide alors que la réalité ne l'est pas, ni qu'elle s'unisse autour d'une idéologie et d'une forme organisationnelle préexistantes. Cependant, sa faiblesse théorique et politique, au cours de la première année de la révolution, a offert au régime la possibilité de creuser le fossé qui existait entre ses slogans et sa réalité. La révolution a été obligée de se morceler, tout en s'étendant, du fait de la violence extrême avec laquelle le régime l'a empêchée d'évoluer et d'agir dans l'espace physique et symbolique des villes. L'impérieux désir de vengeance face aux meurtres et massacres infligés par le régime est devenu le point commun essentiel entre les différentes composantes de la révolution. Se débarrasser du régime est devenu un projet en soi. Peu importe le prix à payer, l'important est d'y parvenir au plus vite. Car chaque journée qui passe pourrait signifier une nouvelle saignée du projet politique « authentique » de la révolution.

Le régime d'al-Assad a réussi à monopoliser, pendant plus de quatre décennies, le présent de la Syrie. Il serait désolant que le régime dessine l'avenir du pays à travers l'empreinte négative qu'il laisserait sur une révolution advenue, à l'origine, contre tout ce qu'il représentait.

Omar KADDOUR

JOURNAL
DU SIÈGE DE DOUMA, 2013[1]

5 OCTOBRE 2013

Les écoles ont ouvert leurs portes. La plupart d'entre elles ont été touchées par des obus et les élèves sont devenus des cibles permanentes Des enfants de huit ans ne savent même pas lire et écrire, voilà un problème qui s'ajoute à celui du siège. C'est un grave problème psychologique pour ces enfants qui commencent seulement à se familiariser avec les crayons, le papier, les lettres, les chiffres, les cahiers et les livres. Des enfants en sixième qui ont abandonné l'école depuis deux ans car ils ne veulent pas revenir dans cette même classe puisqu'ils devraient être en quatrième. Ils ont deux ans de retard, et cela leur fait fuir l'étude et l'école. De toute façon, les écoles si elles existent ne peuvent subvenir aux besoins, certaines sont trop loin et aucun moyen de transport n'est disponible. En raison des bombardements quotidiens sur la Ghouta, les familles craignent d'y envoyer leurs enfants.

Certaines écoles souhaiteraient que les inscriptions soient refaites sur une base saine, mais la plupart des documents scolaires des enfants sont sous les décombres.

1 Extraits de Samira Al-Khalil, *Yawmiyyât al-hisâr fî Douma 2013* [Journal du siège à Douma, 2013], présenté par Yassin Al-Haj Saleh, Beyrouth, Al-Mu'assassat al-'arabiyya li-l-dirâsat wa-l-nachr, 2016. Traduit par Franck Mermier.

8 OCTOBRE 2013

Tous mes vœus de prompt rétablissement, Hassan. Ta mère m'a informé que l'obus est tombé près de toi et que ton corps était couvert de poussière et rempli d'éclats. Tu as réussi à t'en sortir. Tu as toi-même sauvé beaucoup de gens. Ta mère nous a parlé en pleurant de ton camarade qui t'a secouru et qui a lui-même été gravement touché par l'explosion. Qu'il guérisse lui aussi. Grâce à des gens comme vous, la révolution vaincra. Salut à vous, enfants de Syrie, salut à mon pays.

9 OCTOBRE 2013

Dans la Ghouta, une mère d'une trentaine d'années dont les papiers d'identité, les vêtements de ses enfants et les meubles de sa maison sont sous les décombres. Elle a échappé de la mort avec ses enfants sans rien emporter. Elle ne sait plus rien de son mari depuis six mois. On dit qu'il est emprisonné. Elle ne sait pas comment donner à manger à ses quatre enfants. Les gens du quartier les ont logés dans une maison dont les murs ont été fracassés par les obus.

L'hiver approche. Elle n'a pas de vêtements d'hiver et de pyjamas pour ses enfants. Une de ses filles est handicapée et elle-même souffre d'une maladie du foie. Une autre de ses filles était en huitième. Je lui ai dit : « pourquoi ne l'inscris-tu pas à l'école ». Elle me répondit : « Et où irais-je chercher l'argent pour l'inscrire ? Il est possible que quelqu'un m'apporte une fois des cahiers et des stylos mais comment ferais-je le reste de l'année ? Est-ce que je serais sûr qu'un obus ne vienne pas tomber dans la rue et comment pourrais-je ne pas me blâmer et attirer les reproches de ma famille s'il arrivait un malheur ? C'est notre destin, je dois rester près d'eux. Si un obus venait à s'abattre sur notre maison, il nous tuerait tous et je n'entendrais alors aucun blâme ». Notre conversation s'arrêta là.

12 OCTOBRE 2013

Elle sortait de l'école quand un obus est tombé assez loin d'elle. Nour vit de la fumée s'élever et entendit des cris sans être touchée. Elle prit peur et commença à trembler et à vomir. Elle fut emmenée au centre de santé. Nour quitta ce monde après quelques jours avant d'arriver à la classe de cinquième. Le monde est avec les forts, pas de vérité, pas de justice, rien de rien. Le peuple ne va pas mourir, le peuple n'est pas mort, il enfante encore. Hier, notre voisine a accouché de jumeaux, nous a dit Oum Ahmed alors qu'elle cousait une rose en laine pour égayer une jupe d'enfant pour la Aïd. Que Dieu maudisse le Nobel et tous les prix du monde, Oum Ahmed.

17 OCTOBRE 2013

Hier, mon amie a revêtu ses habits neufs, son amoureux les lui a envoyés avec une personne qui a réussi à traverser les lignes. Lui-même ne peut venir la voir. Elle a étalé ses cadeaux, heureuse comme une enfant. Regarde, c'est un tricot de la maison ! Elle mit ses bottines et sa longue jupe. Je lui demandai : « Où vas-tu ? » et elle me répondit : « Faire une promenade. Viens-tu avec moi ? ». Elle fit deux tours dans la maison, la surface du salon ne faisait pas plus de dix mètres carrés avec ses bosselures. Je pensais qu'elle allait sortir dans la rue mais c'était la Syrie qui marchait avec elle. Dans sa promenade, son amoureux et ses proches l'accompagnaient. La ballade se termina et elle retourna à sa vie d'assiégée.

C'était ainsi que les prisonnières de la prison de Douma faisaient chaque jour.

17 OCTOBRE 2013

Bonjour papa. Je me rappelle bien la seule lettre que tu m'avais envoyée quand j'étais en prison, il y a 26 ans. Tu avais écrit : « Mes filles, l'être humain doit prendre position vous avez choisi la vôtre, gardez la ». Ces mots étaient mon soutien et ma force. Cette lettre nous avait été envoyée à ma sœur et à moi. Il pensait que nous étions dans la même prison alors qu'elle était dans une autre, dans « la branche des enquêtes militaires ». J'ai gardé ces mots en moi pendant quatre ans, et jusqu'à maintenant, durant ce siège, cette guerre, ces destructions, cette mort quotidienne dans la Ghouta et dans toute la Syrie.

C'est vrai « l'être humain doit prendre position », et celui qui, aujourd'hui, ne prend pas parti contre l'injustice, l'oppression et les destructions, il ne prendra jamais parti dans sa vie. Vous me manquez, toi et maman, portez-vous bien vous les piliers de ma vie !

27 OCTOBRE 2013

Lors de l'ouverture du centre féminin appelé « Les femmes maintenant » qui se trouve dans notre immeuble, deux jumeaux, une fille et un garçon, sont nés. Les femmes travaillant dans le centre ont décidé de leur offrir des cadeaux fabriqués de leurs mains. À deux semaines d'intervalle après leur naissance, le garçon puis la fille décédèrent. Lorsque l'exposition fut organisée, la voisine vint la visiter. Nous lui présentâmes nos condoléances et les femmes lui donnèrent, pour sa fille qui avait sept ans, une jupe et un jouet.

11 NOVEMBRE 2013

Lorsque la directrice de l'école s'aperçut que la plupart des élèves, au nombre de 350, étaient étourdis par la faim, elle décida de leur distribuer des morceaux de sucre, et des cahiers pour ceux qui n'en ont pas. En quoi les négociations de Genève peuvent-elles nous servir à quelque chose ? Qu'est-ce que la directrice peut faire si les morceaux de sucre ne sont pas suffisants ? Ils pourraient mettre sur l'ordre du jour de la conférence un verre de lait avec un morceau de gâteau par exemple, à moins que ces enfants ne le méritent pas.

11 NOVEMBRE 2013

Deux jours avant la Aïd qui s'est déroulée autour du 10 octobre, les routes conduisant à la Ghouta ont été fermées dans le cadre de la campagne du régime « La faim ou la soumission » qui a aggravé l'état de siège. Les commerces étaient remplis de riz, de sucre, de boulgour, et de toutes les provisions de première nécessité. Mais les prix étaient complètement fous et la Ghouta, punie pour sa liberté, n'avait plus d'électricité depuis un an. Les nuits étaient d'une totale obscurité, les gens n'allumaient aucune lumière dans les rues lorsqu'ils étaient obligés de sortir. Il y a deux jours, en pleine discussion avec ma voisine, je me suis attardée chez elle et j'oubliais que la nuit était tombée. Elle me fit accompagner par sa fille qui éclaira la voie avec un briquet en me signalant les trous d'obus. Cela faisait un an qu'ils n'avaient ni eau, ni électricité.

Maintenant, tu entres dans les commerces et tu n'y trouves rien de ce qui était sur les étagères, pas de sucre, pas de riz, rien du tout. Où ont disparu tous ces produits ? Les gens de la Ghouta disent que ce sont les commerçants qui les ont cachés pour faire augmenter les prix. Ô vous qui avez libéré la Ghouta des mains du régime, ne pouvez-vous pas la libérer des mercenaires et du monopole des profiteurs de guerre ? Que le salut vienne pour les habitants de la Ghouta, qu'il vienne pour ce pays.

11 NOVEMBRE 2013

Je vis dans la Ghouta depuis plusieurs mois. Tous ceux qui partagent le territoire des « bandes armées » sont considérés comme leur étant affiliés, les enfants, les femmes aussi bien que moi-même. Je me tiens sur le seuil de ma maison et des enfants viennent me rejoindre. On commence à discuter et on devient amis. Lorsque la Aïd survient, les enfants du quartier viennent nous souhaiter bonne fête. Après quelque temps, leurs mères sont aussi devenues des amies et sont venues nous rendre visite avec leurs enfants. Ce sont ces « bandes armées » qui nous envoient des pâtisseries faites maison, des condiments farcis. Nous avions rendu visite à certaines. La mère de Moustapha me dit : « Si tu veux quoi que ce soit du marché, j'enverrais mon fils ». Je lui répondis que j'avais peur qu'il soit victime d'un bombardement dans la rue. Elle dit : « Ce que Dieu a écrit arrive ». Chaque jour, Moustapha vient nous voir, sa tête surgit dans l'encoignure de la porte et il nous demande avec un grand sourire enchanteur : « Vous avez besoin de quelque chose ? ». Je ne souhaite qu'une chose : voir ton sourire !

Ce sont ces gens que les avions bombardent quotidiennement, dont les maisons sont détruites et avec lesquels je vis et avec qui je partage le malheur du lieu et des conversations sans fin sur la mort et ses horreurs. Je vous parlerai de certaines des discussions qui se déroulent durant ces visites.

Elle m'a dit : « Nous avons reconnu notre oncle grâce à sa chemise et à une pelote de laine. Il voulait la remettre à sa fille lorsque l'avion a lâché sa bombe. Son corps est resté trois jours au même endroit sans que nous puissions venir l'enterrer. Un sniper attendait ceux qui seraient venus le transporter. Nous ne l'avons plus revu et il n'a pas réussi à donner la pelote de laine à sa fille. C'est une bombe qui l'a emporté, et plein d'autres obus mortels nous attendent nous aussi ». Pendant que j'écris, un obus est tombé quelque part et je ne sais combien de vies il a enlevées.

12 NOVEMBRE 2013

C'est ainsi que l'on retrouve un environnement propre, en retournant aux commencements de l'évolution. Il n'y a plus rien de moderne. Les chaudières à bois sont utilisées dans toutes les maisons. Un endroit est réservé à l'entreposage du bois, arrangé avec grand soin. Le bois qui brûle le plus vite, comme une allumette, est le peuplier. Une part importante des provisions de bois est constituée par le bois d'olivier qui dure longtemps. Notre camarade Adel l'arrange en une petite pyramide dans la chaudière et cela fait un feu magnifique. On cuisine sur ces chaudières des plats délicieux, un thé enivrant et un café exquis.

On n'a plus de pain mais de toute manière le pain fait grossir et les légumes sont abondants sur les terres de la Ghouta, ils sont sains et nutritifs. Certains jours, tout le monde cuisine des épinards, d'autres jours, des fleurs ou des aubergines. Il n'y a plus d'essence, il faut donc circuler à bicyclette et c'est un bon exercice.

Il n'y a plus de cigarettes dans les boutiques, quel scandale ! Je n'ai de ma vie vu commettre un tel pêché ! Du temps de la prison, il aurait fallu être maudit pour ne pas recevoir des cigarettes et si tu ne me crois pas, demande à mes camarades ex-prisonnières. De toute façon, demain, Obama se solidarisera avec nous et nous dira : « Mangez tout sauf les cigarettes ».

18 NOVEMBRE 2013

Yassin résidait à Douma. Il l'a quittée pour repérer un nouveau lieu où les gens sont au cœur de la révolution et du siège. Il s'en alla vivre à Al-Maliha, il y a de l'eau et de l'électricité, et je suis allée le voir quinze jours après son installation. Il venait de commencer à aménager et à réparer l'endroit qu'il avait trouvé. Les fenêtres étaient cassées et les lampes brisées. Il fit venir quelqu'un pour fixer les fenêtres avec du nylon. Le balcon de la chambre était solide mais une façade vitrée donnait sur la rue. Le réservoir d'eau percé par une balle nécessitait une réparation et il fallait un nouveau générateur. Les canalisations débordaient et nécessitaient d'être isolées. C'est dans cette situation que j'arrivai.

« Pourquoi habites-tu au cinquième étage ? » Il me répondit que les rez-de-chaussée étaient habités par des familles avec enfants. Je me tus. Je montai sur le balcon pour voir les alentours. Il y avait un petit jardin devant la maison, l'immeuble qui faisait face avait été touché par un obus au rez-de-chaussée, il était noirci par la fumée, de même que les arbres dont une partie était restée verte, et une autre d'une couleur non déterminée.

Aujourd'hui, je me souviens de cela quand j'entends le bruit d'un avion qui en une heure est passée cinq fois au dessus de nous. Je me rappelle que j'habite avec ma camarade au rez-de-chaussée.

18 NOVEMBRE 2013

Elle m'a dit : « Celui qui entre dans la Ghouta doit apporter un papier du service de la sûreté qui précise le nombre de gens entrants et la durée du séjour. Chaque personne doit payer 30 000 livres syriennes et s'il veut sortir, il doit payer la même somme. Celui qui part ne peut revenir. Je veux faire sortir mes enfants mais je n'ai pas d'argent. Nous attendons que cela cesse, c'est une guerre et les gens sont dans une prison, c'est une torture, mais différente de celle du knout ou le supplice de la roue, que les gens connaissant. Ils utilisent les armes chimiques et tous les instruments de mort, que Dieu maudisse le président de l'État le plus humanitaire, je ne vais insulter personne car ils ont… »

28 NOVEMBRE 2013

J'ai décidé de compter les fois où les avions et l'artillerie bombardent la Ghouta. Depuis le matin jusqu'à cet instant, onze obus. Je ne cesse de compter tant que les obus tombent loin. Là où ils s'abattent, on recense les martyrs, les blessés, les destructions de maisons, les rues défoncées, mais la douleur et d'oppression, on ne peut les évaluer et les morts de la conscience ne peuvent les voir.

3 DÉCEMBRE 2013

La généralisation de la destruction sous toutes ses formes : quand nous étions en prison, chacune notre tour nous étions torturées et nos corps en portaient les traces. Celle qui était moins torturée se sentait coupable et craignait d'être accusée de trahison. Une des jeunes prisonnières pensa un jour à se suicider.

Aujourd'hui, la destruction s'empare de certains lieux avec une sauvagerie si grande qu'elle ne peut même être représentée dans nos pires cauchemars. Des mois sans électricité, sans eau, sans médicaments, sans aucuns soins médicaux même pour les plus souffrants, des bombes et des avions qui bombardent quotidiennement.

Lorsqu'un jour, l'électricité a été coupée à Damas, les gens de la Ghouta et moi-même avons ressenti un certain soulagement ! Qu'ils vivent un peu ce que nous vivons ! Voilà comment se généralise la destruction sous toutes ses formes. La destruction de l'esprit pour ceux qui restent en vie, et le régime vise à tout détruire. Il ne nous a pas seulement corrodés mais il nous a aussi dénaturés. Quel enfant de… !

Samira AL-KHALIL

LE PIÈGE DÉSIRÉ

Chroniques damascènes, 2014[1]

Parmi les moyens dont tu disposes, en tant qu'individu, pour faire face à un torrent dévastateur aux remous tempétueux, il t'est possible de rationaliser les choses, de les ratiociner, de les théoriser à l'intérieur de toi afin de conserver un minimum d'unité rationnelle, psychologique et physique. Tu cherches à te raisonner : « La vie humaine, par définition, n'est pas juste. Des millions d'êtres ont vécu avant nous ces mêmes charnières historiques auxquelles survivent toujours des rescapés et des témoins. Nous ne valons pas mieux que les Indiens d'Amérique, les Arméniens, les Palestiniens, les Cambodgiens… Il y aura une issue. Nulle chose n'est immuable. » Pourtant, crois-moi, malgré tous ces efforts de la pensée, et quelle que soit ta condition par ailleurs – que tu poses un regard fort de ton engagement politique et concret sur les évènements, ou que tu sois absorbé à t'user pour assurer un peu de pain et de sécurité à ta famille –, tu en arriveras au même sentiment d'impuissance, au plus profond de toi. Car tout cela est bien trop lourd pour être porté par l'individu seul, pour dire les choses comme elles sont.

L'INFORME SPECTRE DU TEMPS

Je sors prendre un café avec un ami ; l'un des rares qu'il me reste à Damas. Sortir de chez soi, se déplacer, passer un moment amical sont devenus autant de pratiques festives, de celles qu'on ne peut plus vivre souvent. Parmi les confidences que l'on échange sur notre métier d'enseignant, il me dit : « D'une certaine façon, nous ressemblons à ce

1 Texte publié dans *Bidayat*, n° 8-9, printemps-été 2014. Traduit par Marianne Babut.

vieux réalisateur de films pornographiques qui a un jour confié à la presse qu'il continuait ses tournages, malgré son grand âge, pour le plaisir de contempler les jeunes s'adonner à des prouesses érotiques dont lui n'était plus capable. Nous, les enseignants, sommes comme lui : rivés à notre place, nous observons les jeunes générations se succéder et rajeunir sans cesse. Nous avançons en âge sans bouger, plantés au même endroit. La fraîcheur de la jeunesse qui défile sous nos yeux, année après année, fait bouger le décor autour de nous qui restons figés. » Dans le présent contexte, ses mots revêtent une dimension d'autant plus vraie, et d'autant plus cruelle. Nous sommes des Simon-Pierre, mais sans la rétribution spirituelle. Or, sur cette Terre, le temps n'est jamais qu'un adversaire déloyal. Le temps, c'est l'éternité qui a précédé le mois de mars 2011 et a passé en un clin d'œil. Notre vie n'est qu'un battement de paupières.

Le temps, c'est l'instant de la peur. Celui de l'angoisse de l'arrestation, qui a l'insolence de se faire éternel. L'éternité tout entière est retenue dans cet instant où l'on supplie le snipper de ne pas nous achever. Où l'on prie intérieurement la roquette de contourner nos enfants, ou alors d'en finir avec nous, vite fait, bien fait, sans que cela ne vienne alourdir et compliquer davantage la vie de nos proches. Le temps, c'est l'informe spectre de l'espérance que nous implorons d'être patient : le mois prochain, à la prochaine échéance, au moment des élections américaines, à la reprise automnale du travail en Europe, après les élections en Iran, avant celles en Turquie, à la clôture des négociations sur le nucléaire. Puis, à un moment donné, on se réveille pour se rendre compte que le spectre de l'espérance s'est joué de nous une fois de plus, et qu'une nouvelle portion de nos vies vient d'être broyée sous les talons du temps. Peut-être le temps perdu au passage des barrages militaires qui jalonnent cette ville défigurée est-il l'image abrupte et directe, sans aucune abstraction, de nos existences réduites à néant. Cette distance à parcourir, atemporelle et a-topique, est suffisamment longue pour nous rappeler que nos vies ne sont que des poussières de cendre échappées de nos corps. Attendre aux barrages, c'est apprendre par l'expérience ce qu'est la science des probabilités. La probabilité d'un affrontement, la probabilité que le soleil brûlant réveille la prédisposition du soldat à tous nous tuer avant de se donner la mort – à sa place, l'idée me viendrait toutes les trente secondes à l'esprit. Le barrage, c'est cette infime zone de contact qui n'inclut pas, pour le soldat, le choix de la vie : quelle direction prendre, entre les deux visages de la mort ?

Le temps, c'est le temps de la révolution qui nous a confisqués à nous-mêmes, à nos familles, pour que l'on soit corps et âme à elle. Puis on se réveille et on constate que nos enfants ont grandi, depuis plus de trois ans, sans que l'on prenne d'eux une seule photo, sans que l'on ait en mémoire les étapes de leur croissance. Comme si cela avait permis de résister à l'aliénation, de s'auto-suffire et de vivre le moment présent dans toute son intensité. On se réveille et l'on se rend compte que nos enfants se sont habitués au bruit des avions de guerre sans plus manifester de peur, quand ils en tremblaient d'effroi encore deux ans plus tôt. Qu'ils se sont accoutumés aux bombardements comme à un bruit de fond quotidien, sans réaction particulière. On reste en état de choc devant l'effroyable perfidie du temps, ce conspirateur silencieux. Rien n'a été clairement annoncé, personne n'a crié pour nous prévenir, le temps ne s'est pas arrêté pour nous avertir. Rien du tout ! Tout, dans ce Jour du Jugement dernier a lentement suivi son cours à travers nos âmes, nos enfants. Nous n'étions immunisés contre rien.

Le temps, ce sont ces pourparlers psychologiques qui n'en finissent jamais autour de la question : « Faut-il rester ? Faut-il partir ? ». Partir, c'est déclarer l'ultime défaite de ce pour quoi nous avons pris fait et cause, ce pour quoi nous nous sommes engagés. La révolution. C'est trahir ceux qui se sont fiés à nous et au fait que nous allions rester. « Rester », que l'on augmente d'un peu de poésie et de musicalité en appelant cela « résister ». Pourtant, il ne s'agit de rien d'autre que de rester à l'endroit qui nous est connu, de notre incapacité à en changer, à s'adapter à un ailleurs contraint. Laisser derrière nous les personnes âgées, seules, est-ce de la cruauté ? Est-ce de la trahison ? Et qu'en est-il du « syndrome du survivant » dont parlent les émigrés et les exilés – de gré comme de force ? Sur ce syndrome, Fadia a écrit un texte il y a deux ans, racontant comment elle s'était retrouvée totalement paralysée, brisée dans sa force d'agir. Pourrons-nous supporter ? Faut-il rester ? Sommes-nous prêts à payer le prix exorbitant qu'implique ce choix ? D'autant que nous le faisons aussi payer à la nouvelle génération, fragile et impuissante qui, elle, n'a pas choisi de vivre la guerre. Dans le choix de rester, l'une des plus redoutables projections – après la mort –, c'est de vivre l'usure, le déclin, la déficience du pays. La parabole du « peuple de la caverne » nous effraie. L'expression *« No man's land »* nous effraie. L'idée de la solitude, une fois tout le monde parti, nous tétanise. C'est peut-être cela qui nous pousse à blâmer ceux qui ont quitté le pays : s'ils étaient restés, au moins, nous aurions été plus forts. Mais la perspective la plus insoutenable dans l'hypothèse de rester, c'est la perte des enfants.

Le temps, c'est ce parcours qui nous transforme de révolutionnaires emplis du désir d'agir pour le changement, de pourfendeurs de toutes les formes d'esclavage, en êtres fatigués. Et la fatigue, après constat et expérience, est la condition première du retour de l'esclavage, sous une forme ou sous une autre.

Devant moi, une femme octogénaire marche dans les ruelles du quartier de Chaalan. Des pieds diabétiques, rougis, usés. Elle tourne la tête au gré du vent léger des mois d'avril à Damas, et contemple la scène, la ville, comme si elle la voyait pour la première fois. Ou la dernière. Damas n'en finit pas de regorger de charmes, de soleil, de brises, de pluies. Aucun tumulte dans la ville, elle est quasiment vide. Je suis elle et elle est moi. Je justifie, je rends rationnelle cette mauvaise habitude que j'ai de tout théoriser, pensant que c'est là un rempart contre la folie. La folie, en comparaison pourtant, est raison. Elle est sagesse et protection : « Tu ne fais qu'incarner la fonction psychique d'empathie. » Non ! Je suis elle et elle est moi. La ville abandonnée aux regards de ceux qui restent, voilà qui fait de la silhouette d'une personne au crépuscule de l'âge l'une des plus belles choses au monde… Il y a dans la lenteur de sa démarche une grâce qui défie la rapidité des destructions alentour. Le rétrécissement des espaces désirés fait que nous nous contentons de quelques mètres, nous réduit à une vie végétale. On contemple la ville de loin. La vie sociale se rétracte. Une poignée de vivres. Quelques livres. Et les proches. Peu suffit. Un peu d'une insouciance triste et transparente, aussi, à l'égard des tragédies et des nouvelles scènes de mendicité surgies dans la ville. Il ne s'agit pas exactement de dépression, plutôt d'un genre de mélancolie poétique. La mort acquiert un certain attrait, une force de séduction qui provoque des tressaillements dans les côtes à l'approche d'une roquette, comme au premier amour, lors du premier baiser qui nous agite le cœur… Et la remémoration permanente du spectacle de l'enterrement d'êtres aimés, une sorte de « rodage » psychologique qui ressemble aux exercices prénataux – qui ne m'ont servi à rien quand a sonné l'heure de vérité.

La dépendance à la guerre devient profonde, semblable à l'excitation de l'enfant qui veut coûte que coûte regarder une série jusqu'au dernier épisode, sans quoi il souffrira de manque. Se mêle à cela une sorte d'abstinence envers tout ce qui est extérieur à ce monde miniature. Faire le choix douloureux de rester à Damas pour être témoins de la perte, comme si le déclin et la déréliction procuraient un plaisir singulier, en dépit de l'effroi qu'ils nous inspirent. Ce n'est pas du masochisme, c'est le plaisir de la découverte, de la révélation. Qu'est-ce que d'autres lieux pourraient bien nous apprendre, après cela ? Les mégalopoles animées, leurs grandes bibliothèques, leurs multiples dynamiques ? Nous, ici, nous avons tout connu. Et puis ici, il y a également le plaisir de la lenteur et de l'absence de concurrence. Les gens « importants » étant partis, tu peux regarder dans les yeux ceux qui sont restés avec toi, les redécouvrir, sans la précipitation propre aux villes. C'est le piège désiré.

LE SERVICE APRÈS MORT

C'est étrange, de voir combien l'humain peut composer avec la densité de la mort et sa présence ! D'une certaine façon, la tristesse et la séparation deviennent moins importantes que les aspects pratiques de la disparition. Après sa visite extrêmement pénible de la chambre froide de l'hôpital al-Mojtahid, afin d'identifier le corps de son frère tué par une balle perdue, Rim m'a raconté qu'elle avait éprouvé de la joie en découvrant que le corps de son frère était « entier ». Qu'il n'était pas déchiqueté comme tous les autres cadavres présents dans la pièce. Elle s'est également réjouie de la rapidité avec laquelle la cérémonie de ses funérailles et son enterrement avaient pu être organisés, dès le lendemain.

Lorsque Abou Abd al-Rahman est mort, Oum Abd al-Rahman, sa femme, n'a pas voulu qu'il soit enterré dans un cimetière trop éloigné, par peur du danger qu'encourraient ses enfants au passage des barrages. Ils vivent à Douma et sont nés à Jabal al-Zawiya. Autrement dit, ils détiennent des cartes d'identité « dangereuses ». Et, de fait, ils ont été arrêtés à plusieurs reprises à cause de ces cartes d'identité – et non de leurs activités hostiles au régime. Mais, à l'intérieur de la ville et loin des barrages qui s'étendent à perte de vue, il n'y avait pas de tombe libre pour Abou Abd al-Rahman. Le cimetière de Baba al-Saghir est plein à craquer et les stèles indiquant « ici repose X » semblent plus nombreuses que les stèles habituelles. Quant au cimetière Dahdah, au cœur de Damas, il est tellement bondé que ses prix sont devenus pharamineux et que seules les familles fortunées de Damas « intra-muros » peuvent y accéder. Malgré cela, les enfants de Abou Abd al-Rahman se sont débrouillés pour négocier une tombe à sept cents mille livres, achetée avec l'aide de leurs amis.

La famille de Abou Abd al-Rahman a eu plus de chance que beaucoup d'autres. Plus de chance que les Palestiniens qui, forcés de quitter leur camp de Yarmouk, ont été privés de leur cimetière sans pour autant avoir le droit d'être enterrés dans ceux de Damas, faute de titres de propriété. Ils ont été contraints de louer des terrains pour enterrer les leurs, à condition de déplacer les corps vers le cimetière de Yarmouk après un certain temps. Certains n'ont eu d'autre choix que d'enterrer leurs morts dans des jardinets afférents aux maisons.

Certes, il y a encore des morts naturelles, « normales », à Damas. Mais, là aussi, la mort rechigne à accorder facilement l'ultime repos. Elle ne l'offre qu'en le couronnant d'une dimension tragique qui se grave à jamais dans nos mémoires. Il en fut ainsi de la mort de Abou Oussama. Lui qui n'avait jamais quitté Douma de sa vie, il dut en partir le jour de l'Aïd al-Adha, en 2012, à cause de la férocité des bombardements aériens. Il quitta Douma à quatre-vingt-quatre ans et s'installa avec sa famille dans l'une des banlieues Sud de Damas. Il ne put supporter d'être séparé de sa ville de la Ghouta orientale. Il ne put supporter d'être loin du souk de Douma, dans lequel il avait passé plus de soixante-dix ans de sa vie comme commerçant et pâtissier. Il ne put supporter la séparation, et s'éteignit près d'un an plus tard. Dans son testament, il avait demandé à être enterré à Douma. Mais le siège de la ville était devenu extrêmement sévère à ce moment-là. C'est un miracle si sa famille a finalement pu exaucer son vœu, après bien des peines. Ils l'ont lavé, l'ont enveloppé dans son linceul et ont fait venir un taxi pour qu'il l'emmène, sans eux. Mais le chauffeur ne voulait pas qu'un cercueil embarque dans sa voiture par peur des barrages où un soldat, par caprice ou par humeur, pourrait décider de contrôler l'identité du mort et son certificat de décès. Ils ont donc fait asseoir Abou Oussama « comme un vivant » dans le taxi, la tête appuyée contre la vitre. Une fois passé à Douma, c'est le Croissant rouge local qui a réceptionné le corps et, avec les membres de sa famille restés dans la ville assiégée, ils l'ont enterré comme il le souhaitait, aux pieds de son père, dans le tombeau familial. Plusieurs mois après sa disparition, je continue de dire qu'Abou Oussama incarne « l'épopée du pont » qui a relié, à travers la figure du mort, les membres de sa famille dispersés tout au long de la route qui mène de Damas à Douma.

CARNET DE BORD, ÉTATS D'ÂME ET PETITES RÉSISTANCES

Personne, autour de moi, n'estime avoir l'âge convenable pour un début de révolution. Si seulement j'étais plus vieux ! Si seulement j'étais plus jeune ! Chacun fait comme il peut pour s'adapter à sa nouvelle condition. Parmi les choses accablantes qui surviennent en temps de guerre, il y a les façons de réagir de ceux avec qui l'on partage le quotidien et les responsabilités. Certains abandonnent leur voile au vent, comme si l'inertie pouvait les sauver… Allons savoir. D'autres se dispersent dans des quantités exténuantes d'initiatives et de tentatives qui restent la plupart du temps sans résultat et qui, par conséquent, consument leurs auteurs. Quant aux couples : peut-on imaginer d'épreuve plus difficile que celle que nous vivons ? L'un va trop loin dans son désir de partage, l'autre se replie et s'isole à l'excès.

Décembre, janvier. Glacial. Je convoque toutes les images, réelles et imaginaires, tous les films, toute la mémoire héritée des morts causées par le froid. Je revois le prêtre russe dont mon père racontait souvent l'histoire. D'un monastère à un autre, il avait parcouru les forêts de Russie jusqu'au Levant où, par un matin gelé, la mort l'avait trouvé paisiblement étendu, une bible parsemée de flocons de neige à la main. A-t-il souffert du froid, dans son agonie ? Je me rappelle d'un film qui expliquait que le froid endort d'abord, avant d'envahir le corps, membre après membre. La mort ne vient qu'après le sommeil. C'est ainsi que j'atténue, momentanément, mon sentiment de culpabilité envers ces milliers de Syriens réduits au vagabondage et qui n'ont plus nulle part où s'abriter. Et que je continue ma journée.

Encore un médecin qui vient de partir. On dirait qu'il n'en reste plus un seul à Damas, à l'exception d'Alia. Est-elle fascinée par le *Guinness des Records* ? Souhaite-t-elle absolument voir son nom y figurer au titre d'une géniale machine d'auscultation pour des milliers d'enfants depuis trois ans ? Aujourd'hui, elle m'a dit s'être sentie pareille au médecin de *La peste* d'Albert Camus qui, à la fin du roman, souhaite tomber malade. Aujourd'hui, « la peste » d'Alia, c'est la gale qui prolifère partout dans le pays, en raison de la quantité d'arrestations, de déplacements forcés et de la promiscuité due aux cohabitations de fortune. Elle retourne chez elle chaque soir, prend une douche – si tant est que l'électricité fonctionne – et tente de faire le vide. Elle se réveille le matin pour retourner lutter contre la gale et d'autres maladies moyenâgeuses de retour dans toute la Syrie. Alia, qui déteste la phrase *« It's too late »* dans les films américains, s'ingénue à devancer le vent afin de ne jamais arriver trop tard, pour personne. Pourtant, le sentiment d'impuissance ne la quitte pas un instant. En arrière-plan de son travail héroïque, des enfants sont en train de se faire massacrer à al-Nabak, des civils sont en train de se faire arrêter, et partout se dressent des barrages de skinheads, ces nouveaux fascistes en faction dans ma ville, ces hommes mâtes aux barbes fournies et aux crânes rasés.

L'Aïd al-Fitr, puis l'Aïd al-Adha, puis le printemps. Les saisons se succèdent. Les femmes s'attachent à porter des accessoires saisonniers pour signifier la persistance d'une vie normale, sans lassitude ni ennui. Un entêtement qui oppose un déni absolu à la baisse catastrophique du pouvoir d'achat. En faisant un tour au marché peu de temps avant l'Aïd, on pourrait croire que Michel de Certeau a écrit *L'invention du quotidien* dans les souks de Damas. Une dame demande des pignons de pin en si petite quantité que la balance de l'épicier ne peut la détecter. Il faudrait pour cela une balance de laboratoire. Elle lui dit « Je veux des pignons pour cinquante livres syriennes. C'est pour le *kebbeh* de l'Aïd ». Peut-on seulement comprendre l'importance que cela revêt pour elle, devant toute cette mort ?

Les destructions sont vertigineuses à l'entrée de Barzeh, ainsi que sur la route du Sud qui nous mène vers Qaboun à travers Tichrine. Nous avons pu y pénétrer après la trêve. Tout au long du chemin, deux questions n'ont cessé de me ronger l'esprit : « Comment des êtres humains peuvent-ils vivre dans des quartiers informels comme Tichrine ? »,

« Comment des gens ont-ils pu revenir y vivre malgré l'ampleur du désastre ? ». Au milieu de tout cela, Mohammed essaie de faire cours aux enfants de Barzeh et de Qaboun. Au milieu des décombres et des taudis en cendre, il se démène pour que son enseignement réponde tout de même à des critères de qualité.

LA CITOYENNETÉ EST UN LANGAGE

C'est incroyable, le langage. C'est la seule chose qui ne meure pas. Aussi forte que soit sa répression, il réapparaît toujours de mille et une façons. Il sait toujours se frayer un chemin pour révéler les identités, les appartenances, les partis pris, quoi que l'on fasse pour les dissimuler. Mais le plus impressionnant, c'est que, très souvent, le langage précède les communautés humaines dans l'énoncé de leurs accords constitutifs, avant même qu'ils soient formulés en conscience. Il y a un ressenti général, commun, qui émerge d'abord dans le langage. Qui, d'entre nous, a oublié ces noms de code dont parlaient tant les jeunes pour donner le signal de départ d'une manifestation dans les mosquées, au début de la révolution ? Qui ne se souvient pas qu'il y a trois ans, qu'il y a un siècle, « pharaon » était ce nom de code et qu'en l'entendant, les jeunes se tenaient prêts à sortir manifester ?

Nous savons si notre interlocuteur est digne de confiance ou non, s'il est mitigé, neutre ou non, selon le choix de ses termes : « Que Dieu nous délivre », « les évènements », « la situation », ou bien « la révolution ». Comme les noms ont pu changer ! À l'écoute de ce qui circule dans les échanges de rue, on constate qu'au fil du temps et des changements dans l'équilibre des forces, on est passés de « révolution » à « crise », puis à « évènements » !

Comment un phonème ou une simple lettre peuvent-ils receler tant de signifiés, une telle charge sémantique ? À Homs par exemple, le « EH » damascène est prononcé « WA », et le « YA », « EH » ou « WA ». Ces variations locales nous font passer dans une tout autre dimension sonore et véhiculent en cela une charge identitaire différente qui, en fonction du récepteur, favorise son porteur ou au contraire le disqualifie.

Et les sonorités sont précises, elles puisent dans tous les chromes de leur palette pour distinguer la ville, la campagne, la côte, le nord et le sud… Nous sommes nombreux à avoir remarqué la quantité de soldats en poste sur les barrages, qui s'évertuent à marquer un fort accent de la côte pour renforcer leur fonction de représentants du pouvoir[2] quand, en réalité, ils viennent de régions parfois très éloignées du littoral. Et on se moquait des anecdotes survenues au barrage « al Banadora[3] » au cours de la guerre civile libanaise ! Nous ne savions pas encore qu'on ne plaisante pas avec la violence des sons et des lettres.

Quand une région se fait attaquer, on peut repérer le parti pris de chacun à travers de simples termes. Si la personne dit « Jobar est en train de se faire laminer », c'est qu'elle est proche de la révolution. Si elle dit « Ils sont en train de purifier Jobar », c'est qu'elle soutient le régime – oui, le terme « purification » appartient au régime. Et c'est étrange, aussi, d'entendre couramment dire, dans les milieux les plus fragiles et les plus touchés par les destructions, que la répression répond simplement aux intérêts d'une planification urbaine visant à favoriser les investissements immobiliers des entreprises iraniennes, russes et chinoises. Et que cela nécessite, au préalable, d'avoir éradiqué tous les quartiers informels des villes, ainsi que leur habitants. Soit près de 40 % de Damas et de sa banlieue. Ces propos du tout-venant sur l'enjeu immobilier ne sont pas de simples légendes urbaines. Ce qui pose question, ce sont leurs sources d'information. Comme si le langage avait donné forme, de façon non conscientisée, à ce qu'ils n'ont pas été capables, en toute conscience, de comprendre et d'accepter : qu'on les extermine, eux et les leurs, avec une telle barbarie. C'est une sorte de mécanisme de défense collective servant à rationaliser les choses, qui transparaît dans les bavardages anodins. Le langage, en ce qu'il devance nos consciences et s'acclimate aux rapides retournements de situation, peut atteindre des degrés de sous-entendus insupportables. Comme dans cette affiche, lors de la dernière campagne « électorale » qui, au nom des habitants de Damas, clamait : « Bachar, c'est avec toi qu'on poursuivra ! »

---

2 Allusion à la région habitée par de nombreux alaouites dont est originaire la famille al-Assad. *(NdT).*

3 *Banadora*, « tomate » en dialecte syro-libanais-palestinien. Durant la guerre au Liban, les miliciens chrétiens demandaient aux Palestiniens arrêtés sur leurs barrages de prononcer ce mot pour distinguer les Libanais des Palestiniens, ce qui pouvait condamner à mort ces derniers. Note de l'éditeur.

Il m'arrive de me demander si le langage du régime est opprimé de la même façon, et s'il refoule des contenus plus extrêmes encore. Il se manifeste avec une brutalité qui peut sembler proche de la spontanéité, dénuée de raisonnement. Mais le temps nous révèle que ce langage est profond, construit, « conscient de lui ». Qu'il recherche sa légitimité en insistant sur la grossièreté du pouvoir. C'est ce que disent les formules qui fusent aux barrages, et celles laissées sur les bâtiments dévastés : « Ils ne peuvent rien face à ta grandeur, ô Bachar ! », « Ils t'ont déclaré la guerre, mais ont oublié qui était ton père ! », « al-Assad ou personne », « al-Assad ou on brûle le pays », « Vous avez choisi la liberté d'expression ? Nous, la liberté de destruction ! », « Ne nous épargnez pas : nous, nous n'épargnerons personne », « Nous, on n'attaque pas, mais on devient des bêtes féroces quand on est attaqués », « Eux veulent que tu partes. Nous, on ne veut personne d'autre que toi. » Il y a quelque temps, sur la chaîne Sama[4] est apparue l'expression suivante : « Douma est le cancer de la Syrie. Il faut en extraire la tumeur. »

La cohabitation des deux langues – celle « légitimiste » du régime et celle du consensus populaire – touche parfois à l'absurdité sinistre. Ainsi, à l'automne 2013, deux affiches se faisaient face à hauteur du barrage du quartier de Bahsa, à côté du vieux souk al-Qarmani. Au-dessus du barrage, l'affiche exhortait les jeunes hommes à ne pas tenter de fuir le service militaire obligatoire : « Ton armée, c'est ta dignité. » De l'autre côté de la rue, une gigantesque réclame publicitaire pour l'Institut des métiers du tourisme appâtait : « Ajournement du service militaire inclus », pour signaler qu'en s'y inscrivant, on pouvait repousser son service militaire toute la durée de l'année scolaire. Et, non loin de ces deux affiches, une troisième faisait la promotion de cours d'allemand, avec comme slogan : « Cours pour le regroupement familial en Allemagne. » C'est-à-dire que le contenu de l'enseignement se concentrait sur la langue requise pour les candidats à l'exil.

La prétention qu'a la langue du régime d'être légitime et institutionnelle se révèle au grand jour, et avec grand cynisme, dans le livre publié par le ministère des Waqf[5] sous le titre *La jurisprudence de la crise*, ou encore au travers des affiches de la dernière campagne « Ensemble ». Faire de « la crise » une « doctrine », c'est vider de tout contenu le *fiqh*[6], c'est

4 Chaîne télévisée pro-régime. *(NdT)*.
5 Biens de mainmorte religieux. *(NdT)*.
6 Jurisprudence islamique. *(NdT)*.

le définir « à sec », comme on dit en dialecte. C'est simuler un regard rétrospectif pour chercher à légitimer un sentiment de puissance, de victoire. Peu importe que cette victoire soit illusoire dans les faits. Sur des réclames publicitaires plus métaphoriques qui se sont répandues dans la capitale, on voit le poète Badawi al-Jabal[7] s'adresser à Damas et citer le défunt Ramadan al-Bouti[8] exhortant à ne pas sombrer dans la sédition (*fitna*) et à défendre la patrie.

À une échelle humaine plus simple, le jeu communautaire confessionnel du pouvoir transparaît dans les chants populaires que l'on peut entendre dans les milieux proches du régime. Dans les taxis tenus par des agents de la Sûreté, dans les processions chiites, dans les fêtes privées où de très longues introductions célèbrent tout ce qui a trait à la confession alaouite. L'une de ces chansons commence par des souhaits de bienvenue aux spectateurs. Cela donne : « Un alaouite, par la grâce de Dieu ! », « Longue vie aux jeunes d'al-Zahra ! », « Longue vie au sergent alaouite untel ! », « Longue vie à notre maître et guide de la résistance, Hassan Nasrallah, aux habitants de Jabal Mohsen et à notre Bachar, le Bachar de tous les Arabes ! », « Vive l'indestructible Haydara ! ».

BARRAGES, IDENTITÉS ET FRONTIÈRES

Des sectes, des confessions, des communautés, des tribus, des ethnies, des régions, des nations. Et davantage de subdivisions encore : « l'intérieur » et « l'intérieur de l'intérieur », « zones libérées » et « zones pro-régime ». Je me demande parfois, alors que nous rejouons dans une certaine mesure l'expérience des Palestiniens, comment ont-ils pu supporter ? Ils ont *« peptimisé »* (pour reprendre l'expression d'Émile Habibi)[9] Damas-la-capitale, Damas-le-périmètre-sécurisé. Dans les zones tenues par le régime, ils continuent de travailler sans relâche à la définition de leur quintessence, de leur « négritude »… en vain. Qui

7 Grand poète syrien, mort en 1981. De confession alaouite, il était opposant au régime d'al-Assad. En utilisant son image pour sa propagande, le régime opère ici un véritable détournement de son œuvre.

8 Dignitaire religieux sunnite proches du régime. *(NdT).*

9 Émile Habibi, *Les aventures extraordinaires de Sa'îd le Peptimiste*, Paris, Gallimard, 1987.

sont-ils ? Sont-ils une caution humaine pour le « périmètre » du régime ? Son levier démographique et économique ? Sont-ils les ennemis de la Ghouta orientale ? Ils se demandent mille fois par jour où est vraiment leur place, tandis qu'ils se déplacent vers l'intérieur libéré que le régime est parvenu à transformer en un lieu où il est difficile, parfois impossible, de subsister. Qu'ils s'accrochent à l'endroit où ils sont nés et ont grandi, ou qu'ils émigrent pour construire une nouvelle mémoire, ils restent tous prisonniers de leur « négritude » au sein des marges définies par les barricades bétonnées, les barrages, les roquettes de mortier et les décibels des bombardements.

On en vient à lire, tels des amants effarouchés, ce qu'écrivent depuis le camp de Yarmouk nos amis avec qui nous n'avons pas le courage d'interagir. L'interaction est devenue un mauvais coup hypocrite. Nous sommes dans un vaisseau spatial, coupés d'eux. Nous nous voyons mutuellement à travers une vitre étanche, et c'est tout. Il y a un vaisseau pour les assiégés affamés qui vivent isolément l'épreuve darwinienne ; un vaisseau pour ceux qui, comme nous, se retrouvent sous le contrôle des forces du régime ; un autre vaisseau encore, pour les « libérés », et les « envahis » de Daech. Et toutes ces vies parallèles sont autant de souffrances qui ne se croisent jamais.

Même si nous faisons semblant d'oublier ces considérations existentielles, les barrages nous rappellent à chaque instant que nous ne nous ressemblons pas. Si, en fonction du numéro de la circonscription inscrite sur notre carte d'identité, on rentre dans telle « case », on se fait immédiatement et arbitrairement arrêter. Certaines cases assurent le meurtre. D'autres vous condamnent à coup sûr à la torture. D'autres encore vous font bénéficier de plus de clémence. Il y a ceux d'entre nous qui meurent de faim, et ceux qui célèbrent des mariages dans des hôtels luxueux. Il y a Oum Ahmed qui a perdu son fils, tué sous la torture, sa fille, ses deux petits-fils et son gendre, tués par une roquette de mortier, et qui continue de dire : « Louanges à Dieu ! Se rappeler de Dieu, même dans l'épreuve, est une grâce. » Est-il pensable que nous nous retrouvions tous ensemble, au même endroit ? Ailleurs que dans la mort, qui nous rend à notre égalité ?

Je ne comprenais pas bien mon oncle lorsqu'il disait : « Nous sommes la génération de la défaite. » Mon oncle a renoncé au baccalauréat en 1967 pour aller s'entraîner à manier les armes et entrer dans Tel Aviv en libérateur – selon son récit. J'avais du mal à éprouver de l'empathie envers lui, parce que cette histoire n'est pas la mienne ni celle de ma génération. L'expression « la génération de la défaite » n'était qu'une partie d'un discours plus vaste, que nous avons essayé de faire nôtre par la suite afin d'entrer dans le monde des adultes « cultivés ». Cela s'accompagnait, la plupart du temps, de la lecture en diagonal de la *Causerie nocturne pour célébrer le 5 juin*, de Saadallah Wannous. Mais rien de plus. Tout était là.

Aujourd'hui, j'ai connu « ma défaite ». Une défaite différente, marquée par beaucoup de tranquillité, de calme. Oui. La défaite d'avoir assisté à tant de morts, dont certaines sous la torture. La mort sous la torture, et moi, totalement impuissante. Une tristesse atterrante et pourtant une tranquillité extrêmement profonde. Parce que notre défaite est concrète, vécue, avérée. Elle est le calme contenu dans « La condition humaine est ainsi. Faites avec ! ». Le bien-être de celui qui incarne l'expérience de l'universelle condition, après laquelle la question de partir ou de reporter son départ pour partager la mort avec ceux qui restent n'a plus aucune importance. Après une telle quantité de défaites véritables, il y aura de nouveaux commencements. J'en suis certaine.

Naïla MANSOUR

LE DAECH SYRIEN

Chômage, désespoir et violence endémique[1]

L'État islamique en Irak et au Levant, connu dans les médias sous l'acronyme Daech, s'est transformé en l'une des plus radicales et des plus puissantes organisations de l'islam politique. En un temps relativement court, ses combattants ont réussi à imposer leur contrôle sur un vaste territoire – de 35 à 45 % du territoire de la Syrie, selon les observateurs.

David Tafuri, chercheur et conseiller politique spécialisé dans les questions internationales ayant trait aux conflits armés estime que : « Le monde n'a jamais connu pareille organisation terroriste, capable de contrôler de telles étendues[2]. » La prise de contrôle de l'aéroport syrien d'al-Tabqa a une fois de plus confirmé la capacité de l'organisation à s'étendre en contrôlant toujours plus de territoires et de sites stratégiques, avec une rapidité qui suscite davantage d'interrogations que d'admiration. En effet, en moins d'un mois, elle a pu s'emparer de sites militaires appartenant au régime d'al-Assad, qui avaient pourtant résisté de longs mois aux attaques des combattants de l'Armée syrienne libre et d'autres factions. Ce fut par exemple le cas des quartiers généraux de la division 17 et du régiment 93 à Raqqa, ou encore, en août 2014, de l'aéroport militaire d'al-Tabqa, qui était alors le dernier bastion des forces d'al-Assad dans la province.

Par différents aspects, Daech représente aujourd'hui un danger non seulement pour l'intégralité de la Syrie mais également, et au vu de l'accélération de ses succès militaires, pour la sécurité de la région tout entière. Ce constat a poussé la communauté internationale à adopter la Résolution 2180 au Conseil de sécurité de l'ONU, qui vient sceller une nouvelle alliance internationale, précipitée par le danger que constitue Daech. Cette organisation soulève de nombreuses questions concernant la nature de sa création, de sa composition et de ses sources de financement.

---

1 Texte publié dans *Bidayat*, n° 10, hiver 2015. Traduit par Marianne Babut.
2 *Cf.* CNN Arabic, 27/08/2014.

ORIGINE ET CONTEXTE

Alors que certaines analyses associent l'organisation à une « création » du régime syrien, l'expansion se serait réalisée sous les yeux et la tutelle de ce dernier, d'autres considèrent que cette lecture, trop simpliste, n'apporte rien à la compréhension du phénomène. Si l'on peut reprocher à cette première analyse de n'être que conjectures, il est cependant probable que le régime d'al-Assad ait permis le développement de l'EI et s'en soit servi, de façon indirecte, pour nuire à ses opposants. Toutefois, les données factuelles indiquent que l'organisation jouit d'une relative indépendance, et que le régime d'al-Assad devra payer – si ce n'est déjà le cas – le fait de « jouer avec le feu ». C'est d'ailleurs ce qu'a démontré son incapacité à affronter l'EI lors de nombreuses occasions militaires, dont celle du site stratégique de l'aéroport d'al-Tabqa.

En outre, il n'est pas possible d'aborder la question de la structuration de Daech et des mécanismes de son fonctionnement en rejetant le problème sur la religion islamique, ni en l'y réduisant. Chercher à savoir si cette organisation correspond ou non à « l'islam des premiers temps » n'est qu'une tentative de soustraire le débat au terrain politique auquel appartient résolument le phénomène Daech, pour le porter sur un terrain idéologico-culturaliste anhistorique. Or, cela revient à ignorer le contexte dans lequel Daech et les organisations du même ordre s'inscrivent. C'est occulter le fait que l'islam politique – et, en l'occurrence, ses mouvances les plus extrêmes – résulte de contradictions contemporaines propres à des sociétés où les États ont échoué, faute de politiques de développement adéquates, à donner accès à une certaine modernité.

La première apparition de Daech en Syrie a lieu en avril 2013, lorsque l'organisation irakienne décrète unilatéralement la fusion entre l'État islamique en Irak, encore affilié à al-Qaida, et l'organisation du Front al-Nosra (Jabhat al-Nosra) en Syrie. Cette dernière refuse la fusion et entre en conflit avec l'État islamique. Cela signe la nature conflictuelle de la relation qui, depuis lors, lie ces deux parties, et qui, depuis début 2014, se traduit par des affrontements réguliers[3].

3 *Cf.* « L'organisation Daech. Son parcours depuis sa défection d'al-Qaida jusqu'à la proclamation du "Califat", *Al Hayat*, édition électronique du 11/06/2014.

Daech trouve son origine en Irak, où il apparaît d'abord sous le nom de Groupe de l'unification et du Jihad, avant de devenir, en 2004, l'organisation d'al-Qaida dans les pays de la Mésopotamie, sous le commandement d'Abou Moussa al-Zarqaoui[4]. Après l'assassinat d'al-Zarqaoui par les forces américaines en 2006, Abou Hamza al-Mouhajir passe aux commandes de l'organisation, qui devient alors l'État islamique en Irak. Abou Omar al-Baghdadi est désigné comme son chef. En 2010, lui et son bras droit, Abou Hamza, se font tuer par les Américains. Abou Bakr al-Baghdadi prend la relève à la tête de ce qui devient alors l'État islamique en Irak et au Levant.

Abou Bakr al-Baghdadi est alors une personnalité inconnue parmi les dirigeants d'al-Qaida. Mais le fait que Haji Bakr, ancien colonel, major de l'armée irakienne de Saddam Hussein, lui prête serment d'allégeance comme successeur[5] de Abou Omar al-Baghdadi a largement facilité sa promotion à la tête de l'organisation, et l'acceptation de son statut d'Emir. Les faits tendent à montrer que l'allégeance prêtée par le Conseil armé à Abou Bakr al-Baghdadi a été impulsée par Haji Bakr, en qui l'on peut voir l'instigateur d'une nouvelle ère dans la vie de « l'État », ainsi que son véritable chef dans l'ombre[6].

Depuis 2013, année où l'organisation de l'EI se propage en Irak et en Syrie, et y multiplie opérations militaires et réalisations politiques, on sait qu'elle est déjà sortie du giron d'al-Qaida en Irak et qu'elle s'apprête à s'en détacher formellement pour devenir l'une des organisations jihadistes les plus extrêmes – et l'ennemie d'al-Qaida –, l'organisation jihadiste « dernier cri ».

En 2011, en Irak, l'État islamique a confié au Syrien Mohamed al-Jolani, l'un des chefs d'al-Qaida en qui l'organisation a confiance, la charge de superviser l'ensemble des salafistes jihadistes en Syrie, et d'en organiser les rangs. C'est ainsi qu'en 2012, on annonce pour la première fois la constitution de Jabhat al-Nosra, qui se fait connaître par une série d'attentats suicides à Damas, contre des quartiers généraux de la sûreté du régime d'al-Assad.

Peu de temps après la déclaration constitutive de Jabhat al-Nosra, un premier conflit survient, opposant al-Jolani et Abou Bakr al-Baghdadi, quand ce dernier demande à al-Jolani, lors d'une réunion à Istanbul, de

4 *Cf.* « L'organisation de l'État islamique en Irak et au Levant », *Jaridat al-Maghrib*, 19/06/2014.

5 Littéralement « khalifa », c'est à dire calife.

6 *Cf.* « L'organisation de l'État islamique en Irak et au Levant », *Jaridat al-Maghrib*, 19/06/2014.

mener des attaques contre l'Armée syrienne libre, ce qu'al-Jolani refuse sur le champ. Cet épisode marque le début d'un profond différend entre les deux chefs, qui donnera lieu par la suite à des affrontements armés entre leurs groupes. Cette rupture est consommée lorsqu'al-Jolani refuse officiellement la fusion de Jabhat al-Nosra dans le Daech d'Abou Bakr al-Baghdadi, début 2014.

La force de Daech réside en plusieurs points, le plus important étant la capacité de son discours idéologique à attirer un grand nombre de jeunes gens des quatre coins du monde pour rejoindre l'organisation et s'y engager militairement. La formule de Richard Barrett, « Si tu es jeune et que tu veux agir, rejoins al-Baghdadi[7] », résume bien la dynamique de captation mise en place par Daech. Selon différentes sources, l'organisation compte plus de deux mille combattants d'Afrique du Nord[8] ; des dizaines d'étrangers, de diverses nationalités, ayant acquis leur savoir-faire militaire en Irak, en Tchétchénie et en Afghanistan, sont aux commandes des opérations

Tout le monde s'accorde aujourd'hui à dire que Daech est l'une des organisations extrémistes les plus puissantes au monde, que ce soit en terme de capacité organisationnelle, de financements ou de ressources économiques. Et c'est bien cela qui soulève de nombreuses interrogations sur l'origine des fonds qui financent les opérations militaires de l'organisation – considérées par de nombreux experts comme de nature très similaires à celles que mènent des États à proprement parler.

LES SOURCES DE FINANCEMENT : LE PÉTROLE ET LES POINTS DE PASSAGE

Lorsqu'il est question des sources de financement de Daech, les thèses s'apparentent à des légendes. En effet, aucune documentation ne peut prouver les différentes hypothèses, ni aucune source fiable les accréditer.

---

7 Richard Barrett est un ancien responsable du département de lutte antiterroriste de l'Intelligence extérieure britannique, le MI6.

8 *Cf.* « L'organisation Daech. Son parcours depuis sa défection d'al-Qaida jusqu'à la proclamation du "Califat" », *Al Hayat*, édition électronique, 19/06/2014.

Les recherches prennent alors l'aspect d'une série de supputations, auxquelles on attribue la plupart du temps des visées d'ordre politique.

Ceux qui estiment que l'EI est le cheval de Troie permettant au régime d'al-Assad – ainsi qu'à son allié iranien et à sa façade irakienne, le gouvernement al-Maliki – d'affaiblir l'opposition syrienne accusent ces trois acteurs de financer Daech. D'autres considèrent que ce rôle est accompli par l'Arabie saoudite, au vu de l'intérêt évident du royaume dans la création d'une entité capable de faire face à l'expansion chiite en Irak, et d'endiguer la progression de l'Iran dans la région – surtout depuis que les États-Unis ont placé l'Irak sous influence iranienne. Mais aussi : sachant que les Saoudiens ont financé par le passé al-Qaida contre l'Union soviétique et ses alliés du gouvernement afghan, pourquoi ne financeraient-il pas aujourd'hui Daech contre les ennemis du royaume ? De fait, chacune de ces hypothèses – et l'on évoque également le Koweït, le Qatar, la Turquie et même Israël – sont étayées par des intérêts politiques et géopolitiques. Pourtant, Daech possède des ressources en propre qui suffisent à couvrir l'essentiel de ses opérations et de sa logistique. Ces fonds autonomes sont d'une importance cruciale, et rendent la question des financements extérieurs relativement inconséquente. En effet, au vu de la structure du financement interne de l'organisation, celle-ci n'a pas fondamentalement besoin de ressources supplémentaires.

Depuis qu'Abou Bakr est à la tête de l'organisation, il s'est employé, avec le concours de Haji Bakr, à restructurer celle-ci de fond en comble. Il a ainsi mis en place une cellule sécuritaire dont la mission est de protéger Daech contre tout risque d'infiltration. Elle est placée sous l'autorité de l'ex-officier baathiste Abou Soufian al-Rifaï, lui-même placé sous les ordres directs du commandement de l'organisation. Cette cellule est chargée de liquider toute personne exprimant son désaccord ou désobéissant à un émir de l'EI, dans le domaine militaire comme civil.

En ce qui concerne la stabilité du financement des opérations de l'EI et ses capacités de trésorerie, Abou Bakr et Haji Bakr ont veillé à « s'assurer l'entrée régulière de ressources financières, notamment en reconduisant la décision d'Abou Omar al-Baghdadi de saisir les capitaux des chiites, des chrétiens, et plus largement des communautés non musulmanes, ainsi que de l'ensemble des fonctionnaires du régime d'al-Maliki, y compris sunnites. D'autres revenus stables proviennent de la mainmise de l'EI sur des gisements de pétrole et des centrales de production d'énergie et de combustibles – ce qui constitue un véritable budget de gouvernance pour l'État islamique en Irak. Par ailleurs, quand l'accaparement total d'un bien n'est pas possible, l'EI soumet le propriétaire à une taxe mensuelle à titre d'impôt. Les caisses de l'État sont également alimentées par le rendement des barrages qui prélèvent des droits de douane sur les camions de marchandises[9] ».

À mesure de son expansion sur les terres de l'Irak et de la Syrie, l'organisation a pu optimiser son contrôle des puits de pétrole, mais aussi des frontières et des axes de transit (la taxe sur les camions monte désormais jusqu'à 200 dollars), s'assurant ainsi d'intarissables sources de revenus. De plus, avec l'adoption d'une politique de vente du pétrole brut à bas prix et en grandes quantités, l'EI a perçu des millions de dollars, qui sont loin d'être épuisés.

Plusieurs rapports des Renseignements estiment le gigantesque volume de capitaux dont s'est emparé l'EI en Irak à 495 millions de dollars[10]. Selon Jeffrey White, chercheur au Washington Institute for *Near East Policy*, au cours de ses dernières opérations militaires menées en Irak, l'organisation de l'EI a réussi à « s'emparer de grandes quantités de matériel militaire, à piller des centaines de millions de dollars dans les banques irakiennes, et à s'imposer comme pouvoir en place sur une grande partie du territoire sunnite[11] ». Or cela ne constitue, à vrai dire, qu'une infime partie des ressources sur lesquelles l'EI a fait main basse en l'espace de quelques années – des ressources qui augmentent à mesure que l'organisation se déploie en Syrie et qu'elle s'empare de nouvelles routes d'approvisionnement et de nouveaux champs pétrolifères. Le 2 février 2014, par exemple, Daech a réussi à s'emparer de l'usine de gaz Conoco, dans la province de Deir ez-Zor, qui génère des centaines de milliers de dollars par semaine. Quant au champ de gaz de Chaar, à l'est de Homs, qui est passé récemment sous le contrôle de Daech, il représente l'un des plus importants gisements en Syrie.

Au niveau financier et économique, Jeffrey White considère que Daech pourrait être en mesure, en quelques années, de se développer au point de s'assurer une autosuffisance qui lui permettrait, par le biais de

---

9 *Cf.* « L'organisation de l'État islamique en Irak et au Levant », *Jaridat al-Maghrib*, 19/06/2014.

10 *Cf.* « L'organisation Daech, l'Irak, et la guerre en Syrie : Les prévisions militaires », The Washington Institute for Near East Policy, 19 juin 2014.

11 *Idem.*

divers canaux de financement, de couvrir les dépenses pharamineuses de ses opérations militaires et de payer les soldes de ses combattants. Toutefois, cette autosuffisance budgétaire ne signifie pas pour autant l'autonomie de Daech, car l'indépendance économique – si tant est qu'elle existe – n'induit pas nécessairement l'indépendance politique, qui est le maître mot de l'EI.

LES ÉMIRS DE DAECH

À l'instar de l'ensemble des organisations politiques, Daech se divise en deux niveaux : le premier est celui des dirigeants politiques, militaires et religieux de l'organisation ; le deuxième est celui de la vaste base qui comprend l'ensemble des jeunes qui combattent sur les fronts, les recruteurs, les chargés de communication, etc. Cette distinction revêt une importance de premier ordre, surtout lorsque l'on connaît la nature totalitaire de l'organisation, qui impose un cloisonnement strict entre les chefs – qui prennent l'intégralité des décisions importantes pour l'organisation –, et la base – qui est systématiquement exclue du processus décisionnel, se contentant de recevoir les ordres et de les exécuter. Ce dernier point a d'importantes implications, nous le verrons par la suite.

De nombreux doutes et interrogations entourent les liens, directs ou indirects, qu'entretiennent les hauts dirigeants de l'organisation avec les services de renseignements de différents pays, en tête desquels ceux du régime syrien. À titre d'illustration, le dénommé Abou Ahmed Hawout, l'un des plus hauts dignitaires de l'EI, qui occupe la fonction de responsable de la Sûreté à Alep, est un ancien officier de la Sûreté de l'État du régime d'al-Assad, pour lequel il travaillait encore au cours des premières années de la révolution syrienne. Il n'a fait défection que près de deux ans et demi après le début de la révolution, et aurait intégré l'EI, d'après des « Wikileaks Daech », à peine un mois plus tard, se voyant affecté par l'EI au même poste que celui qu'il occupait auprès du régime. À ce titre, il a perpétré des massacres pour Daech de la même façon qu'il le faisait pour le régime, et aurait même exécuté de ses propres mains son neveu, Nour, après l'avoir torturé, ainsi que ses camarades, pour avoir participé à la révolution. Hawout a ainsi torturé de nombreux jeunes syriens avant de les condamner à mort. La plupart des cadavres de ses victimes ont été retrouvés dans des charniers quand Daech s'est retiré de la région.

D'après le témoignage d'un ancien détenu de Daech étant parvenu à s'évader : « Abou Ahmed al-Halabi – le surnom d'Ahmed Hawout –, l'homme à la tête des Renseignements de Daech à Alep, est connu pour être un ex-membre du parti Baath ayant intégré Daech au moment où l'organisation est apparue comme une branche distincte de Jabhat al-Nosra. Mais avant cela, Hawout travaillait pour l'État alaouite. Moi, j'ai été détenu avec l'un de ses neveux, Nour, et Majd Mastou, qui connaissaient bien le passé de Hawout : il rapportait aux *chabiha* d'al-Assad les informations qui permettaient de localiser les combattants et les révolutionnaires. Sachant cela, comment expliquer qu'il soit devenu le chef des Renseignement pour l'État islamique à Alep[12] ?! »

Ce genre de connivence ne s'applique pas uniquement à Daech. Il vaut pour la plupart des organisations similaires. Ainsi, le dénommé Abou Khalid al-Souri, l'un des plus éminents fondateurs du mouvement islamiste Ahrar al-Cham – qui, une fois en tête de la liste des hommes à abattre par Daech, fut rapidement assassiné – était en fait Mohamed Bahaya, né dans le quartier d'al-Bayda à Alep en 1963. Bahaya avait intégré l'Avant-garde Combattante en 1979, puis il était parti rejoindre Abdallah Azzam au Pakistan, où ce dernier avait fondé Bayt al-Ansar, qui allait bientôt devenir Bayt Qaida al-Jihad. Bahaya en était devenu l'un des émirs sous le nom de Abou Khalid, puis l'un des instructeurs militaires. En 1992, il circulait entre la Turquie, Londres et l'Espagne, puis il était retourné en Afghanistan, où, jusqu'en 2001, il accompagnait personnellement Oussama Ben Laden. Cette année-là, il quitte l'Afghanistan pour le Pakistan. Il s'y fait arrêter en 2005 par les forces américaines, qui le détiendront une année entière avant de le transférer en Syrie, dans la prison de Saidnaya. Les autorités syriennes le libèrent le 17 décembre 2011, dans le cadre de la relaxe collective des prisonniers jihadistes de Saidnaya.

---

12 *Cf.* Abou Soufiyan al-Yamani Salah Ibn Salim Bajbaa, « Un ancien détenu révèle les secrets de l'État islamique en Irak et au Levant "Daech" », Site électronique *Islamiyoun*, 03/06/2014

Diverses sources et des rapports des Renseignements établissent la preuve de connivences entre de nombreux dirigeants de Daech et plusieurs services de renseignements étrangers. C'est le cas, par exemple, du dénommé Abou Ahmed al-Ilwani, le responsable direct du Comité de la Sûreté de Daech, chargé d'exécuter les assassinats. Al-Ilwani avait, à l'origine, été recommandé par Haji Bakr pour occuper différentes hautes fonctions au sein de l'organisation. Or, il apparait que al-Ilwani est un ancien officier du Baath irakien qui, écroué par les forces américaines au début de l'occupation, est parvenu à s'évader : « Il est en relation avec les dirigeants du parti Baath syrien. Il l'était avant la révolution, et l'est resté depuis. C'est lui qui est aux commandes de la coordination entre Daech et le régime d'al-Assad. Il existe des preuves de la collaboration d'al-Ilwani – un homme qui commande près de cent combattants parmi les *Mouhajirin* et les *Ansar* de Daech – avec le régime syrien[13]. »

LE RÔLE DU RÉGIME SYRIEN

La responsabilité du régime d'al-Assad dans le développement d'organisations terroristes – qu'il manipule afin d'attaquer ses adversaires ou faire pression sur eux pour des raisons politiques, entre autres – est évidente. Selon Peter Neumann[14], « Dans les années qui ont précédé la révolte, al-Assad et ses appareils du Renseignement ont acquis la conviction qu'ils pouvaient parrainer le jihad et le manipuler de telle sorte qu'il serve les intérêts du régime. À la même époque, les jihadistes étrangers ont commencé à affluer en Syrie, venant participer à l'élaboration des structures et des axes d'expansion que Daech utilise désormais pour combattre le régime. En cela, al-Assad a contribué à créer l'ennemi qu'il affronte aujourd'hui[15]. »

---

13 *Cf.* « Abou Bakr al-Baghdadi, en plusieurs épisodes », Site électronique *al-Nachra al-Iraqiya*, 4 juillet 2014.

14 Professeur au King's College London et ex-directeur du Center for the Study of Radicalisation.

15 *Cf.* Peter Neumann, « Les jihadistes en Syrie », traduction de Yasser al-Zyat, site électronique *Al-Jumhuriya*, 27/03/2014.

Le régime d'al-Assad s'est forgé une expérience solide en matière de relations avec les organisations islamistes. Entre les dernières années de la décennie 1970 et l'explosion du conflit, en février 1982[16], le régime d'al-Assad a largement développé ses appareils sécuritaires et élaboré un large réseau de contacts au sein de ces organisations, et notamment auprès de certains de leurs dirigeants. À la faveur des « évènements de la décennie 1980 », les organes sécuritaires du régime syrien vont apprendre avec brio comment s'y prendre avec ces groupes, comment les contenir, et comment en faire des instruments faciles à manipuler, quand bien même il s'agirait d'adversaires.

L'invasion de l'Irak par les États-Unis, en 2003, a fourni au régime syrien l'occasion rêvée de mettre à profit l'expertise et les réseaux de ses appareils sécuritaires pour semer le chaos en Irak et mettre ainsi en échec la politique américaine. Cette stratégie syrienne avait plusieurs motifs, le plus important étant qu'al-Assad était persuadé d'être le prochain sur la liste, après Saddam Hussein. En repensant à l'année 2003, on se souvient facilement de ces personnalités islamistes en vue que le régime d'al-Assad avait recrutées afin d'encourager les Syriens au jihad en Irak contre les Américains. On se souvient ainsi d'Abou al-Qaqa al-Halabi, l'un des plus grands propagandistes syriens, qui organisa des dizaines de convois de jihadistes en partance de la Syrie vers l'Irak pour aller combattre les Américains. Une fois sa mission terminée, il fut tué dans d'obscures circonstances.

Divers rapports établissent que le régime d'al-Assad avait réussi à mettre en place un vaste réseau de passeurs, chargés d'assurer l'acheminement des jihadistes à travers la Syrie jusqu'en Irak. Grâce à cette collaboration, le régime d'al-Assad s'est doté de relations solides et relativement nombreuses avec les organisations jihadistes en Irak, et notamment avec ce qui allait par la suite devenir Daech. C'est par le truchement de ces contacts que le régime al-Assad a pu largement infiltrer les divers groupes jihadistes. Selon Peter Neumann, l'« arme secrète[17] » du régime contre les jihadistes a consisté à s'introduire dans leurs réseaux et à transformer les « indécis » en collaborateurs. D'après des Wikileaks émanant du secrétariat d'État

16 Entre 1979 et 1982, la Syrie a connu une insurrection islamiste qui s'est terminée par le soulèvement de Hama en février 1982 et le massacre de milliers d'habitants par les forces du régime. Note de l'éditeur.

17 *Idem.*

américain, le chef de l'un des départements du Renseignement syrien aurait dit aux responsables américains : « Nous jouissons d'une grande expérience et de larges connaissances concernant ces groupes. [...] Nous ne les affrontons pas, nous ne les combattons pas... Nous les infiltrons et n'agissons qu'une fois le moment venu. »

L'histoire de Daech, comme celle des autres organisations jihadistes, est entourée de soupçons concernant les deux premiers cercles de ses dirigeants qui, tous autant qu'ils sont, sont passés par différents organes sécuritaires étatiques, et ont changé d'alliés et d'ennemis au gré des opportunités. Ils ont, en toute occasion, joué la carte politique, qui ne répond qu'à la seule loi de l'intérêt.

S'il est tout à fait possible que le régime al-Assad ait envoyé des dizaines de soldats s'enrôler auprès de Daech, et qu'il ait su infiltrer l'organisation par le biais de dirigeants placés à des postes d'importance, cela n'empêche pas « le sort de se retourner contre le sorcier », ni le monstre que le régime d'al-Assad a contribué à développer et renforcer de se transformer en son adversaire le plus féroce. Comme l'énonce avec justesse Peter Neumann, « le régime a créé un phénomène qui a échappé à son contrôle ».

PRÉDOMINANCE DES FACTEURS INTERNES

Si le passé de la majorité des dirigeants de Daech est loin d'être honorable, et que leurs liens avec les services de Renseignements locaux, régionaux et internationaux suscitent bien des interrogations, il n'en va pas de même pour ceux qui sont en première ligne des combats les plus meurtriers, qui réalisent les attaques à l'explosif et autres attentats. Ces combattants, originaires de différents pays d'Europe, d'Amérique, du Pakistan, de Tchétchénie etc., sont à distinguer des combattants originaires de Syrie.

Selon Rami Abd al-Rahman, le fondateur de l'Observatoire syrien des droits de l'homme, l'État islamique a enrôlé pas moins de six mille trois cents combattants au cours du seul mois de juillet 2014, soit une nette augmentation des effectifs par rapport aux estimations précédentes, qui établissaient à environ quinze mille leur nombre total dans l'organisation. Abd al-Rahman ajoute qu'un peu plus de mille combattants sont des étrangers, les autres étant syriens[18]. Si l'EI est connu pour attirer quantité de combattants étrangers, la présence de combattants syriens dans ses rangs est loin d'être négligeable. La question qui vaut la peine d'être posée est la suivante : qui sont ces Syriens qui se sont placés sous le commandement de Daech ? De quels milieux sociaux et culturels sont-ils issus ? À quelles classes sociales appartiennent-ils ?

Début 2014, L'EI met sur pieds Jaysh al-Ansar, littéralement « l'Armée des partisans », dans la province de Raqqa, tombée sous son contrôle. Cette nouvelle armée intègre les hommes des tribus arabes issues des villes de Raqqa, Tel Abyad et Soulouk qui, en prêtant allégeance à l'État islamique, ont accepté qu'un jeune homme par famille aille servir l'armée de l'EI ou, si cela n'était matériellement pas possible, de financer l'équipement militaire d'un soldat de l'Armée des partisans. À Raqqa, parmi ceux qui ont prêté allégeance à Daech, on trouve les tribus Mounif, Halawa, Dawoud, Jamila, Qays, une partie des Mashour, Sayala, Naïm, plusieurs clans issus des tribus Fadaan, Chamr et Aniza, ainsi que les tribus Tay, Boudaher, Afadila et Mojadama. À leurs côtés combattent également les fils des tribus de la région de Tel Abyad et des environs de Soulouk.

Selon Romain Caillet, « Daech bénéficie du soutien des habitants issus des tribus qui partagent avec l'organisation de l'EI la même culture. Cela vaut pour Raqqa, pour Deir ez-Zor et Hassaké ». Pour le chercheur, cela tient à plusieurs raisons, la principale pouvant résider « dans l'opportunisme qui motive leurs allégeances politiques : si elles étaient auparavant alliées au régime al-Assad, elles cherchent désormais à assurer leur sécurité. De plus, ces tribus entendent bien profiter des revenus du commerce du pétrole, particulièrement dans la province de Deir ez-Zor[19] ». Dans bien des cas, les acteurs économiques qui œuvrent dans l'ombre au ralliement de combattants ou de partisans dans les rangs de l'EI visent autant les individus que les communautés.

Ces cinq dernières années de guerre ont provoqué un effondrement dramatique de l'économie et une augmentation du chômage à des taux sans précédent, laissant de nombreux Syriens sans biens ni sources de

18 *Cf.* Entretien avec le journal bahreïnien *al Watan*, 19/08/2014.

19 *Cf.* Romain Caillet, « L'État islamique en Irak et au Levant est comparable à l'État des talibans », *Le Figaro*, 15/06/2014.

revenu. Ces facteurs ont conduit la moitié de la population syrienne à plier sous le poids de la misère et du besoin. Dans ces conditions désastreuses, des milliers de jeunes hommes n'ont eu d'autre choix, pour assurer un revenu à leurs familles, que d'intégrer les factions militaires insurgées. Alors que de nombreux groupes armés commençaient à cumuler les retards dans le paiement des soldes des combattants en raison de la raréfaction des soutiens financiers, il fut facile pour Daech de récupérer par centaines ces jeunes hommes qui n'avaient plus de quoi se nourrir.

De nombreuses sources rapportent que Daech verse des soldes généreuses à ses combattants : « Le combattant syrien perçoit un salaire mensuel d'un montant de quatre cents dollars. Un combattant syrien marié perçoit en plus cinquante dollars par enfant, cent dollars par femme, et un logement lui est garanti s'il n'en possède pas déjà un. Pour son véhicule et son chauffage, il a accès au carburant des stations-essence administrées par l'EI[20]. »

Dans les villes et campagnes syriennes qu'il contrôle, l'EI s'est employé, dans la mesure du possible, à fournir aux habitants « les services minimums » – depuis les paniers alimentaires jusqu'à l'instauration d'un ordre public – en sanctionnant, par exemple, les vols et les agressions menés à l'encontre des habitants. D'après Romain Caillet, « Au niveau de la population locale, c'est cette considération-là qui l'emporte : l'EI représente la garantie d'un pain quotidien et du fonctionnement des services publics, depuis la police jusqu'à la justice, en passant par un Bureau de protection des consommateurs. La population bénéficie donc d'un certain niveau de sécurité, en dépit de la cruauté de ce régime. »

GORGES TRANCHÉES, TAXES ET SERVICES

Le constat suivant est digne d'intérêt : alors que la plupart des groupes d'opposition, qu'ils soient armés ou civils, ont échoué à gérer correctement les villes et villages passés sous leur contrôle, et qu'ils se sont montrés incapables d'assurer les services minimums aux populations civiles, « L'EI,

20 *Cf.* « Allocation aux membres du Califat désireux de se marier », *Alarabiya.net*, 28 /08/14.

qui s'est fait connaître par les gorges tranchées, les crucifixions et les exécutions collectives, est devenue une administration qui fournit eau et électricité, verse des salaires, organise la circulation routière et gère quasiment toutes les activités, depuis les boulangeries, les banques, les écoles, jusqu'aux tribunaux et mosquées... Cela fait dire aux habitants de cette province [Raqqa], ainsi qu'aux combattants de l'organisation et aux militants de l'opposition, que Daech sous le commandement de son chef Abou Bakr al-Baghdadi, a su élaborer, en moins d'un an, une structure qui s'apparente à un gouvernement moderne[21] ».

D'après de nombreux témoignages, l'organisation a tenu à ce que les fonctionnaires qui travaillaient antérieurement pour le régime d'al-Assad conservent leurs postes dans son administration. Ce fut le cas des techniciens affectés au barrage de l'Euphrate, des employés de l'électricité, des moulins, etc. Ces fonctionnaires reçoivent le même salaire que les autres employés de l'organisation.

Selon le témoignage d'un activiste de l'opposition, resté à Raqqa : « Les civils qui n'ont aucune appartenance politique s'adaptent bon an mal an à la présence de Daech. D'une part, parce qu'ils sont au bout du rouleau... Et d'autre part, parce que, pour dire vrai, ils survivent grâce à leurs emplois de fonctionnaires. » Il ajoute que « l'EI a récupéré l'ensemble des institutions assurant le service public et les a restructurées, notamment le Bureau de protection des consommateurs et la magistrature civile. » Au-delà de cela, l'organisation a pu compter sur les compétences scientifiques et les expertises étrangères importées de différents pays : « Par exemple, l'homme qu'a choisi al-Baghdadi pour diriger et développer les télécommunications à Raqqa est un Tunisien détenteur d'un doctorat dans ce domaine, qui a quitté la Tunisie pour rejoindre l'EI. »

Si l'on met bout à bout l'ensemble des conditions qui s'imposent aujourd'hui aux Syriens dans le cadre de cette guerre sans fin, qui provoque pauvreté, famine, désespoir et insécurité, on se rend compte qu'elles sous-tendent l'« acceptation » sociale dont Daech fait l'objet. Ce sont ces conditions qui constituent, qu'on le veuille ou non, le terreau populaire de Daech dans les régions qu'il contrôle. De fait, une grande partie des jeunes syriens qui ont rejoint Daech sont issus de milieux

---

21 *Cf.* « Al-Baghdadi intervient à tous les échelons, du plus bas au plus haut, de l'administration de Raqqa », *Al-Sharq al-Awsat*, 05/09/2014.

sociaux qui, pauvres à l'origine, se sont appauvris et marginalisés encore un peu plus à cause de la guerre.

En outre, la frustration et la rancœur ressentie à l'égard des forces de l'opposition, tant politiques que militaires, est un facteur non moins important que le précédent pour expliquer le ralliement de Syriens au projet de Daech. En effet, l'EI constitue une alternative acceptable à une opposition rongée par la corruption du sommet à la base, et à des formations militaires dont la réputation est déplorable, disposées à massacrer leurs camarades de la veille pour des querelles sur la répartition des butins. Sans compter le fait que ces groupes armés sont souvent accusés de voler, de rançonner et de piller l'argent, public comme privé, sous divers prétextes. Cette désillusion a poussé de nombreux jeunes Syriens à voir dans Daech un projet qui leur parle et parle pour eux, autant qu'il apporte des réponses aux inquiétudes liées à leurs destinées confisquées par la guerre.

Quant au choix de certains groupes et factions armés de l'opposition de prêter allégeance à l'EI et de se ranger sous son commandement – comme l'a fait par exemple la brigade Liwa Daoud, active dans la province d'Idlib et considérée comme une des factions importantes de la région –, il répond aux mêmes motivations que celles qui président aux ralliements individuels. En recoupant diverses sources, on constate que depuis le début de l'année 2013, les financeurs des groupes armés de l'opposition ont drastiquement réduit leur soutien, ce qui a eu un impact négatif direct sur ces groupes armés qui, à la base, manquaient déjà de moyens. En quelques mois ils n'étaient plus en mesure de payer leurs combattants, et ils ont été acculés à intégrer des organisations armées plus puissantes, dont celle de Daech.

Or, ce sont ces combattants-là et ces employés-là qui constituent la colonne vertébrale de Daech. Leur profil diffère donc radicalement de celui des dirigeants des premier et deuxième cercles du pouvoir de l'organisation, tout autant que diffèrent les conditions et motivations qui les ont poussés à rejoindre l'EI. Ce sont des contraintes d'ordre pragmatique qui les ont amenés là, et non des motivations d'ordre politique et idéologique, comme c'est le cas dans les rangs de leurs dirigeants.

LA VIOLENCE DU RÉGIME NOURRIT CELLE DE DAECH

L'organisation de l'EI est parvenue à s'implanter puis à s'étendre en Syrie à une vitesse vertigineuse. Tout en s'emparant de territoires toujours plus nombreux, elle s'est dotée d'une assise populaire, et a attiré des centaines de jeunes syriens dans ses rangs. Dans l'écheveau des différentes causes de la naissance de Daech, les facteurs internes liés à la guerre qui sévit en Syrie sont primordiaux. La violence qu'a subie la révolution syrienne de la part du régime al-Assad a instauré un environnement propice au renforcement de Daech, qui se nourrit de cette violence pour s'infiltrer dans la société. Cette violence que plus rien ne pouvait contenir, et ce, avant la poussée de Daech, a favorisé, sous couvert d'une rhétorique islamiste, l'adoption de pratiques extrémistes dans les rangs des insurgés. Des groupes extrémistes ont vu le jour pour faire écho au désir de justice et de vengeance des victimes, jusqu'à trouver leur forme parachevée sous les traits de Daech.

Ce sont de jeunes syriens désespérés de voir advenir un changement depuis trop longtemps attendu qui ont rejoint l'organisation. Celle-ci est venue légitimer toute la colère et tout le désir de vengeance que ces jeunes portaient au plus profond d'eux-mêmes. Or, la victime, telle qu'elle est représentée dans l'imaginaire de Daech, se confond avec le bourreau. La question est donc désormais : qu'est-ce qui distingue aujourd'hui le régime assassin d'al-Assad de son ennemi révolté ? Et comment sortir de cet engrenage de violence et de contre-violence ?

Au cours de ces années de conflit, Daech s'est nourri de la barbarie du régime d'al-Assad, et Daech continuera de grandir à chaque nouveau massacre que celui-ci perpétuera contre les civils. Il est évident qu'il est impossible de briser cette spirale de violence avec des avions américains et une coalition internationale contre le terrorisme. La seule issue possible réside dans l'éradication des circonstances et des conditions objectives qui ont engendré le phénomène Daech au sein de la société syrienne. Car ce sont la pauvreté, la marginalisation, l'absence de perspectives et la perpétuation de la tyrannie du régime d'al-Assad qui forment le terreau fertile de la montée en puissance d'organisations jihadistes toujours plus extrémistes.

En ce sens, le chemin le plus rapide pour se débarrasser de toutes les formes d'extrémisme – dont Daech – consiste à ouvrir des horizons d'avenir, des horizons qui apportent des réponses acceptables à ceux qui sont les plus affectés par la situation actuelle, des horizons qui redonnent un sens à la vie de milliers de jeunes laissés pour compte. C'est alors, et alors seulement, qu'il sera opportun d'interroger l'identité des dirigeants de Daech – et celle de leurs homologues dans d'autres organisations. Et c'est seulement alors qu'on pourra peut-être évoquer la question d'une transition de la société syrienne vers une certaine modernité.

Saber DARWICH

ABOU RASSOUL AL-NAJJAR

Témoignage d'un combattant de la brigade al-Tawhid[1]

Al-Bab. Novembre 2012.

Le régime a concentré ses troupes autour de la brigade 80, mais les révolutionnaires l'attendaient en embuscade. Un appel à la mobilisation générale a été lancé. Mon groupe et moi, sous la bannière d'al-Tawhid[2], y avons répondu. Au départ de la ville d'al-Bab, le trajet vers Alep a été long, la route de Naqarin étant coupée par le régime. Nous sommes partis de la ville industrielle, et je me suis vu confier un poste de veille aux alentours de la brigade 80. Nous sommes parvenus à repousser l'assaut du régime, nous, la brigade al-Tawhid, aux côtés de Ahrar al-Cham[3] et de l'organisation de l'État islamique[4]. Après un mois de combat coordonné contre le régime, que nous avons acculé à se retrancher sur d'autres positions et stoppé dans sa progression, un temps de repos pour les combattants s'imposait. Mais quel repos ! Parmi les critères d'intégration de ma brigade, le principal est le célibat du combattant. Parfois, à rester en station sur les différents fronts, on en oublie de vivre…

Sur le chemin du retour vers la ville d'al-Bab, où se trouve notre QG, notre pick-up bleu de marque Nissan est stoppé à un « barrage d'alerte » par deux coups de sommation. En temps normal, je ne me serais pas arrêté tout de suite, mais ces deux détonations-là sonnent comme si c'étaient les premiers tirs que j'entendais de ma vie. Je ne

1 Texte publié dans *Al-Jumhuriya*, 08/01/2016. Traduit par Marianne Babut.

2 Groupe armé de tendance islamique créé en juillet 2012 dans les environs d'Alep. Son nom (liwâ' al-Tawhîd), littéralement « unification », réfère à son ambition originelle de fédérer les unités combattantes. *(NdT).*

3 Ahrar al-Cham « les hommes libres du Cham », groupe armé islamiste formé en décembre 2011 dans la région d'Idlib. *(NdT).*

4 Al-Tawhid et Ahrar al-Cham prirent part aux combats contre l'organisation de l'État islamique pour l'expulser d'Alep en janvier 2014. *(NdT).*

sais pas pourquoi, mais je prends peur et, sans réfléchir, je me range sur le bas-côté droit de la route. Dans le rétroviseur, je vois un homme encagoulé dans un *litham*[5] trop grand pour lui, qui avance vers nous, son fusil pointé sur mes gars assis dans la remorque du pick-up. Tout en gardant une distance de plusieurs mètres, il leur ordonne d'une voix tremblante de descendre : « L'émir veut vous voir. »

Avant de descendre à mon tour pour comprendre ce qui se passe, je demande à mes hommes de garder leur calme et de mettre leurs fusils en position de « tir groupé » pour parer à toute urgence. Un deuxième homme s'approche alors. Il rabat le fusil du jeune au *litham* trop grand et lui demande d'aller contrôler l'identité des passagers d'un autre véhicule. Avec son accent tunisien, il nous enjoint de ne pas avoir peur, nous disant qu'il s'agit probablement d'un malentendu et qu'il ne faut pas en vouloir au « frère » qui redoute l'infiltration de *chabiha*. Puis il nous demande : « De quelle faction êtes-vous ? »

À l'unisson, nous répondons : « Tawhid ! Cheikh… »

Je n'ai aucune idée de ce qu'il a en tête, mais il semble évident qu'il sait que nous ne sommes au courant de rien. Il nous demande de le suivre – « Si vous le voulez bien » pour reprendre ses mots – avec un sourire bienveillant.

Nous remontons en voiture en direction de la ville industrielle, encadrés par deux véhicules de l'État islamique. Le Tunisien nous dit que l'émir veut nous voir cinq minutes – pas plus – pour éclaircir un petit problème. Il nous répète cette phrase plusieurs fois. Nous entrons dans un hangar de la « zone 3 ». Il nous prie d'attendre dans le couloir quelques minutes, le temps que l'émir termine sa réunion.

Les « quelques minutes » à peine écoulées, on se retrouve avec plusieurs fusils, sortis des quatre coins de la pièce, pointés sur nous. Par dessous un *litham*, une voix hésitante nous ordonne : « Toi et lui… Mettez-vous à genou ! Et pas un mot ! »

Du regard, je demande à mes hommes d'obtempérer ; nous nous exécutons sans opposer de résistance. Je me dis que tout cela n'est peut-être qu'une plaisanterie. J'ignorais alors totalement que l'État islamique terrorisait les gens. Tout ce que je savais d'eux, c'était le nom des positions de combat qu'ils tenaient, et que leur zone à l'arrière-front se trouvait du côté de « Matam al-loulou », sur l'autoroute entre Alep et al-Bab.

5 Voile couvrant le bas du visage et laissant les yeux à découvert. *(NdT)*.

Je savais également qu'ils nous avaient prêté main forte pour stopper la progression du régime lors de la bataille de la brigade 80, non pas pour nos beaux yeux, mais parce qu'ils savaient pertinemment que si le régime continuait d'avancer, c'en était fini du « Maram al-loulou ».

Ils nous bandent les yeux et nous enferment dans des cellules d'isolement construites à la hâte. À l'intérieur, chaque bruit résonne. Je palpe le lieu de ma main : c'est un petit cachot, quelque chose comme un mètre sur un mètre quatre-vingt.

Je demande : « Y'a quelqu'un ? J'entends du bruit… Quelqu'un pourrait m'expliquer ce qu'il se passe ?! »

D'une voix malade, un détenu me répond par une question : « Qui es-tu ? Tu es accusé de quoi ?

– Je suis Abou Rassoul, Abou Rassoul al-Najjar, de la brigade Liwa al-Tahrir. Je ne sais pas pourquoi on m'a amené ici !.

– Nous sommes dans une prison secrète de l'État islamique, réservée à l'Armée libre et à ceux qui ont des couilles. On est tous condamnés à mort, ici. Je préfère ne pas te donner de faux espoirs !.

– Qu'est-ce que tu racontes ? Retire ce que tu viens de dire, mon frère ! Tu es qui, toi ? Avec qui travailles-tu ? »

Il m'explique qu'il est le chef d'une brigade de l'Armée libre, qu'il a été enlevé par des hommes en *litham*, il y a un moment déjà. Personne, dehors, ne sait ce qu'il est devenu. Il y a aussi des journalistes ici, et deux hommes d'affaires arméniens. Il est plus de minuit quand il m'apprend tout cela, malgré l'interdiction qui nous est faite de parler. On nous apporte à manger deux fois par jour : un œuf dur avec une tranche de pain après la prière de midi et, entre la prière du couchant et celle du soir, on a le droit à un sac plastique avec quelques victuailles. On dispose également d'une bouteille de Coca vide pour uriner. Et d'un sac en nylon pour déféquer. L'un des journalistes a un jour confondu le sac de nourriture avec celui d'excréments, et la bouteille d'eau avec celle d'urine ! Après s'être essuyé la bouche avec sa manche, il s'est mis à hurler et à frapper à la porte comme un forcené.

Là-bas, il était impossible de faire nos ablutions avant de prier, ou seulement « à sec ». Un mois a passé. Puis, un dimanche à l'aube, ils nous transfèrent dans un second hangar. Ils nous ordonnent de rester à genoux dans le parking, le temps d'aménager le nouveau lieu. Les deux Arméniens ont tellement peur qu'ils se mettent à déclamer la profession de foi islamique. Un combattant de l'EI approche, et nous demande de nous asseoir en tailleur sur le sol. D'un ton amusé, il nous dit : « Ce qui vous attend, ce sont les pleurs, puis la mort. Quand il ne vous restera plus de larmes à verser, nous vous tuerons. »

Nous restons plusieurs jours dans ce hangar, puis ils nous transfèrent vers la prison de « la gare al-Harariya », relativement confortable comparée aux précédentes. Ils nous ordonnent de nous laver et d'exécuter la prière du condamné en deux prosternations pour nous repentir avant notre mise à mort. Mais quelques instants plus tard, ils se ravisent. Il est minuit passé, quand nous entendons l'un d'eux dire à son collègue : « Eh, cheikh, la donne a changé. Pour le groupe d'al-Tawhid qu'on détient en prévision, le plan est désormais différent. Ils viennent de participer aux combats menés contre nous et ils ont capturé plusieurs de nos frères. On ne va pas les tuer, mais les échanger contre nos prisonniers. » Dans les geôles d'al-Harariya, j'ai appris à connaître les autres détenus ; ensemble, on a inventé un nouveau jeu. Les yeux fermés, on doit reconnaître à qui appartiennent les voix qui nous parviennent de derrière les parois des cellules. Telle voix est celle de tel commandant de brigade, par exemple. À ce jeu, j'ai en moyenne cinq bonnes réponses sur dix…

Ils nous font monter dans un bus de couleur blanche. Tandis que nous attendons, nous les voyons amener un ambulancier de l'Armée libre et un autre détenu, les aligner contre le mur, et les tuer chacun d'une balle dans la tête. Ils comptent nous terroriser, mais ils ignorent que nous connaissons leur plan, que nous savons qu'ils ne nous tueront pas.

Le chauffeur du bus, un Saoudien au teint sombre, dit à l'un de ses confrères avec un petit rire méchant, en montrant du doigt le secouriste gisant à côté de l'autre cadavre : « Ceux-là, on va les tuer à Manbij. Il va leur arriver la même chose qu'à ces deux renégats. »

Après s'être assuré que nos yeux étaient bien bandés, ils démarrent le bus, en direction de l'est. J'entrevois alors mes chaussures vertes, achetées 1250 Livres il y a dix ans dans le quartier d'al-Manshiya à Alep. Elles sont aux pieds de « l'émir de la consigne » de notre prison. Le fait d'être détenu m'a moins affecté que de me voir voler mes chaussures vertes. Ces chaussures, elles ont à leur compte plus de combats que la tête de celui qui les porte désormais ne compte de cheveux !

Tous les membres de l'EI présents dans le bus portent des ceintures explosives. Impossible de songer à s'enfuir. Une simple pression sur un bouton, et nous voilà tous au paradis. Or, je n'ai pas envie de mourir entre les mains de ces hommes-là !

Soudain, ils se mettent à ricaner, sans qu'on comprenne pourquoi… L'un d'eux dit alors : « Regarde-moi ces lâches de l'Armée libre ! On a des prisonniers à eux dans le bus, et ils n'osent même pas nous fouiller ! Et vous vous demandez pourquoi le régime gagne du terrain, bande de Sahwat apostats[6] ! » Le fait est que nous venons de franchir un barrage de l'Armée libre, et que personne n'a cherché à arrêter le bus… C'est cela qui les fait faussement rire.

Ils nous jettent à l'intérieur du centre culturel de la ville de Tadif. Là, ils recueillent toutes les informations nous concernant : le nom de nos brigades, depuis quand on participe à la révolution, depuis quand on a pris les armes… Et plus cela fait longtemps que l'on porte les armes, plus ils apposent d'astérisques à côté de nos noms. Chaque étoile équivaut à l'un des leurs, détenu par l'Armée libre, à « échanger » contre nous. Dans ce centre culturel, j'apprends que de violents combats ont cours entre l'Armée libre et l'organisation de l'État islamique, et que la ville d'al-Bab est tombée aux mains de l'EI après plus de dix jours d'affrontements. Je confesse que, par nature, je mange beaucoup et qu'il m'est arrivé de voler de la nourriture à mes codétenus. Mais chaque fois qu'on apprenait la mort de l'un de nos combattants, je me sentais subitement rassasié… comme si j'avais mangé sa chair ! À l'inverse, à chaque bonne nouvelle concernant nos hommes mon appétit devenait gargantuesque. Comme je me suis réjoui, la fois où j'ai appris qu'un de nos snipers avait réussi, à lui seul, à bloquer la progression du régime pendant deux jours !

Près d'un mois après notre comparution devant le « tribunal islamique » de l'EI à al-Bab, ils nous placent dans une cellule collective. Chaque jour, juste avant la prière de midi, pendant un mois entier, ils viennent nous demander de décliner de nouveau nos noms en vue de l'échange de prisonniers. À l'issue de l'échange, qui a duré deux jours, tous les membres de mon groupe ont été libérés. Ils se sont retrouvés dehors, repus de sommeil après cette période de détention qui leur a permis de rattraper le manque accumulé depuis le début de l'insurrection armée… Ils ont été libérés en échange des soldats de Daech faits prisonniers

6 Sahwat : milices populaires sunnites irakiennes qui ont combattu al-Qaida dans la deuxième moitié de la décennie 2000. *(NdT)*.

par notre Liwa' al Tawhid. Mais à moi, qui ai de nombreuses étoiles à côté de mon nom, ils me disent : « Tous les soldats de ta brigade ont été libérés, sauf toi ! Toi, tu vaux cher, et on ne t'échangera pas contre moins de dix *mouhajiroun*[7]. »

Des détenus fraîchement arrivés m'apprennent que lorsque Daech a attaqué al-Bab, l'un de ses membres s'est fait exploser au volant d'une voiture piégée, tuant avec lui plusieurs enfants. Je me représente l'image de mon neveu Mohamed parmi les victimes. Je fais le compte : un seul des leurs suffit à tuer plusieurs enfants... Que dire, alors, de dix d'entre eux ? Pour rendre mon « échange » impossible, je réplique à mon interlocuteur, sans l'ombre d'une hésitation : « Non, mon cheikh... Moi, je vaux vingt des vôtres, pas dix ! J'en vaux même cinquante ! À moins de ça, je ne partirai pas de chez vous, même si vous ouvrez toutes les portes devant moi. »

Il n'y a personne pour s'inquiéter de mon sort : je n'ai ni père, ni mère, ni épouse... Pour ma part, la seule chose à laquelle je tiens, ce sont les chaussures vertes que m'a volées « l'émir de la consigne ». Conscient de n'avoir plus rien à perdre, je referme la porte de la cellule et vais me cacher dans les toilettes pour pleurer.

L'hiver a pris fin. Le printemps s'est annoncé. Le printemps s'est terminé. L'été est arrivé. Des détenus partent. D'autres arrivent. Même nos geôliers changent, ou sont parfois promus à des fonctions différentes. Untel qui était portier est désormais juge... Quant à moi, jusque-là, je m'estime heureux de mon sort.

Tous mes anciens geôliers de Daech sont morts. Certains ont été tués par l'Armée libre, d'autres par les Kurdes. Nous avons traversé le mois du ramadan sans qu'aucun échange de prisonniers ne s'effectue. Rien qui laisse espérer une libération. Pas une seule exécution. J'ai passé la période à confectionner des chapelets avec des noyaux d'olives noires, et à enseigner à mes codétenus comment faire : une fibre souple, un coupe-ongles et, pour le collier du chapelet, des fils prélevés sur nos maillots ou sur les nattes de la cellule.

Au cours de ma première année de détention, la veille du Nouvel An, la prison tenue par « la brigade des mœurs » de Daech – située dans le

7 Combattants étrangers intégrés à Daech. *Mouhajiroun* signifie littéralement « émigrés », mais réfère, dans ce cas, aux partisans du Prophète Mohamed qui, originaires de La Mecque, l'ont accompagné à Médine. *(NdT).*

Sérail – a été la cible de bombardements. L'émir de la Consigne, celui qui m'a volé mes chaussures, y a laissé une jambe avant de mourir des suites de ses blessures. Ils sont venus nous voir : « Vous savez qui vient de bombarder notre position, de pilonner notre prison et de tuer des détenus ? C'est un avion des Émirats, piloté par une femme ! Que Dieu nous garde ! » Je n'ai jamais compris comment ils avaient pu identifier l'origine de l'avion, ni le sexe de son pilote… Mais rien ne me surprend plus, venant d'eux ! Les nouveaux agents de leur brigade des mœurs sont bien capables de repérer la couleur du khôl sur les yeux d'une jeune femme assise dans le fond d'un bus qui roule à 200 km/h. Pourquoi, sachant cela, ne pourraient-ils pas repérer aussi quel pays a bombardé leur prison, et qu'une femme était aux commandes !

Après le bombardement de la prison du Sérail, les Daechiens qui n'avaient pas été tués étaient « au comble de la peur », comme ils disent. Ils nous ont donc transférés, avec d'autres prisonniers, dans « la prison de l'hôtel », à Manbij – un hôtel sans étoile.

Dans cet hôtel, ils proposent aux pensionnaires le service du *skartoun*. Ce supplice consiste à nous faire tenir debout, non pas dans une chambre, mais dans un endroit plus petit que des latrines, les bras tendus à l'extérieur de la grille. On reste ainsi séquestrés des jours et des semaines, enfermés debout dans un espace de 40 centimètres sur 30. Demandez à qui en a fait l'expérience… Tes pieds gonflent à tel point que ta pointure dépasse bientôt le 50, et ils virent au bleu, avec des touches de noir et de bordeaux.

Je suis devenu le « parrain » de la prison. L'ensemble des détenus, quels que soient leur diplôme universitaire, la brigade à laquelle ils appartiennent, ou leur ville et pays d'origine, tous me demandent conseil en ma qualité de « doyen ».

Ils ont réhabilité la prison d'al-Bab et nous ont ramenés là-bas, nous les trente hommes qui sommes encore à leur merci sur les cent quinze du début. Je me sens seul. Nombreux sont ceux qui ont été tués. Et les nouveaux détenus ne me plaisent pas : des trafiquants d'essence et de cigarettes pour la plupart, ou des hommes qui n'ont pas respecté le couvre-feu. Très peu, désormais, sont des prisonniers de guerre, des combattants de l'Armée libre.

Dans un autre dortoir, ils ont enfermé cinquante combattants du PKK. Je suis gagné par le désespoir, et je commence à considérer la nécessité de sortir par tous les moyens, quitte à y laisser la vie. Cette prison, c'est « un cimetière pour vivants », comme l'a écrit un détenu de Manbij sur un mur de sa cellule.

La nourriture est misérable : cinq olives noires par détenu, « conformément aux prescriptions de Dieu ». Je regarde la cellule avec d'autres yeux, et me mets à étudier les murs et les fenêtres. Dans les toilettes, il y a une bouche d'aération à travers laquelle on peut voir la rue. Nous nous trouvons au premier sous-sol. Celui qui a conçu la bouche d'aération était soit un imbécile, soit il craignait fortement, au moment où il l'a installée, qu'on l'enferme lui aussi à l'intérieur. J'abandonne la confection de chapelets au profit d'un divertissement plus fructueux. Cette fois-ci, mes outils sont la tige de la chasse d'eau, et le bac métallique de l'évier.

Je fixe mes pieds sur la cuve bleue, et, en journée, couvert par le bruit ambiant afin que personne n'entende ce que j'entreprends, je passe la tige métallique de la chasse d'eau entre le ciment du mur et le socle en marbre de la bouche d'aération. L'objectif, c'est d'éloigner le mur et le marbre, ne serait-ce que de quelques centimètres. Lorsque la tige se tord, je la redresse en la pressant sur la plaque métallique de l'évier. Chaque fois que les détenus commencent à prier, je me rends aux toilettes et reprends mon ouvrage. Même chose lorsqu'ils mangent. Et, chaque fois que j'entends un détenu s'approcher de la porte, je me retourne et m'assieds sur la cuve. Pour faire diversion, je dis systématiquement : « Que soit bénite l'eau ! Elle me donne l'impression d'être dehors ! » Ce à quoi on me répond invariablement : « Oui, c'est vrai, ce que tu dis là ! »

Un beau matin, alors que je travaille à écarter la pierre du marbre, un détenu kurde atteint de diarrhée entre en trombe dans les toilettes. Je frôle la crise cardiaque. Sans rien me demander, il me dit immédiatement : « Que Dieu te protège, Abou Rassoul. J'emporterai ton secret dans ma tombe. Ne t'en fais pas. Dieu m'est témoin, je ne le dirai à personne. Je vais t'aider. »

Je me mets à brailler comme un nouveau-né : « Promis ?

– Promis. Je le jure devant Dieu. »

Mais je ne tarde pas à remarquer les yeux des détenus kurdes qui me lorgnent au moment du coucher en échangeant des murmures dans leur langue. Ce prisonnier a peut-être tenu sa promesse de n'en parler à personne en arabe… Mais, de toute évidence, il en a parlé à tous ses confrères de langue kurde !

Dans la file d'attente pour les ablutions de la prière de l'aube, les Kurdes s'attroupent autour de moi et me proposent leur aide : « On ne va pas te laisser travailler tout seul, pour au final s'enfuir avec toi sans s'être donné de peine ! Ce que tu vis, nous le vivons aussi ! Nous sommes un seul et même sang. Toi, tu donnes les ordres ; nous, on exécute. Et comme l'a dit notre camarade : on emportera ton secret dans la tombe ! » Je me suis transformé en contremaître : je leur donne des ordres et exige d'eux qu'ils travaillent sans relâche, assis en tailleur sur le deuxième évier, après avoir convaincu les autres détenus que le premier avait été cassé par « le gros », pendant qu'il faisait ses ablutions. « Que Dieu ne le lui pardonne pas ! » Parfois, je leur demande de simuler une dispute et d'élever le ton afin qu'on extirpe un morceau de marbre, ce qui fait beaucoup de bruit. Une semaine entière passe ainsi au rythme des rires, de la fatigue, et de l'évocation du bon vieux temps. Nous avons terminé d'extraire les pierres et la structure métallique de la bouche d'aération. Nous avons même retiré la grille qui donne sur l'extérieur et l'avons remise en place après avoir humé le parfum de l'air libre : « Chacun son tour, les gars ! L'un après l'autre pour respirer le grand air ! »

Nous buvons ensemble un thé préparé avec de l'eau non filtrée de puits : c'est comme si du béton nous pénétrait le gosier. Pareil à un émir, je suis assis en tailleur au milieu du dortoir ; moi, le plus ancien et le plus intelligent de tous les détenus, qui n'ai rien appris dans les livres qu'on nous imposait de lire. Tous me prennent dans leurs bras, me pincent la joue… et attendent que je leur donne le signal du départ, par un simple geste de la main.

Avant de leur annoncer l'heure de l'évasion, je vais voir deux détenus que nous n'avons pas informés de notre plan. Ces deux-là sont des « kapos », chargés par Daech de rapporter nos faits et gestes contre une tranche de pain supplémentaire. Je leur dis, mot pour mot : « Il y a quelques temps, ils ont emmené votre ami et l'ont égorgé. Un responsable de la charia de Daech est venu nous montrer une photo de lui, crucifié au milieu d'un rond-point de la ville de Bouqrous. En un mot, c'est la mort qui vous attend, tout comme nous. Donc, si vous voulez vous enfuir avec nous, vous êtes les bienvenus. Si vous refusez, on vous tue sur place avant de partir. Ça fait longtemps qu'on n'a tué personne et on a soif de sang… Pas vrai, les gars ? »

Tous répondent en chœur : « Oh que si ! » Les deux espions acceptent notre proposition. Cela dit, ils ne nous ont pas aidés une seule seconde, de peur qu'on les dénonce à notre tour !

Après la prière de l'aube, je me lève et m'adresse aux détenus. Ce n'est en rien une leçon religieuse, mais plutôt un discours, qui a rendu la vie à quatre-vingt-dix âmes : « L'évasion aura lieu cette nuit. Chaque détenu originaire d'al-Bab sera accompagné d'un détenu qui n'est pas de cette ville. Nous partirons de nuit, car un couvre-feu est en vigueur. Aujourd'hui, on ressemble à des membres de Daech… On a même l'air plus "daech" que Daech ! Misez là-dessus. Ne courrez pas, marchez sans peur. Et que Dieu vous protège. »

Mon discours terminé, nous nous sommes dit adieu. Chacun a remis son testament à un autre, au cas où… Nous avons fredonné l'appel à la prière du soir, et avons effectué notre dernière prière dans ce lieu où je suis mort à petit feu pendant un an et demi. J'ai demandé à l'un des détenus qu'il sorte inspecter la route et vérifie qu'aucun soldat de Daech ne se trouvait sur le toit. Puis j'ai attrapé la main d'un détenu originaire d'Alep. Un autre détenu, originaire d'al-Bab, a saisi celle d'un détenu de Manbij… et ainsi de suite. Quatre-vingt-dix hommes, aux destinées littéralement liées. Nous nous sommes évadés par petits cortèges de dix. Je ne ressentais aucune peur, aucune hésitation. C'est comme si j'étais en plein combat de rue, comme si je m'attendais à tout instant à ce qu'un membre de Daech surgisse devant moi et que je doive l'abattre.

Je me suis assuré que l'ensemble des détenus étaient sortis, toutes factions confondues. Deux heures plus tard, je me trouvais chez un vieil ami à moi. Au début, je lui ai dit que j'avais été libéré. Mais très vite, je lui confiais la vérité, afin qu'il n'ébruite pas la fausse nouvelle et que des gens ne se déplacent pas pour me souhaiter « la bienvenue ».

Le lendemain matin, les patrouilles de Daech sillonnaient les rues pour mettre en garde les habitants, à travers leurs haut-parleurs : « Si jamais nous mettons la main sur un détenu caché chez vous, vous serez tués, par Dieu. En revanche, si vous nous remettez l'un d'eux, le Prince des Croyants saura vous pardonner et vous récompenser, *wallah* ! » Après vingt jours d'une réclusion volontaire chez mon ami, nous sommes partis, mon camarade et moi, à 9h du matin, en direction d'une ferme où nous sommes restés en planque pendant un mois. Puis nous avons embarqué, déguisés sous une djellaba, dans un véhicule de transport d'ouvriers en direction de la ville de Jarablos, après s'être assuré qu'il n'y aurait pas de « barrage volant » sur la route. Juste avant d'arriver à hauteur du barrage, à l'entrée de Jarablos, nous avons sauté du véhicule pour continuer à travers champs en direction de la frontière turque.

« N'aies pas peur. Il suffit que tu aies peur pour qu'ils t'attrapent. » C'est tout ce que j'ai dit à mon compagnon d'évasion. Une fois à bord d'un blindé de l'armée turque, nous avons eu l'impression que nous venions de laisser derrière nous toute une vie, et que Dieu était en train de nous en écrire une nouvelle.

Je suis retourné à Alep de façon clandestine en passant par la ville turque de Kilis après avoir aidé le jeune qui m'accompagnait à retrouver sa famille. Je l'ai laissé là-bas et suis retourné à Alep, où j'ai formé une nouvelle brigade de « célibataires ». Puis j'ai pris position dans la périphérie Nord de la ville pour combattre Daech. Je fais tout mon possible, depuis, pour capturer des prisonniers parmi leurs combattants, afin de les échanger contre ceux de mes camarades qui se sont fait rattraper après notre évasion.

Khalifa AL-KHUDER

HAJAR ET LE BATAILLON FÉMININ DE DAECH[1]

Elle s'assied face à moi et me sert un café. À la surface de la tasse flottent une graine de cardamone et plusieurs grains d'un café bon marché. Elle porte des habits d'intérieur qui découvrent ses bras, une partie importante de son décolleté, ainsi que ses jambes jusqu'aux mollets. Elle aspire une longue bouffée de cigarette et en expire la fumée sous forme de ronds, le regard fixé au loin à travers la fenêtre.

Elle dit : « Leurs mots d'ordre sont souvent des mensonges. C'est vrai qu'ils s'astreignent à la prière, citent et se réfèrent aux versets coraniques qui exhortent au jihad. Mais on se rend bien vite compte que ce ne sont que des mercenaires, des marchands de religion qui travaillent pour leur propre intérêt. Aucun n'a de véritable ancrage religieux, aucun n'a connu le maquis afghan. Ce sont des hommes qui ont un important savoir-faire dans le maniement des armes, des esprits et des médias, mais qui n'ont absolument aucune connaissance religieuse, quoi qu'ils en disent. »

C'est ainsi que Hajar commence son récit. Du haut de ses 25 ans, elle a récemment fait défection d'al-Khansa, fuyant l'enfer de ce bataillon de femmes au service de l'organisation de l'État islamique. Par le passé, elle travaillait dans les cabarets de la région d'al-Sahil[2], sur les rives de l'Euphrate. Cherchant à justifier son engagement auprès de Daech, elle explique qu'il s'agissait pour elle de racheter son passé auprès d'une société qui ne pardonne pas facilement.

Elle observe à travers la vitre les nuées d'oiseaux qui virevoltent à l'horizon, et allume une nouvelle cigarette avec le mégot de la précédente. Elle reprend : « J'ai rejoint le bataillon al-Khansa le 7 février 2014, c'est-à-dire cinq jour après sa création. J'ai été introduite par Oum Rayyan, la figure féminine la plus puissante de l'EI à cette époque.

1 Texte publié dans *Al-Jumhuriya*, 7 juillet 2015. Traduit par Marianne Babut.
2 Situé à environ 15 km à l'ouest de Raqqa. *(NdT).*

Oum Rayyan, c'est une Tunisienne qui est arrivée d'Irak avec sa famille, après avoir marié ses deux filles à des chefs de l'organisation. Ce sont eux qui lui ont confié l'honneur de monter une brigade féminine à Raqqa. J'avais entendu parler d'Oum Rayyan par ma voisine, Oum Islam al-Jazrawiya, l'épouse du Saoudien Abdallah Abou Islam, qui a la fonction de Responsable de la charia pour l'État islamique dans la région de Hazima, au nord de Raqqa. »

Hajar triture un bouton sur son mollet, puis continue : « Tu vois, Daech a rompu avec toutes les pratiques qui caractérisaient jusqu'alors les mouvements islamistes, en intégrant des femmes et en leur confiant des responsabilités. Au moyen d'une propagande médiatique digne des professionnels d'Hollywood, l'objectif est d'attirer à eux toujours plus de jeunes filles et de femmes, fascinées par l'image de "l'homme parfait" de Daech. Tu n'as qu'à voir les films qu'ils produisent. Ils choisissent des jeunes filles élancées, aux grands yeux délibérément dévoilés pour enrôler les hommes, séduits par les charmes des femmes jihadistes. Ils attirent à eux les femmes par le même procédé, en diffusant l'image de ténébreux aventuriers, entourés de mystère… »

Elle allume une nouvelle cigarette et éteint son téléphone portable. Il semble que quelqu'un se fasse trop insistant, à l'autre bout de la ligne.

Elle poursuit : « Bref… Cette Oum Rayyan, c'est le genre de femme forte comme cent hommes. Elle est brune et garde un corps svelte et sportif, malgré ses quarante-sept ans. Oum Rayyan a entendu parler de moi par ma voisine, Oum Islam, qui s'est porté garante de ma repentance. Oum Ryan m'a à son tour prise sous son aile, ce qui a provoqué la haine de son assistante, Kawthar al-Homsiya, à mon égard.

Je parle trop et je fume trop, n'est-ce pas ?

Je reprends l'histoire depuis son commencement. Le bataillon s'est formé le 2 février 2014. L'idée existait déjà depuis un moment, mais deux incidents sont venus précipiter sa création. Trois membres de l'EI ont d'abord été tués au niveau du barrage d'al-Sabhaya à l'ouest de la ville, puis quatre autres du côté du barrage al-Mashlab, dans les quartiers Est, par des individus déguisés en femmes, le visage masqué par des burqas. Par peur que cela se reproduise, Oum Rayyan a accéléré la mise en place du bataillon. Au début, nous étions trente-cinq femmes : trois Syriennes, deux Yéménites, quatre Saoudiennes, une Koweïtienne, sept Tunisiennes, trois Libyennes, neuf Tchétchènes, trois Égyptiennes et trois

Irakiennes. La mission première de notre brigade, c'était de fouiller les femmes dans les rues et les magasins pour éviter que ce genre d'incident ne se répète. Il s'agissait également d'épargner aux hommes de Daech les désagréments du contact physique avec les femmes "pécheresses" ayant contrevenu à la charia islamique, qu'il faut "conscientiser" en les emprisonnant et en les torturant. Cependant, ce n'est là qu'une partie de la vérité. La principale raison d'être de cette brigade, c'est de garantir, auprès des hommes de l'EI, l'approvisionnement en "femmes jihadistes". Le principal critère de recrutement de ces jeunes femmes, étrangères comme autochtones, c'est qu'elles aient entre 18 et 25 ans. Le reste des conditions, les recrues les découvrent par la suite. »

L'appel à la prière résonne. Hajar interrompt son propos de façon quasi automatique et se met à répéter à la suite du muezzin : « Allah Akbar, Allah Akbar… Dieu nous ramène dans Son droit chemin et nous prions de nouveau notre Seigneur avec cœur. »

« La brigade Hudhayfa Ibn al-Yaman – l'une des brigades de l'Armée syrienne libre qui a prêté allégeance à l'EI, mais n'a pas participé à la bataille de six jours au cours desquels Daech a pris le contrôle de Raqqa – a été expulsée du "Palais des hôtes". À la place, on y a logé les femmes immigrées et célibataires, ainsi que les femmes dites "Ansar[3]". Quant aux femmes mariées de l'EI, elles ont confisqué les maisons du quartier d'al-Thakna au prétexte que leurs propriétaires appartenaient à l'Armée libre ou à des organisations de la société civile, et elles s'y sont installées avec leurs familles. »

Hajar pousse un profond soupir, avant de poursuivre : « Ils agissent comme de véritables colons : ils envahissent une ville et y installent des familles pour la peupler. Le premier siège de notre bataillon féminin se trouvait au troisième étage de l'hôtel touristique Al-Karnak. Notre entraînement physique se déroulait dans un bois, au nord de la ville. Le 24 février 2014, nous avons mené notre première patrouille, à bord d'un petit fourgon. Nous étions escortées par un pick-up d'hommes en armes. Et, dès le premier jour, Oum Rayyan a totalement perdu le nord. Notre première mission, c'était d'inspecter les magasins de vêtements pour femmes. Dans les jours qui ont suivi, on a interdit à tous les commerces d'exposer des vêtements féminins en vitrine, et on a imposé

3 C'est-à-dire, les femmes autochtones arabes, en référence aux Ansar compagnons du Prophète originaires de Médine. *(NdT)*.

que les têtes des mannequins soient recouvertes d'un sac en plastique noir. On a également imposé que tous les vendeurs soient des femmes. On a fait fermer les ateliers de couture de vêtements pour femmes qui étaient dirigés par des hommes. On a fait fermer définitivement tous les salons de coiffure pour femmes, ainsi que tous les salons de beauté. Pareil pour les cabinets de gynécologie tenus par des hommes. On a obligé les médecins femmes (les seules autorisées désormais à être gynécologues), à pratiquer des avortements sur les épouses des membres de l'EI dont le "contrat de coït", comme ils disent, stipule que l'union ne doit pas provoquer de grossesse. Selon eux, l'avortement ne contrevient pas à la légalité tant que cela se fait devant deux témoins membres de l'EI, et après accord du "maître de maison" ».

« Tu te souviens du "contrat des *chabiha*" dont a été l'objet cette enfant de la banlieue Sud-est d'Alep ? Et bien là, c'est la même chose. Ils nous interdisent de tomber enceinte, et le cas échéant, c'est nous qui en sommes tenues responsables !

Le fait que toutes les femmes de la ville soient devenues identiques par leur accoutrement dans l'espace public posait un véritable problème sécuritaire. Le seul moyen dont on disposait pour déjouer les imposteurs, c'était de repérer les chaussures. Seule la pointure pouvait distinguer les hommes des femmes. Le 23 février, on a ainsi arrêté quatre hommes cachés sous des niqabs. Le problème, c'est qu'il s'agissait de membres du bataillon des Crocodiles, le plus violent et le plus sanguinaire des organes sécuritaires de l'EI – y compris aux yeux des membres de Daech. Suite à cet incident, notre patrouille a été jetée trois jours en prison par Abou Anas al-Iraki, le chef des Crocodiles.

Après avoir imposé notre vision de ce que devaient être la condition et l'apparence des femmes dans l'espace public à Raqqa, les véritables raisons d'être de notre bataillon sont devenues plus manifestes. Il y avait notamment comme enjeu de fournir aux combattants étrangers, les *mouhajirin*, des femmes "autochtones" – ce que refusait catégoriquement la société syrienne au début. La femme qui consentait à s'unir à un *mouhajir* devait le signifier en portant une voilette transparente au-dessus d'un niqab de couleur blanche.

Au début, les jihadistes européens préféraient se marier avec les immigrées européennes, pour des questions de langage. Mais, le temps faisant, ils se sont intéressés à la chair locale syrienne. Ce qui poussait les *mouhajirin* de Daech à convoiter les femmes de la société locale était d'ordre pulsionnel bien plus que politique. Cela les intéresse peu de construire des liens avec la société syrienne. L'histoire de la jeune Fatima al-Joumaa, qui s'est tuée le 5 mars 2014 dans le village d'al-Salhabya à l'ouest de Raqqa, illustre le refus général des femmes de Raqqa d'être mariées à des étrangers, dont la façon de penser et d'agir leur est totalement inconnue. La jeune fille s'est suicidée après que son père, par intérêt financier, a accepté de la marier à un Tunisien.

Nous, les femmes, nous sommes oppressées, où que l'on soit. Cela vaut également pour les "daechiennes". De nombreux hommes de Daech traitent leurs femmes de façon très violente. Et elles, elles n'ont personne auprès de qui se plaindre. Les domestiques, par exemple, peuvent se plaindre auprès de nous. Mais nous, qui terrorisons toutes les femmes du pays, nous restons totalement impuissantes face aux hommes de l'organisation, notamment face à ceux qui ont des fonctions policières, et surtout les Crocodiles. Je me souviens de l'épouse de l'un d'eux, qui est venue nous trouver pour confier ses souffrances. Son corps comptait vingt-trois brûlures à la cire chaude, dont certaines sur les parties intimes, que son mari lui avait infligées parce qu'elle ne pouvait pas le suivre dans certaines de ses pratiques sexuelles perverses, qu'il entretenait à grand renfort de médicaments.

Le 2 mars 2014, on a lancé la campagne de fermeture forcée des écoles pour filles, en commençant par les lycées Hamida al-Tahir et Abd al-Hadi al-Kadhim. Nous sommes entrées dans les écoles comme si on les prenait d'assaut pour terroriser autant que possible les élèves. C'était Oum Rayyan et Kawthar al-Homsiya qui étaient à la tête de l'attaque. Elles hurlaient sur les filles : "Sales trainées ! Bande de mécréantes ! Ton hijab est transparent ! On voit tes sourcils ! La bosse de tes cheveux est trop haute !" Dix élèves de seconde et de première du lycée Hamida al-Tahir ont été arrêtées ce jour-là, accusées de porter un hijab trop fin, des vêtements incorrects au regard des critères de l'EI, des cheveux attachés trop haut sous le voile, etc. Les mots d'une des élèves résonnent encore aujourd'hui dans ma tête : "Nous, on sait ce que l'on fait et ce qu'exige de nous notre religion ! Mais vous, vous voulez nous ramener à l'âge de pierre ! Vos idées, elles viennent toutes de là", a-t-elle dit, en désignant du doigt son entre-jambe. Les enseignantes ont essayé de prendre la défense de leurs élèves. On a également arrêté deux d'entre elles, ainsi que la secrétaire de l'établissement. Les filles se sont fait fouetter par Oum Hamza, cette tortionnaire qui était auparavant en charge du même poste auprès du mouvement Ahrar al-Cham. Les élèves ont reçu vingt coups de fouet chacune. Mais les enseignantes, elles, ont eu le droit à la *adada*, une sorte de grande pince métallique ciselée de dents. Suite au châtiment, la secrétaire a été conduite en urgence à l'hôpital. »

Hajar marque de longs silences et se perd dans ses pensées. Avant de se porter volontaire dans le bataillon féminin de Daech, elle cuisinait des plats simples. Mais au sein de l'EI à Raqqa, « on ne mange que des plats préparés par les restaurants Hadiri et Sultana. Même le jus de fruit, on ne le boit que pressé à la main. Mais je n'ai pas de remords : Dieu est témoin que j'ai quitté cette mafia ! ».

« Tu sais… Les Européens, ce sont les plus sadiques de tous. Par exemple, les femmes britanniques, elles se sentaient fières d'avoir pratiqué des tortures monstrueuses. Celle qui se chargeait du supplice *adada*, c'était une Britannique pur-sang, à la peau laiteuse et transparente. C'est aussi elle qui supervisait, avec Oum Sayyaf, les maisons closes où sont détenues comme esclaves les femmes yézidites. Ces deux femmes orchestraient ensemble leur prostitution forcée. Si tu ne veux pas me croire, ne me crois pas ! Mais moi je te le dis : le mariage, chez eux, c'est comme la prostitution. La Britannique dont je te parle, qui se fait surnommer Oum Salma, tout le monde l'aime parce qu'elle est blanche et blonde, même si elle n'est pas belle. C'est le genre de femme que tous veulent. Et ne venez pas me dire qu'elle fait tout ça juste par jalousie envers les autres femmes ! »

Étonnée que je ne sache pas ce qu'est la *adada*, Hajar m'explique : « La *adada*, c'est une de leurs inventions. C'est une sorte de pince métallique à dents. Certaines ont des dents sur la partie inférieure, d'autres sur la supérieure, d'autres encore ont quatre dents sur les deux. Le supplice de la *adada* consiste à refermer les dents sur la poitrine de la "fauteuse", ce qui provoque une douleur insupportable et de graves blessures. Parfois même, ils pincent les organes génitaux de la femme châtiée, avec des mouvements qui évoquent le viol. Ça me rappelle l'histoire de cette femme qu'on a arrêtée alors qu'elle était en train d'allaiter son enfant, à l'abri des regards, dans le parc al-Rachid. La brigade des mœurs a fait venir son mari. Pour punir les agissements de sa femme, on lui a donné le choix entre le châtier, lui, au fouet, ou supplicier son épouse avec la pince *adada*. Pensant que le châtiment à la pince était moins cruel que le fouet, la femme a insisté pour que ce soit elle qui soit punie. Elle a fini à l'hôpital, avec de profondes entailles dans la poitrine. »

Je lui demande : « Tu n'avais pas peur ? »

« Non, je n'ai jamais eu peur. Sauf une fois. Tu veux que je te dise la vérité ? Je prenais plaisir à me venger de toutes ces femmes syriennes qui m'avaient jugée par le passé. Mais ce que j'aimais le plus, c'était de pouvoir humilier leurs "maîtres" devant tout le monde. Que Dieu nous pardonne ! La seule fois où j'ai eu peur, c'est lorsque la coalition internationale a bombardé notre quartier général, établi dans les locaux de l'ancienne sûreté politique du régime, à proximité du vieux pont. On était à moins de deux cents mètres. Lorsque les avions sont repartis, une trentaine des "sirènes" de notre bataillon avaient rejoint leur Créateur. Le lendemain, ils nous ont amené Moaz Al-Kasasbeh[4], le pilote jordanien, en nous disant que c'est lui qui avait bombardé notre local. Je n'ai jamais vu de ma vie un déchaînement de violence comme celui d'Oum Rayyan contre lui, de concert avec Oum Salma et une autre de ses compatriotes britanniques. Au moment de l'exécution du pilote, notre bataillon al-Khansa était présent au grand complet. On était alors six cent cinq femmes volontaires. Devant ce spectacle, une larme m'a échappé. J'ai remercié Dieu que personne ne l'ait remarquée. »

Hajar ajoute : « Mais le plus déconcertant, ce sont les cours d'instruction religieuse. Où vont-ils chercher les hadiths dont ils se réclament ? Je n'en ai aucune idée ! Mais ça n'a rien à voir avec l'Islam. À leurs yeux – et aux yeux de la société en général –, je suis probablement la dernière à être habilitée à parler de religion. Mais ce que je sais après avoir vu leurs agissements, c'est que j'ai plus d'honneur et d'Islam qu'eux tous réunis. Je le jure par Dieu le Clément, le Miséricordieux ! Prends par exemple ce hadith qu'ils brandissent tout le temps, comme s'il s'agissait du Coran : "La prophétie restera parmi vous autant qu'Allah le souhaitera, puis Allah y mettra un terme quand Il voudra. Il y aura alors un Califat suivant la voie prophétique, qui vous gouvernera autant qu'Allah le souhaitera, puis Allah y mettra un terme quand Il voudra. Puis viendra une royauté injuste et dynastique qui vous gouvernera autant qu'Allah le souhaitera, puis Allah y mettra un terme quand Il voudra. Puis viendra une royauté tyrannique qui vous gouvernera autant

4 Il fut brûlé vif par l'EI en janvier 2015.

qu'Allah le souhaitera, puis Allah y mettra un terme quand Il voudra. Puis viendra alors un Califat suivant la voie prophétique." Tous les ouvrages de hadiths s'accordent à dire que l'authenticité de ce hadith-là est "faible". Eux, pourtant, ils l'utilisent à tour de bras, comme si ce hadith prophétique justifiait l'existence de Daech.

Mais moi, en tant que femme, j'affirme qu'un État qui ne respecte pas les femmes, dont les lois ne protègent pas les droits des femmes, est nécessairement voué à la débâcle, quand bien même il emprunterait l'apparence de l'Islam ».

Ahmed AL-HAJ SALEH

RACHA, UNE JEUNE FILLE DE RAQQA

Le silence, la liberté, et un niqab grand comme un pays[1]

Lorsque le régime syrien quitte la ville de Raqqa, à la mi-mars 2013, c'est la première fois qu'un chef-lieu d'une province syrienne est libéré. Mais cela permet aussi à la ville de s'affranchir d'un certain nombre de qualificatifs qui lui ont été accolés depuis le tout début de la révolution : la ville « silencieuse », la ville « loyaliste où se rend Bachar al-Assad pour la prière de l'Aïd », la « ville-réservoir de soldats pour l'armée du régime ». Contrairement à ce que ces appellations, conçues dans le contexte tumultueux de « l'instant révolutionnaire », pourraient laisser penser, Raqqa saisit cette chance de prendre sa revanche face à la marginalisation qu'elle a subie au cours de son histoire. Cette marginalisation remonte aux années tardives de l'époque ottomane et s'est poursuivie à travers les périodes successives du Mandat français, de l'Indépendance nationale, de la République arabe unie puis de sa dissolution[2], et jusqu'aux règnes baathistes et assadiens. Raqqa est une petite ville. D'un point de vue socio-économique, ce serait plutôt un gros village, à peine plus grand qu'un chef-lieu de canton. Une ville quasiment dépourvue d'industrie et de commerce, où la vie économique se résume à l'agriculture et à la fonction publique, auxquelles s'ajoutent les activités de service afférentes à ces deux pôles.

---

1 Texte publié dans *Bidayat*, n° 7, hiver 2014. Traduit par Marianne Babut.

2 L'Égypte et la Syrie ont formé la République arabe unie de 1958 à 1961. Note de l'éditeur.

LA COURTE CÉLÉBRATION DE LA LIBERTÉ

Racha était en classe de première lors du déclenchement de la révolution, à la mi-mars 2011. Comme l'immense majorité des jeunes filles appartenant à la tranche supérieure de la classe moyenne d'une ville comme Raqqa – c'est-à-dire la classe des médecins, des ingénieurs, des avocats et des promoteurs immobiliers –, Racha ne portait aucun intérêt particulier à la politique ni à la culture. Elle s'était distinguée assez précocement comme élève studieuse, ce qui lui avait valu de nombreuses récompenses aux différents stades de sa vie scolaire. Mais cette distinction s'était bientôt traduite par un enfermement toujours plus grand sur elle-même. Car l'enjeu du rang social, pour un Syrien, fait que l'on considère les diplômes du secondaire, non comme une clé ouvrant sur de futures études universitaires, mais comme une façon de se positionner au sein d'une compétition permanente faite d'équilibres délicats entre les différentes susceptibilités et attentes des parents, mais également des frères et sœurs.

Pourtant, malgré le camp d'entraînement fermé que constitue, dès les débuts de la classe de première, la préparation du baccalauréat – surtout pour les élèves de la filière scientifique –, il était impossible à Racha de rester hermétique à ce qui se passait dans le pays. Bien qu'elle n'ait eu aucune activité politique ni humanitaire, qu'elle n'ait participé ni aux manifestations ni aux maigres sit-in organisés au cours des premiers mois de la révolution dans la ville de Raqqa, la passion politique de son père opposant s'était, d'une façon ou d'une autre, imposée à elle, comme à l'ensemble de la famille. Ahmed, son frère, avait ainsi participé à plusieurs manifestations, s'était fait arrêter à l'issue de l'une d'elles, et était resté détenu durant de longues semaines.

Les premières semaines qui suivent la libération de Raqqa sont une succession de jours de fête. Le sentiment d'émancipation règne dans tous les milieux de l'opposition. Diverses organisations et différents groupes de jeunes enchaînent les déclarations, annoncent le lancement d'initiatives dans les domaines de la politique, des services et de la culture. Les forces militaires les plus importantes de Raqqa sont alors les mouvements islamiques Ahrar al-Cham et Jabhat al-Nosra. On compte également différentes factions et brigades armées, dont certaines sont intégrées à l'Armée libre, et d'autres non. Mais, rapidement, des conflits éclatent entre les militants de la société civile et les groupes armés, qui viennent de mettre en place une « Instance de la charia » pour se substituer au tribunal, absent depuis que le régime a déserté la ville. Les problèmes commencent avec l'intimidation subie par deux jeunes filles de la ville lors du passage d'un barrage tenu par l'Instance de la charia. S'ensuit une manifestation pour dénoncer ces agissements, puis un sit-in qui conduit l'Instance de la charia à proclamer sa propre dissolution – avant de se recomposer sur de nouveaux fondements.

Mais la tension ne s'apaise pas pour autant : les entraves et les multiples abus des groupes armés se perpétuent, allant du détournement d'argent public au recours à la menace armée à l'encontre des civils, en passant par une incurie généralisée de l'administration de la ville. Cela dit, les marges de manœuvres laissées à l'action civile restent grandes, et le nombre de jeunes engagés dans les affaires publiques ne cesse d'augmenter. Au sein de la jeunesse de Raqqa, l'optimisme, en dépit des difficultés, prime encore.

LE DÉBUT DU RÈGNE DE DAECH

Au début du mois d'avril 2013, un matin, les habitants de Raqqa se réveillent en constatant que le bâtiment de la Préfecture – à savoir un palais d'un faste excessif, d'autant plus si on le compare à la situation économique de la région dont l'agriculture est dévastée, au sens fort du terme –, qui était la veille encore le quartier général d'al-Nosra, est désormais aux mains d'une nouvelle organisation, qui a été rejointe par la plupart des membres d'al-Nosra, notamment les étrangers : « l'État islamique en Irak et en Syrie ». Rapidement, cette organisation va être connue sous le nom de Daech – un acronyme qui vaudra à plus d'un habitant de Raqqa soixante-dix coups de fouet sur le dos pour l'avoir prononcé.

Comme l'on pouvait s'y attendre, Racha obtient de très bons résultats au baccalauréat de l'année 2012, ce qui aurait pu lui permettre d'intégrer la faculté de médecine à Alep. En Syrie, intégrer la faculté de médecine représente le paradis pour un jeune bachelier. Aucun être doué de raison n'en refuserait l'accès. Pourtant, Racha se rebelle contre cette coutume et décide de se détourner du serment d'Hippocrate, de la voie qu'avaient empruntée ses deux parents plus de vingt ans auparavant. Elle décide d'intégrer la faculté de pharmacologie de Damas.

Le choix de partir à Damas n'est facile ni pour Racha ni pour sa famille. Les routes au départ de Raqqa sont fermées en raison des affrontements quasi permanents qui s'y déroulent. Mais la situation n'est pas stable non plus à Damas, qui est encerclée par des champs de bataille, et où les échanges de tirs en plein centre-ville sont courants. En plus de cela, les bombardements de mortiers deviennent routiniers dans de nombreux quartiers de la capitale.

En cet été 2012, la situation de la révolution à Raqqa n'est pas des meilleures. Quelques mois plus tôt, au mois de mars, c'est-à-dire un an après le déclenchement de la révolution syrienne, une insurrection de courte durée a gagné la ville quand la sûreté du régime a ouvert le feu sur une manifestation nocturne menée par quelques dizaines de jeunes gens. Le jeune Ali Babensi y a trouvé la mort, devenant le premier martyr de la ville. Pendant trois ou quatre jours, une grève générale a paralysé Raqqa. Les funérailles d'Ali Babensi se sont transformées en une manifestation au cours de laquelle trois autres jeunes se sont fait tuer. À nouveau, les funérailles de ces trois martyrs se sont transformées en manifestation, et cinq nouvelles personnes ont trouvé la mort. Bilan de cet engrenage : seize martyrs parmi la jeunesse de Raqqa. Les choses sont ensuite revenues à la « normale » : des manifestations éparses et peu fréquentées, tandis que les habitants de Raqqa préfèrent suivre sur leurs écrans de télévision les nouvelles de ce qui se passe à Homs, Deraa, Alep et en périphérie de Damas. Pendant ce temps, les forces de la sûreté du régime stationnent à chaque coin de rue afin de réprimer toute tentative de rassemblement. En revanche, elles ne font absolument rien pour endiguer les enlèvements criminels qui commencent à se répandre de façon épidémique.

Peu après l'arrivée de Racha, deux roquettes tombent à proximité de la faculté de pharmacologie de Damas, provoquant l'arrêt des cours. Racha saisit l'occasion pour prendre le premier bus qui la ramène à Raqqa, traversant une vingtaine de barrages de l'armée du régime. Sa vie universitaire n'aura duré qu'une dizaine de jours.

MANIFESTATIONS, ENLÈVEMENTS, MEURTRES ET EXIL

Daech commence à asphyxier la ville quelques semaines après son apparition en lieu et place d'al-Nosra, soudainement évaporé. En un temps record, toute personne ayant eu des activités révolutionnaires devient une cible d'enlèvement. Daech éradique toutes les brigades rattachées à l'Armée libre, et ce, dans l'indifférence affichée des hommes d'Ahrar al-Cham, pourtant plus importants numériquement et plus expérimentés. Peut-être s'agit-il pour eux de ménager l'équilibre des forces en prenant en compte d'autres régions où la présence de Daech l'emporte sur la leur ?

Le Père Paolo Dall'Oglio se fait enlever, et, à sa suite, un grand nombre d'activistes de la ville… Quelques jours après leur disparition, les cadavres de trois d'entre eux sont retrouvés par des hommes en *litham* de l'État islamique. Souad Nawfal se dresse contre Daech. Elle est contrainte de vivre dans la clandestinité, puis de quitter la ville après avoir été menacée et prise à partie au cours de l'unique manifestation qu'elle a organisée devant le siège de Daech pour demander la libération des otages enlevés.

Raqqa se vide presque complètement de ses activistes. Entre ceux qui se sont exilés, ceux qui ont été contraints au silence, ceux qui ont été enlevés, ou tués… la scène révolutionnaire de la ville se désertifie de façon désolante et douloureuse. Racha assiste à la libération de Raqqa, à la mi-mars 2013. Quelques jours après la libération, elle émigre avec sa famille vers une ville du sud de la Turquie pour fuir les attaques aériennes lancées par le régime contre la ville, en représailles de sa « trahison ». Après deux mois d'exil, Racha et sa famille reviennent à Raqqa. Leur retour est concomitant de la montée en puissance de Daech, et de sa barbarie dans les rues de la ville.

Poussée par une peur rationnelle, Racha durcit d'un cran les mesures de précaution qu'elle s'impose depuis le début de la révolution : ne sortir de la maison qu'en cas d'extrême nécessité et revenir tôt, avant le coucher du soleil autant que possible. Pendant de longs mois, Racha vit, comme l'écrasante majorité des jeunes femmes de Raqqa – mais également des jeunes hommes –, une assignation à résidence de fait.

LES SOULÈVEMENTS CONTRE DAECH

L'insurrection contre Daech se déclenche à Alep. La situation y est devenue invivable. Les enlèvements et exécutions en série d'activistes révolutionnaires rendent insupportable la retenue pragmatique observée jusqu'alors. Face à l'effort constant et frénétique de Daech pour éradiquer toute forme de présence de la révolution – humaine comme symbolique –, on décide de résister. De nombreuses voix déplorent que cette résistance arrive bien trop tard.

En quelques jours d'affrontements, Daech est expulsé d'Alep et d'Idlib[3]. À Raqqa, Daech reçoit d'abord la gifle avec fébrilité. Mais très vite, l'organisation sait recouvrer ses forces, aidée en cela par Ahrar al-Cham qui, préférant concentrer son combat contre Daech dans d'autres régions comme Alep, Idlib et leurs environs, a délaissé Raqqa. En quatre jours d'affrontements, et après le retrait de l'ensemble des factions révolutionnaires, Daech reprend le contrôle total de la ville. L'État islamique proclame sa victoire sur la révolution, dont il prohibe les slogans et le drapeau. Les habitants de Raqqa se voient imposer par la force la prière obligatoire et le port du niqab. Un régime de terreur est instauré au moyen d'exécutions conduites sur les principales places publiques de la ville, châtiant tantôt les « renégats », tantôt les « traîtres ». À ce stade, les derniers activistes de Raqqa, ceux-là mêmes qui avaient tenu bon jusqu'alors en restant en retrait, quittent la ville. Plus aucun travail révolutionnaire n'est envisageable sous l'égide monstrueuse de Daech, plus violent que jamais après les nombreuses défaites essuyées en différents points du nord de la Syrie.

Au troisième jour des affrontements, Racha et son frère décident eux aussi de quitter Raqqa en direction, de nouveau, de la Turquie. La situation de Racha, en résidence forcée depuis plusieurs mois, n'est plus tenable. Il en va de même de la sécurité de son frère, qui a rejoint plusieurs groupes de militants révolutionnaires créés après la libération de la ville. Même s'il n'y a jamais joué de rôle particulièrement important, il n'est plus en sécurité. Le trajet entre Raqqa et la frontière turque leur prend plus de quarante-huit heures – bien qu'il s'agisse d'une

3 En janvier 2014.

distance de moins de 100 kilomètres. Éviter les combats et les barrages de Daech qui jalonnent la route oblige à prendre de sinueux détours. Ils passent la nuit dans un village de la périphérie ouest de la province, alors temporairement libérée du règne de Daech. Parmi les mesures de survie adoptées par Racha figure le port du niqab, bien qu'elle ne porte même pas le hijab en temps normal, et qu'elle ne soit pas pratiquante.

Racha vit désormais dans une ville du sud de la Turquie. Elle essaie d'y reprendre une existence normale, à savoir, entre autres, se balader dans les rues sans avoir peur, et travailler pour pouvoir intégrer une université turque où continuer ses études – enfin, plutôt : les recommencer, après deux années perdues. Contrairement à ses amies et à certains journalistes étrangers qu'elle connaît, Racha n'accorde pas beaucoup d'importance au niqab qu'elle a dû porter pour sortir de Raqqa. Elle trouve que se concentrer sur ce point relève d'un « orientalisme inintéressant ». Ce n'est pas cela qui provoque le traumatisme, explique-t-elle à une journaliste canadienne. Le traumatisme se joue ailleurs, et il couvre par son ampleur la superficie du pays tout entier. La journaliste note cette dernière phrase. Puis elle revient à la charge, et demande à nouveau à la jeune femme aux longs cheveux noirs, ce qu'elle a ressenti en étant obligée de porter le niqab…

Yassin SWEHAT

LES TRANSFORMATIONS DU DISCOURS D'AL-QAIDA EN SYRIE[1]

Parmi ses différentes implantations dans le monde, c'est au travers de sa branche syrienne le Front al-Nosra, que l'organisation al-Qaida connaît son terrain d'expérience le plus important et le plus significatif. Aucune autre branche d'al-Qaida n'a en effet bénéficié d'autant d'effectifs et d'équipements, ni d'une telle aire d'influence forte d'un ancrage dans la société locale, que le Front al-Nosra syrien.

Celui-ci s'est initialement structuré autour de combattants jihadistes venus d'Irak (dont Mohamed al-Jolani, son chef) avec le soutien de l'État Islamique en Irak, puis s'est doté d'une base locale incluant une proportion grandissante de combattants étrangers, aux obédiences diverses et plus ou moins radicales selon qu'ils ressortissaient d'al-Qaida, de l'État Islamique en Irak ou du jihadisme local, moins dogmatique. L'importante scission survenue le 9 avril 2013, ainsi que la nette tendance du Front al-Nosra à se prévaloir de la légitimité de l'organisation mère al-Qaida, ont entraîné une identification accrue entre la rhétorique d'al-Nosra et d'al-Qaida, davantage dictée par une commune nécessité que par une affiliation organique à proprement parler. C'est ce dont ont rapidement attesté les propos des dirigeants de l'organisation mère et de sa branche syrienne, ainsi que l'afflux vers cette dernière de chefs « arabes-afghans » dont l'influence est devenue déterminante au sein d'al-Nosra – qui a toutefois continué de préserver un mode de fonctionnement relativement indépendant.

Pour l'organisation mère al-Qaida, la consolidation de ses relations avec al-Nosra est d'une importance capitale au regard du double défi qu'elle devait relever alors : la confrontation avec la Coalition internationale

1 Texte publié le 10 juin 2016 par Omran Strategic Studies sur le site www.omrandirasat.org. Traduit par Marianne Babut. Le Front al-Nosra est devenu le Front Fath al-Cham avant de prendre le nom de Hay'at Tahrir al-Cham.

et ses drones d'une part, mais aussi avec l'organisation Daech, cette nouvelle concurrente dans l'arène du jihadisme internationaliste, qui la détrône tant sur le terrain médiatique et politique international que dans la plupart des régions où al-Qaida est présente.

Cet article propose d'observer les transformations successives du discours d'al-Qaida en Syrie au cours de l'année 2016, à travers les propos du commandement de l'organisation mère, de celui de la branche syrienne et de leurs partisans. Il entend mesurer la réalité du changement qu'expriment ces variations rhétoriques, qu'il soit structurel, stratégique ou purement circonstanciel.

DE L'UNITÉ IDÉOLOGIQUE AU DUALISME POLITIQUE

Depuis sa constitution en Syrie, le Front al-Nosra a connu plusieurs phases de développement, de diversification et de transformation. Dans ses premiers communiqués, al-Nosra ne se référait pas à al-Qaida et se contentait de signer : « vos frères, combattants de Cham sur le champ de bataille ». Ce n'est que par la suite, lorsqu'al-Jolani rend publique son allégeance à Ayman al-Zawahiri, qu'al-Nosra se met à imprimer et brandir l'étendard : Organisation al-Qaida dans le pays de Cham. Désormais officialisée, cette affiliation dote al-Nosra d'un important capital symbolique face à ses adversaires, à qui l'organisation n'hésite pas à signifier la supériorité de sa légitimité religieuse et militaire.

Par le terme de « discours », nous ne parlons pas tant ici des communiqués officiels que de l'ensemble des productions symboliques à travers lesquelles le mouvement se définit lui-même, qu'il s'agisse, des écrits de ses dirigeants et théoriciens ou de ceux de ses partisans, mais aussi des productions audiovisuelles présentant l'idéologie de l'organisation, ses objectifs et messages auprès de ses sympathisants comme de ses adversaires, et de l'opinion publique plus généralement.

Il serait nécessaire d'étudier l'évolution du discours de l'organisation en Syrie – comprenant ici aussi bien al-Qaida qu'al-Nosra – depuis son émergence. Mais le présent article propose plutôt de concentrer l'analyse sur ses transformations rhétoriques à partir de décembre 2015, c'est-à-dire de la Conférence de Riyad. Cette date marque en effet le début de la phase de « maturité » du discours de l'organisation en tant que mouvement politique, désormais capable de mener bataille sur le terrain médiatique. Elle inaugure en outre, comparée à la période antérieure, une phase de dualité entre le discours et l'action de l'organisation, ainsi que d'une hétérogénéité dans ses propos confinant parfois au paradoxe voire à l'incohérence.

Aucun doute que l'affrontement survenu le 9 avril 2013 entre Daech et le Front al-Nosra a déclenché le conflit le plus important et le plus sanglant de l'histoire de la mouvance jihadiste-internationaliste. Mais c'est la guerre pour le contrôle de l'Est de la Syrie, menée par Daech de février à juillet 2014 contre les factions révolutionnaires et la branche d'al-Nosra à Deir ez-Zor conduite par Abou Maria al-Qahtani, qui entame la scission au sein même d'al-Nosra. S'opère alors dans les rangs des théoriciens et dirigeants d'al-Nosra une véritable levée de boucliers contre al-Qahtani et son extrême hostilité envers l'organisation Daech qu'il combat sans relâche, jusqu'à ce que Deir ez-Zor tombe aux mains de cette dernière. D'autres émirs d'al-Nosra en revanche, décident de protéger Daech dans leurs régions, durant la vaste guerre menée à travers le pays par l'Armée syrienne libre contre Daech, dans les premiers mois de 2014. Certains reconduiront leur protection par la suite – comme par exemple Abou Malek al-Talli, l'émir d'al-Nosra dans le Qalamoun oriental – alors même que le courant d'al-Qahtani accuse les factions révolutionnaires de trop peu lui venir en aide, et se montre de plus en plus critique envers les théoriciens du courant salafiste-jihadiste dont il juge l'attitude bien trop conciliante à l'égard de Daech (comme par exemple Abou Mohammed al-Maqdissi).

Les dissensions entre les différents courants d'al-Nosra se manifestent à plusieurs occasions décisives, comme par exemple autour de la « Charte d'honneur des révolutionnaires » qui pourtant fait l'objet d'une prise de position officielle de la part de la direction d'al-Nosra. Après la chute de Deir ez-Zor, la tendance d'al-Nosra favorable à l'instauration d'un émirat s'exacerbe, ainsi que la mise au ban du courant d'al-Qahtani dont on empêche de rendre publics ses désaccords. Cette exclusion dure un certain temps, isolant ainsi plusieurs des fondateurs d'al-Nosra dont les positions sont les moins hostiles aux factions révolutionnaires (par exemple Saleh al-Hamwi). Toutefois, ces dissensions finissent par s'atténuer, jusqu'à ce que les positions au sein d'al-Nosra et parmi ses théoriciens paraissent quasiment unanimes. La réintégration en mars 2016 d'al-Qahtani dans le Comité de la Charia et le Conseil de la consultation (choura) va dans ce sens.

Dans la période qui intéresse notre étude – à savoir de décembre 2015 à mai 2016 – al-Nosra parle donc d'une seule voix dans les médias. Mais, en dépit des tentatives de rapprochement avec la rhétorique révolutionnaire dont fait preuve al-Jolani dans ses discours, la récurrence des affrontements avec les factions révolutionnaires, ainsi que la répression des manifestations populaires dans les zones du nord sous son contrôle, confirment la distance qui existe de fait entre le discours affiché d'al-Nosra et la teneur de son idéologie, de sa stratégie et de ses agissements sur le terrain.

Cette dichotomie entre les propos affichés, l'idéologie véridique et les choix pratiques, s'était déjà manifestée auparavant, notamment lors de la « Campagne de l'émirat » au cours de laquelle al-Nosra a attaqué plusieurs factions de l'Armée libre dans les régions d'Idlib, de Hama et d'Alep au motif qu'elles étaient « corrompues », « dévoyées ». En vérité, d'après différents documents témoins, ces attaques auraient découlé de fatwas ordonnant de combattre « l'apostasie » de ces factions.

Pour mener une analyse du discours d'al-Qaida en Syrie, il faut donc se garder de considérer ce dernier comme l'expression fidèle de l'idéologie et de la stratégie suivies par l'organisation. Il s'agit plutôt de comprendre le cadre dans lequel s'inscrivent ces discours, d'y déceler la part d'idéologique et de politique au cas par cas, d'identifier la nature du public à qui ils se destinent ainsi que les messages implicites et explicites qu'ils entendent passer.

LA PRÉDOMINANCE DE LA RHÉTORIQUE RÉVOLUTIONNAIRE

2013 est l'année où prévaut en Syrie la rhétorique salafiste-jihadiste, ce que l'on peut qualifier de « domination du discours extrême » dans l'espace public. Cette rhétorique se répand alors jusque dans les groupes révolutionnaires qui ne relèvent pourtant ni du courant salafiste-jihadiste ni du jihadisme-internationaliste. Mais, les mois passant, cette rhétorique va refluer nettement dans les rangs de la révolution, à la faveur de plusieurs évènements déterminants dont les plus importants sont :

- La confrontation avec l'organisation Daech, début 2014.
- La « Campagne de l'émirat » (juillet 2014 – février 2015) au cours de laquelle le Front al-Nosra et les soldats d'al-Aqsa (Jound al-Aqsa) attaquent conjointement de nombreuses factions de l'Armée libre en périphérie de Hama, d'Idlib et d'Alep, ce qui permet à al-Nosra de prendre le contrôle des zones frontalières avec la Turquie, d'affaiblir l'Armée libre dans le nord de la Syrie et de s'emparer des armes stockées dans ses entrepôts.
- La surenchère des accusations de « trahison » et de « mécréance » de la part d'al-Nosra à l'encontre des factions de la révolution, au travers notamment des articles de Redwane Namouss (alias Abou Firas al-Souri) et des entretiens filmés d'al-Jolani – en particulier la « conférence de presse » à l'issue de la Conférence de Riyad, dans laquelle le chef d'al-Nosra déclare que « l'Armée libre n'existe pas » en décembre 2015.

En contrepoint, la rhétorique révolutionnaire revient progressivement sur le devant de la scène et s'impose en deux temps. D'abord, à la faveur des violents combats menés contre le régime d'al-Assad à partir du 30 septembre 2015 – date du début de l'ingérence russe – et dont les factions de l'Armée libre payent le plus lourd tribut, notamment en périphérie nord de Hama et dans les régions côtières. Ensuite, autour de la constitution le 10 décembre 2015, du Haut comité des négociations auquel s'associent les factions révolutionnaires. Ce dernier point, en plus de la trêve temporaire acceptée par les factions, est interprété par le discours jihadiste comme la preuve des concessions, complots et infiltrations auxquels se prête l'Armée syrienne libre. L'expression la plus édifiante du retour en force de la rhétorique révolutionnaire se lit dans la vague de manifestations populaires massives qui s'organisent dans les zones libérées une fois la trêve établie, ainsi qu'à l'occasion de l'anniversaire de la révolution syrienne en mars 2016. Plusieurs heurts viennent confirmer ce retour de tendance, ainsi que la différenciation accrue entre la rhétorique révolutionnaire et celle jihadiste, notamment la répression par al-Nosra des manifestations dans la ville d'Idlib, la dégradation du drapeau de la révolution syrienne lors de celle du 7 mars 2016, puis l'attaque contre la brigade Firqa 13 à Maarat al-Nouman le 13 mars 2016.

Ces incidents révèlent au grand jour, tant dans l'espace cybernétique que sur le terrain, la quantité des tensions accumulées entre les tenants du projet révolutionnaire et ceux du projet jihadiste. Se met alors en place une dynamique de réactions toujours plus vives entre les deux parties, réduisant considérablement la marge de manœuvre des catégories d'acteurs se positionnant à mi-chemin entre les deux projets, à mesure que ces derniers se polarisent.

Mais assez vite, face à la quantité et à l'intensité des réactions hostiles – celles consécutives à l'entretien d'al-Jolani déclarant que « l'Armée libre n'existe pas » ; celles consécutives à l'attaque en une seule semaine par al-Nosra des symboles civils de la révolution (manifestations d'Idlib) et militaires (Firqa 13) ; celles surtout s'opposant aux propos d'al-Nosra sur la Conférence de Riyad et les initiatives qui s'ensuivent (le Haut comité des négociations, la participation à Genève, la trêve temporaire, etc.) – on observe un véritable changement de ton dans le discours d'al-Nosra, qui tend à corriger le tir.

LA CONCURRENCE POUR LA RÉVOLUTION

D'un côté, la résurgence de la rhétorique révolutionnaire, concomitante avec la perte d'influence du discours jihadiste, contribue au regain de popularité des factions de l'Armée syrienne libre, au soutien de leurs prises de positions politiques par une base populaire élargie et à leur alignement politique et militaire. Mais, d'un autre côté, cette ascension suscite dès ses débuts une vague de défiance de la part des jihadistes qui multiplient accusations et suspicions envers l'Armée libre concernant sa participation au processus politique et son accord pour l'arrêt temporaire des hostilités. C'est que, dans une certaine mesure, l'acceptation par les factions d'une autorité politique instituée et leur capacité à s'aligner politiquement et militairement, restreint la portée de l'action d'al-Nosra. En effet, tout processus politique implique nécessairement que ces factions et leur projet révolutionnaire prennent de la distance avec l'organisation al-Nosra. Or, aux yeux de cette dernière, cela constitue une menace quasi existentielle car cela rend probable le retournement armé de ces factions contre elle, en vertu de l'entente internationale telle que la conçoit le discours jihadiste. D'autant qu'al-Nosra n'est pas concerné par l'arrêt des hostilités et que la communauté internationale autorise la Russie et le régime d'al-Assad à continuer de bombarder ses positions, au contraire de celles des factions ayant accepté la trêve.

Après la Conférence de Riyad, l'arène syrienne connaît quantité de tentatives d'unification des factions armées. La plus importante est peut-être « L'initiative des oulémas » menée par un groupe de cheikhs religieux, dont certains proches du courant jihadiste et d'autres des factions révolutionnaires, qui propose la constitution à l'intérieur du pays d'un « Gouvernement des factions ». Al-Nosra reste sur la réserve face à cette initiative qui, par ailleurs, n'aboutira pas.

Al-Jolani adresse alors aux commandants des brigades de l'Armée al-Fath (Jaych al-Fath) une proposition alternative qui, en résumé, préconise la fusion des brigades de l'Armée al-Fath sous une même bannière et les ordres d'un même chef, ainsi que le rejet de toute tutelle extérieure – clause qu'al-Nosra pose comme condition à sa désaffiliation d'al-Qaida. Cette initiative n'aboutira pas non plus, à cause principalement de son rejet par le groupe armé salafiste Ahrar al-Cham.

Ces initiatives de la part de partisans du courant jihadiste et du chef d'al-Nosra en personne, indiquent en soi la menace que ressent l'organisation après l'acceptation par la plupart des factions révolutionnaires de l'autorité politique du Haut comité des négociations. Elles peuvent être lues comme une tentative de saper le pouvoir du Haut comité d'une part, et d'empêcher l'isolement d'al-Nosra du reste des factions locales sans pour autant rompre son lien à al-Qaida ni renoncer à son propre projet, d'autre part.

Face à l'échec d'un accord avec les commandants de factions, al-Nosra décide de s'adresser directement à la base vive de la révolution, en des termes différents. Cette nouvelle rhétorique, que l'on retrouve non seulement sur les comptes des réseaux sociaux des dirigeants, théoriciens et partisans d'al-Nosra, mais également dans les communiqués militaires des combattants et des « candidats au martyr », prend toute son envergure autour de trois évènements :

PREMIER ÉVÈNEMENT : LE DISCOURS D'AL-JOLANI

Le discours d'al-Jolani, diffusé sous forme d'enregistrement audio dans la nuit du 26 février 2016, à la veille de l'entrée en vigueur de la trêve temporaire, définit les principaux axes de ce qui donnera le ton par la suite : un propos qui concilie valorisation de la rhétorique révolutionnaire et condamnation de ceux qui collaborent pour la trêve et le processus politique. Ce discours, d'un registre littéraire largement émotionnel, est ponctué de nombreuses citations poétiques exaltées, de slogans des manifestations révolutionnaires et d'éloges réitérés au « Peuple de Cham ».

L'importance que donne le chef d'al-Nosra à des expressions jusqu'alors absentes voire prohibées dans la terminologie jihadiste (« la révolution syrienne », « la liberté », « la dignité », les slogans des manifestations etc.) traduit sa volonté de résonner en harmonie avec le lexique révolutionnaire dominant, ne serait-ce que dans la forme. Il s'agit pour lui d'affirmer qu'al-Nosra représente la révolution populaire, qu'elle en est partie intégrante et non détachée en raison de son appartenance à al-Qaida, et que son action s'inscrit dans le cadre révolutionnaire et populaire. Fait marquant de ce discours, c'est ouvertement que al-Jolani accuse de « trahison » les factions acceptant la trêve – qu'il qualifie d'« infanticide » de la révolution, de « négation » de ses mots d'ordre et objectifs – et enjoint leurs membres à faire défection.

« Le jour où vous vous êtes levés contre le tyran, vous avez annoncé votre décision : " La mort plutôt que l'humiliation ". Montrez que vous tenez parole ». L'ensemble de ce discours est sous-tendu par la conviction d'al-Jolani que la rhétorique jihadiste traditionnelle a perdu sa force de mobilisation. Il recourt donc au registre révolutionnaire, à l'intention notamment des factions de l'Armée syrienne libre les moins sensibles à la rhétorique jihadiste, afin de les inciter, en cette situation polémique de trêve, à quitter leurs groupes compromis dans le processus politique et à rejoindre le projet d'al-Qaida. Cette invitation, formulée dans les termes mêmes du discours révolutionnaire, acte l'entrée en lice de l'organisation al-Qaida dans la course au capital symbolique de la révolution syrienne et à la légitimité de sa représentation.

Ce changement de cap dans le propos d'al-Jolani visant la réconciliation avec l'espace symbolique révolutionnaire et son adoption, se répand rapidement sur tous les comptes électroniques des commandants et théoriciens d'al-Nosra. Peu de temps s'en faut pourtant pour que des membres d'al-Nosra répriment violemment des manifestations dans la ville d'Idlib, où ils déchirent le drapeau de la révolution. S'ensuit, à Maarat al-Nouman, l'attaque contre la Firqa 13 et la confiscation des entrepôts d'armes de la brigade et des stocks de vivres des associations humanitaires proches de cette dernière. Ces agissements indiquent clairement l'absence d'impact du changement rhétorique d'al-Nosra sur sa stratégie de terrain.

Bientôt, la vague de réactions suscitée par la répression des manifestations à Idlib, force al-Nosra à assouplir son rapport au mouvement civil et pousse nombre de ses membres et sympathisants à se joindre aux manifestations populaires dans différentes régions. Toutefois, leur présence à ces rassemblements où ils persistent à se distinguer par leurs propres slogans et leurs propres étendards, engendre de nouveaux heurts. Un cas isolé fait exception dans la banlieue d'Alep, où un membre d'al-Nosra est vu, un drapeau de la révolution à la main. Au bout du compte, à force d'accrochages et d'obstination de ses adeptes à maintenir leur distinction, le Front al-Nosra ne parvient pas à combler le fossé qui le sépare du mouvement civil révolutionnaire. Au contraire, il semble même se creuser davantage.

DEUXIÈME ÉVÈNEMENT : L'HOMMAGE AUX RÉVOLUTIONNAIRES

Dans la nuit du 17 mars 2016, date du cinquième anniversaire de la révolution syrienne, al-Nosra publie un communiqué signé par al-Jolani, qui s'intitule : « Lettre à notre peuple, en commémoration de la révolution ».

> Nous célébrons ici le peuple syrien et la nation musulmane pour les cinq années de leur révolution bénie et de leur jihad béni, au cours desquelles ils ont fait montre d'une détermination, d'une abnégation et de sacrifices sans pareils.

Il conclut son message en réaffirmant l'appartenance d'al-Nosra à la révolution et au peuple syrien :

> Nous sommes à Cham et Cham est à nous. Rien ne peut nous séparer d'elle d'autre que la mort. Nous renouvelons notre engagement à aller jusqu'au bout, jusqu'à notre dernier souffle.

Par ces mots, c'est la première fois en quatre années et demie d'existence, que le Front al-Nosra brise la glace qui la sépare du mouvement populaire. Ce message est une illustration supplémentaire de son adoption de la rhétorique révolutionnaire ; une tentative réitérée d'attirer à elle de nouveaux combattants issus des factions révolutionnaires ainsi que de marginaliser celles engagées dans le processus politique.

TROISIÈME ÉVÈNEMENT : « WARTHAT AL-MAJD » [LES HÉRITIERS DE LA GLOIRE]

Le 18 mars 2016, l'organe de presse d'al-Nosra, *al-Manara al-bayda* (Le minaret blanc) diffuse à l'occasion de l'anniversaire de la Révolution un film documentaire intitulé *Warthat al-Majd 2*, conçu comme la suite de *Warthat al-Majd 1* sorti l'année précédente au cours du mois de Ramadan. Ce film, truffé de messages subliminaux minutieusement étudiés, entend confirmer le changement de ton de l'organisation.

La communication d'al-Nosra travaille continuellement à la transformation de l'image de l'organisation et de son projet, afin de la repositionner dans un cadre plus large que les classifications administrées par ses adversaires, régionaux comme internationaux. Le documentaire *Warthat al-Majd 1* retrace l'histoire des débuts de l'Islam et de son expansion, des grands chefs militaires historiques de la civilisation islamique, des mouvements de résistance à la colonisation dans les pays musulmans au XXe siècle, pour arriver aux jihad afghan et tchétchène, ainsi qu'aux grandes figures islamistes et jihadistes contemporaines (Azzedin al-Qassam, Sayyed Qotb, Abdallah Azam). Il comprend en outre des scènes de l'entraînement des brigades al-Qassam, la branche armée du mouvement Hamas pourtant qualifié d'apostat par de nombreux idéologues d'al-Qaida et du courant salafiste-jihadiste, et se clôt sur des paroles du chef défunt d'al-Qaida, Oussama Ben Laden. Ce premier film entend donc inscrire al-Nosra dans l'histoire islamique au sens large, et l'émanciper du cercle fermé des courants du salafisme-jihadiste et du jihadisme-internationaliste. Al-Nosra recourt par ailleurs à des techniques modernes de tournage et de montage et, comme elle le fera souvent par la suite dans ses communiqués militaires et documentaires, à des chants partisans répandus dans les milieux proches des Frères musulmans (comme le Hamas par exemple) plutôt que dans ceux de la mouvance jihadiste.

En revanche, *Warthat al-Majd 2* entend situer al-Nosra dans un cadre plus actuel, ce qu'indique la présence inédite d'interlocuteurs extérieurs à al-Nosra et à al-Qaida, comme l'universitaire syrien Samir al-Cheikh Ali, ou encore l'insertion d'extraits d'entretiens du philosophe Noam Chomsky ainsi que de différents opposants arabes.

C'est également dans ce film qu'apparaissent pour la première fois à l'écran certains des chefs de l'organisation :

- Abdalrahman Attoun (alias Abou Abdallah al-Chami), commandant et membre du Conseil de la consultation (choura) du Front al-Nosra. Il traite ici du soutien apporté par le système international aux mouvements contre-révolutionnaires qui succèdent aux printemps arabes, et consacre le Front al-Nosra dans le rôle de représentant des révolutions populaires.
- Ahmad Salama Mabrouk (alias Abou al-Faraj al-Masri), l'une des grandes figures du groupe « le Jihad égyptien » et ami de Ayman al-Zawahiri. Après plusieurs années de détention en Égypte, il est libéré fin 2012 et rejoint al-Nosra.
- Jamal Houssein Zinya (alias Abou Malek al-Talli), l'émir d'al-Nosra dans le Qalamoun occidental, qui s'est fait connaître pour son rôle dans la bataille du Qalamoun, les incidents à Ersal et l'enlèvement des soldats libanais. Il est également connu pour sa neutralité envers Daech, qu'il maintiendra jusqu'après la vaste offensive menée conjointement par al-Nosra et l'Armée syrienne libre contre Daech à Deir ez-Zor, de février à juillet 2014. Toutefois, ses relations avec Daech se dégraderont et, après un premier avertissement en novembre 2015, al-Talli attaque Daech fin mars 2016.

Le documentaire débute sur une dénonciation du système mondial dominant et de ses remparts économique (FMI), politique (ONU) et militaire (Conseil de sécurité). Il cite des extraits d'entretiens du célèbre penseur de gauche américain Noam Chomsky, afin d'inscrire al-Qaida au nombre des mouvements qui rejettent et combattent la violence de l'ordre mondial et de ses institutions, sans pour autant contester leur classification comme mouvement terroriste. C'est d'ailleurs la thèse que défend un certain nombre d'intellectuels occidentaux, dont le philosophe français Jean Baudrillard qui considère que la violence de l'organisation al-Qaida fait écho à la violence de la mondialisation, de même que son confrère et compatriote Jacques Derrida[2]. C'est ici un point de convergence avec les mouvements de gauche dans leur opposition à l'ordre mondialisé, qui défie les lectures culturalistes stéréotypées appliquées au courant jihadiste. Or, si cet aspect ne définit pas nécessairement l'axe prioritaire d'al-Nosra ni la doctrine professée dans ses camps d'entraînement, pas plus qu'elle ne signifie une affinité avec les idéologies de gauche, c'est là cependant le message que veut transmettre le film afin de briser le regard stéréotypé sur al-Nosra et son idéologie, répandu chez et par ses adversaires.

Mais le cœur du film est bien le récit de la révolution syrienne et de ses étapes successives, depuis sa genèse et le soulèvement populaire en passant par les manifestations massives, jusqu'à la prise des armes. Le documentaire montre les premières opérations menées par al-Nosra, puis ses différentes batailles jusqu'en 2016. L'objectif est clairement d'ancrer al-Nosra dans le contexte révolutionnaire local et dans l'histoire spécifique de la révolution syrienne, sans pour autant nier la dimension mondiale de son combat ni son appartenance à al-Qaida. C'est ce que vient rappeler la présence dans le film d'un chef *mouhajir* égyptien immigré en Syrie (Abou al-Faraj al-Masri) ou encore d'un commandant yéménite d'al-Qaida (Khaled Batarfi), illustrant ainsi la politique des « dimensions intégrées » d'al-Nosra depuis sa fondation. Toutefois, le film insiste sur la primeur de l'ancrage syrien du Front al-Nosra et sa légitimité à représenter la révolution syrienne, et traduit le refus de se laisser réduire à la catégorie jihadiste-internationaliste, que ce soit à travers sa terminologie ou ses partisans.

L'INÉVITABLE SCISSION

L'initiative d'al-Jolani de fusionner l'ensemble des groupes de l'Armée al-Fath n'est pas parvenue à apaiser les tensions accumulées entre al-Nosra et les factions révolutionnaires, y compris celles classées comme « islamistes » (telles qu'Ahrar al-Cham), ni à rassembler ces dernières autour d'un projet qui aurait pu prévenir la mise au ban d'al-Nosra par les groupes révolutionnaires locaux. Aussi, malgré l'assouplissement de la rhétorique d'al-Nosra, les heurts se sont succédés :

---

2 Jean Baudrillard et Edgar Morin, *La violence du monde*, Paris, Éditions du Félin, 2003 ; Giovanna Borradori, *Philosophy in a Time of Terror. Dialogues with Jurgen Habermas and Jacques Derrida*, Chicago, University of Chicago Press, 2004.

1. Entre al-Nosra et les composantes civiles de la révolution, lors des manifestations populaires organisées en mars 2016 suite à l'application de la trêve et à l'occasion de l'anniversaire de la révolution. Cela a par exemple été le cas à Idlib (et dans plusieurs zones de sa périphérie ouest, où al-Nosra a une forte mainmise), où les manifestations ont été réprimées et où l'Armée al-Fath a interdit le drapeau de la révolution syrienne à l'intérieur de la ville.
2. Les affrontements consécutifs à l'attaque par al-Nosra de la brigade révolutionnaire Firqa 13, le 13 mars 2016 à Maarat al-Nouman, ville considérée comme l'un des principaux bastions de la rhétorique révolutionnaire (au même titre qu'al-Atareb ou Kfar Nabel par exemple), proche de l'Armée libre et hostile aux courants salafiste-jihadiste et jihadiste-internationaliste. Cette attaque, en réveillant le souvenir de la « Campagne de l'émirat », répand entre les factions révolutionnaires la crainte d'une nouvelle campagne militaire contre elles de la part d'al-Nosra, et entraîne de vives condamnations dans l'opinion publique.
3. La création de l'Armée d'al-Fostat (Jaych al-Fostat) le 15 mars 2016 dans la Ghouta orientale, conçue dès le début pour contrer l'Armée de l'islam (Jaych al-islam), comme cela se confirme par sa violente contribution aux combats menés contre l'Armée de l'islam dans la Ghouta orientale à partir du 28 avril 2016. En parallèle, al-Nosra multiplie les accusations de trahison et de mécréance à l'égard de l'Armée de l'islam, notamment à travers la voix de ses « juges de la Charia » dans la Ghouta orientale, et de ses chefs et partisans plus généralement.

Ces incidents creusent le fossé entre al-Nosra d'un côté et les factions révolutionnaires et leurs partisans civils de l'autre, et nourrit chez ces dernières un sentiment de menace grandissante et de peur d'une attaque imminente d'al-Nosra. C'est cela qui poussera les factions révolutionnaires à se rapprocher les unes des autres jusqu'à fonder des alliances militaires plus pérennes et mieux structurées dans les temps qui suivront.

Ces incidents révèlent également la nature circonstancielle et éphémère de l'assouplissement rhétorique d'al-Nosra, qui ne s'est traduit par aucun changement idéologique ou stratégique dans sa politique à l'égard de la société locale et des factions révolutionnaires, ni par l'abandon de son projet d'émirat. Le paradoxe, c'est qu'al-Nosra a tenté d'incarner la révolution dans sa communication, alors même que ses membres s'en prenaient aux institutions civiles et militaires de la révolution dans les faits.

Ces heurts ont par ailleurs révélé la difficulté de faire disparaître rapidement, dans l'esprit des membres d'al-Nosra, la distinction symbolique les séparant du reste des acteurs révolutionnaires, que les idéologues de l'organisation leur ont inculquée des années durant. À savoir qu'ils sont garants de l'universalité de la charia et du jihad, face à d'autres factions dont les objectifs sont opposés aux leurs. De plus, cette distinction est un important facteur d'attraction, de mobilisation des recrues d'al-Nosra et de leur construction identitaire, fondée sur ce sentiment de supériorité.

LE CHOIX DU NAFIR

En dépit de l'adoption de la rhétorique révolutionnaire, le Front al-Nosra n'a pas réussi à se rapprocher des acteurs civils et militaires de la révolution. Sa tactique de dénonciation de la trêve ne lui a pas permis de gagner de nouveaux combattants, à cause de ses agissements hostiles envers eux. Cela n'a toutefois pas eu d'impact sur les alliances de fait entre al-Nosra et l'Armée syrienne libre sur différents fronts de combat contre le régime, notamment dans la périphérie sud d'Alep. Al-Qaida décide alors de changer de cap, sans pour autant abandonner complètement les références à la révolution qui ne sont plus « taboues » au sein de l'organisation, depuis qu'al-Jolani les a intégrées dans son discours.

L'APPEL À LA MOBILISATION GÉNÉRALE

Le 20 avril 2016, le cheikh saoudien Abdallah al-Muhaisni – un prédicateur proche d'al-Nosra et populaire au sein de la mouvance jihadiste – lance sa campagne de mobilisation générale (*nafir*), patronnée par le Centre des prédicateurs du jihad dont il est président. Il appelle les fidèles du monde entier à rejoindre le Jihad, avec pour accroche : « certains combattants ont parcouru des milliers de kilomètres pour venir en aide à leurs frères affaiblis en Syrie. Où êtes-vous donc, fils de Cham ? ».

Ces propos reprennent l'un des axiomes de la rhétorique jihadiste-internationaliste, selon laquelle les combattants étrangers – les « *mouhajiroun* » – ont davantage de crédit symbolique dans le système de valeur jihadiste, que les fils du pays – les « *ansar* ». Cet axiome est utilisé par les organisations jihadistes comme un « argument d'autorité » dans leur confrontation avec la société locale, afin de faire reconnaître le « *mouhajir* » comme représentant du jihad et, par conséquent, du pouvoir.

En parallèle d'une vaste opération médiatique, plusieurs conférences sont organisées dans les zones libérées et les camps de réfugiés aux frontières, pour exhorter des volontaires à rejoindre les camps d'entraînement de ladite campagne, avant d'être affectés dans une brigade. Naturellement, les brigades proches du courant jihadiste – et en premier lieu le Front al-Nosra – se verront affecter un plus grand nombre de volontaires, conformément aux directives du Centre des prédicateurs du jihad. Mais, malgré le tapage médiatique, les recrues engendrées par la campagne s'avèrent relativement peu nombreuses et très jeunes, comme cela apparaît en image. Cette campagne a donc peu d'impact sur la force et les effectifs d'al-Nosra, tout comme des autres factions. En revanche, elle ravive la notion de « *nafir* » – cet appel aux musulmans du monde entier à rejoindre volontairement le jihad – après une longue période de baisse des « nouvelles arrivées » de *mouhajiroun* en Syrie (qui, le cas échéant, ont majoritairement rejoint Daech) et d'une quasi-stagnation des effectifs des combattants locaux.

LE DISCOURS D'AL-ZAWAHIRI : « PARTEZ COMBATTRE EN SYRIE »

Le 8 mai 2016, le site électronique al-Sihab diffuse un enregistrement audio du chef d'al-Qaida, Ayman al-Zawahiri, intitulé « Partez combattre en Syrie », afin de réaffirmer auprès des partisans et de l'audience d'al-Qaida la cohésion rhétorique et stratégique qui existe entre l'organisation mère et le Front al-Nosra. Il s'agit, autrement dit, de rétablir la primauté des slogans jihadistes traditionnels.

Si le dernier discours d'Oussama Ben Laden sur les révolutions du Printemps arabe à leur début a suscité le débat entre les chercheurs – autour du surprenant éloge d'al-Qaida vis-à-vis des manifestations pacifiques appelant au changement démocratique – l'approche globale de l'organisation al-Qaida n'était pas, à ce moment-là, radicalement différente. Les responsables d'al-Qaida, devant l'ébranlement de leur théorie sur l'impossibilité du changement pacifique, mise à mal par l'effondrement des régimes en Tunisie et en Égypte, tentent alors d'adapter leur idéologie aux revendications pacifiques de changement. Ils choisissent de ne pas contredire les discours du Printemps, mais plutôt d'amener ce dernier à se tourner vers les objectifs d'al-Qaida et le projet d'un État islamique.

Cette transition n'a pas signé la mort de l'organisation al-Qaida, contrairement à ce que certaines analyses se sont empressées de dire. Au contraire même, la vague contre-révolutionnaire et la répression des mouvements populaires par les régimes dictatoriaux, ont contribué à l'épanouissement de l'idéologie d'al-Qaida et de son organisation au Moyen-Orient. Si l'hommage précoce au printemps arabe s'inscrivait dans la quête de « bonne image » d'al-Qaida, l'hommage fait par al-Zawahiri dans son dernier discours sur la révolution syrienne qu'il érige en modèle du « jihad véritable », déconsidère l'ensemble des autres révolutions et s'inscrit dans le style et la perspective jihadiste-internationaliste.

Ici, al-Zawahiri ne montre plus aucune solidarité envers les soulèvements populaires non idéologiques. Dans le contexte de la révolution syrienne, il en est devenu l'un des concurrents, qui juge de qui est légitime et de qui est traître, faisant ainsi écho à l'adoption par al-Nosra de la terminologie de la révolution et de sa prétention à la représenter. Mais le discours d'al-Zawahiri et sa solidarité proclamée avec la révolution syrienne visent la promotion du projet d'un jihad mondial et de ses objectifs, et non de celle d'un projet local comme al-Jolani s'est employé à le répéter dans l'ensemble de ses interviews.

À l'instar du nouveau ton adopté par al-Nosra, ce discours d'al-Zawahiri regorge de termes empruntés à la révolution syrienne. Et, à l'instar d'al-Nosra toujours, il multiplie les accusations de trahison à l'égard de ceux qui s'engagent dans le processus politique ou souhaitent un État « national » – autant dire l'ensemble des factions révolutionnaires. En revanche, à la différence ici de la souplesse exprimée dans les derniers discours d'al-Nosra, al-Zawahiri rétablit fermement le « standard » jihadiste traditionnel en déclarant apostats les États-nations (tout particulièrement l'Arabie saoudite, à maintes reprises), en accusant de traîtrise l'ensemble des courants concurrents, et en réaffirmant l'universalité du projet jihadiste.

Al-Zawahiri fait à plusieurs reprises l'éloge de la révolution syrienne, qu'il considère comme « la seule révolution populaire, de toutes les révolutions du printemps arabe, qui a pris le bon chemin, celui du combat pour l'établissement de la charia et l'instauration du Califat authentique et juste – et non le Califat d'Ibrahim al-Badri. » (le nom à l'État civil d'Abou Bakr al-Baghdadi, *NDT*).

À plusieurs reprises également, il rend grâce aux « combattants de Cham qui ont tenu bon, sans se laisser duper par les mensonges ». Par ces derniers mots, il vise principalement le processus politique auquel collaborent les factions révolutionnaires depuis la Conférence de Riyad – sachant que, pour al-Qaida, l'Arabie saoudite est considérée comme le grand ennemi historique. Les attaques d'al-Zawahiri contre cette dernière sont d'ailleurs ici bien plus nombreuses que celles contre l'Iran : « notre devoir aujourd'hui est de défendre le jihad en Syrie contre les complots qui se tissent autour d'elle, sous l'égide de la bru de la Grande-Bretagne et la servante des États-Unis : l'État des Saoud et ses larbins parmi les pays de la région ».

Al-Zawahiri ne se contente pas d'évoquer le présent enjeu local en Syrie, mais désigne aussi la mission différée du courant jihadiste dans la région : « le problème majeur, pour le système mondial et ses criminels, pour nos dirigeants et leurs régimes renégats, c'est que les *moujahidin* de Cham sont aux portes de la Palestine et menacent ce qu'ils nomment Israël ». Ces propos préliminaires une fois posés, al-Zawahiri en vient à ce qui est le devoir du courant jihadiste mondial envers « al-Cham » : « Notre devoir aujourd'hui est de soutenir le Jihad à Cham par tous les moyens possibles et de s'y rendre où qu'on se trouve, afin d'en assurer la victoire [...] et d'établir là-bas une entité islamique menant le jihad et bien guidée ».

Ce discours d'al-Zawahiri sur la révolution syrienne, qui en précise et en définit les objectifs conformément aux poncifs d'al-Qaida, est une tentative d'inclure la révolution dans le projet d'al-Qaida, plus que de se réconcilier véritablement avec la révolte populaire. En fait, ce discours tenu au nom de la révolution entend gagner une légitimité facilitant ensuite la confrontation avec l'ensemble des institutions de la révolution qui contreviendraient aux orientations d'al-Qaida.

Dans la partie centrale de son discours, al-Zawahiri aborde la question de la désaffiliation d'al-Nosra d'avec al-Qaida et expose sa théorie sur la nécessité de l'unité des moujahidin : « votre unité est aujourd'hui une question de vie ou de mort. [...] Nous n'avons de cesse de répéter que si le peuple de Cham – et en son cœur, ses valeureux et vigoureux moujahidin – se dote d'un gouvernement islamique et se choisit un imam, son choix sera le nôtre ». Les caractéristiques de ce gouvernement, il les définit ainsi : « Il instituera la justice, généralisera la consultation (choura), rétablira les droits, favorisera les plus fragilisés et revivifiera le jihad. Ainsi, le pays libéré pourra s'employer à libérer Al-Quds et restaurer le Califat selon les principes de la Prophétie ». Quant au mode d'instauration de ce gouvernement, il précise : « l'appartenance à une quelconque organisation ne fera jamais obstacle à ces merveilleux espoirs ».

Cette dernière formulation équivoque ne permet pas de savoir ce qu'il adviendra du lien entre al-Nosra et al-Qaida si d'aventure le « peuple de Cham » se rassemblait autour d'un « gouvernement bien guidé » – dont les critères d'évaluation doivent, cela va sans dire, être conformes à l'idéologie d'al-Qaida. Il dénonce ceux qui demandent à al-Nosra de s'émanciper d'al-Qaida, voyant là-dedans l'œuvre de « comploteurs », ce qui vise l'ensemble des factions révolutionnaires, y compris celles d'obédience salafiste comme Ahrar al-Cham.

En cela, il est erroné d'interpréter les propos d'al-Zawahiri concernant l'unité, l'allusion à une désaffiliation d'al-Nosra ou encore l'éloge des « moujahidin de Cham », comme des concessions faites aux autres factions ou un regard assoupli à leur égard. Il s'agit plutôt de l'affirmation d'une inéluctable rupture entre le projet révolutionnaire et le projet jihadiste, ainsi qu'une exhortation adressée à al-Nosra d'aller plus avant dans le projet d'instaurer un émirat dans le nord de la Syrie et de se préparer à des affrontements plus importants avec les adversaires locaux du courant jihadiste.

Le titre de ce discours « Partez combattre en Syrie » ; la qualification de toutes les initiatives adoptées par les factions révolutionnaires de « trahison » et d'« hérésie » ; la confirmation d'une rupture entre le projet révolutionnaire et celui jihadiste – avec, à l'appui, une référence aux propos du chef défunt des Talibans, le Mollah Omar, à propos de sa protection apportée à Oussama Ben Laden – sont autant d'éléments qui confirment qu'al-Qaida concentre désormais toute sa stratégie et toutes ses ressources en Syrie, ou plus précisément dans le nord de la Syrie, où al-Nosra a plus de pouvoir et d'influence que dans les autres régions.

Ce discours intervient après une longue période de revers essuyés par l'organisation al-Qaida au cours des années précédentes : son retrait d'Afghanistan sous la pression des Talibans ; le sérieux affaiblissement de sa branche yéménite (al-Qaida dans la péninsule Arabique) après l'assassinat de la plupart de ses responsables ces deux dernières années et sa débâcle dans la ville yéménite de Mukalla en avril 2016 ; la mainmise de Daech sur l'espace du jihadisme-internationaliste ; le départ d'un grand nombre des chefs du Khorassan vers la Syrie au cours de la période antérieure.

Toutefois, la fragilité et l'instabilité des positions géographiques d'al-Nosra, la concentration des bombardements de la Coalition internationale sur cette région et la multiplication des acteurs de l'intérieur (factions et communautés civiles locales) hostiles à al-Qaida, sont autant de facteurs qui, conjugués, rendent difficilement envisageable de faire du nord de la Syrie un centre de commandement pérenne pour al-Qaida. D'autant que l'organisation ne jouit ni d'un ancrage local ni d'une base populaire suffisants pour pouvoir s'y cacher puis s'y redéployer (contrairement à l'Irak, l'Afghanistan, la Libye ou le Yémen) – ce qui questionne d'ailleurs la pertinence des analyses selon lesquelles al-Zawahiri et les principaux chefs d'al-Qaida se trouveraient en Syrie.

HAMZA BEN LADEN

Un jour seulement après le discours d'Ayman al-Zawahiri, le site al-Sihab diffuse un message de Hamza Oussama ben Laden, l'un des fils du chef défunt d'al-Qaida, intitulé « Al-Quds est une épouse dont la dot est notre sang ». Si son sujet principal est la Palestine, Hamza ben Laden parle explicitement de la Syrie. Afin de libérer Jérusalem, il appelle à l'instar d'al-Zawahiri à unifier les rangs des moujahidin en Syrie :

> « Le terrain le plus indiqué pour se préparer à cette mission est la terre bénie de Cham. Il faut garder en tête que la route vers la libération de la Palestine est bien plus proche aujourd'hui qu'elle ne l'était avant la révolution syrienne bénie. C'est donc en Syrie que la communauté musulmane (oumma) doit concentrer son jihad ».

Ce discours est clairement un appel renouvelé aux partisans de la mouvance jihadiste à se rendre en Syrie, qui vient appuyer l'appel d'al-Zawahiri à la mobilisation générale.

ABOU ABDALLAH AL-CHAMI

Le 25 mai 2016, Le minaret blanc (al-Manara al-bayda) diffuse le message filmé d'un commandant et « juge de la charia » du Front al-Nosra, Abdelrahim Attoun (alias Abou Abdallah al-Chami), intitulé « Nous poursuivrons jusqu'à la victoire ».

Cette seconde apparition d'al-Chami à l'écran (après le film *Warthat al-Majd 2*) est lue comme un signe de la volonté d'al-Nosra de mettre en circulation de nouveaux symboles auprès de ses adeptes et de son public. Al-Chami n'est cependant pas un nouveau venu pour les membres d'al-Nosra puisqu'il est considéré comme son juge le plus influent au sein du Comité de la charia et du Conseil de la consultation (choura), même après la nomination de Sami al-Aridi comme « juge en chef » du Comité. Il y représente en outre la « minorité syrienne », si l'on se rapporte aux nationalités des trois autres membres du Comité (Abou Souleyman al-Mouhajir est australien d'origine égyptienne, Abou Maria al-Qahtani est irakien, Sami al-Aridi est jordanien).

Le message d'al-Chami recourt à la terminologie révolutionnaire (« la liberté », « la dignité » etc.), confirmant en cela la direction indiquée par al-Jolani. Il y traite du rôle des États-Unis en Syrie dans le soutien au régime al-Assad et dans « la classification des différentes forces de moujahidin afin de créer la division entre eux. Aussi le Front al-Nosra a été classé 'groupe terroriste', en ce qu'il représente l'élément le plus actif du combat contre le régime d'al-Assad ». Ainsi catégorisé, le Front al-Nosra est en effet devenu une cible militaire de la Coalition. Les lieux de réunion de ses commandants ont fait l'objet de multiples attaques, dont la dernière en date a tué plusieurs chefs d'al-Nosra réunis à l'aéroport Abou al-Douhour en mai 2016.

Al-Chami adresse des menaces ouvertes aux États-Unis en raison de leur politique en Syrie, qu'il qualifie de « faute impardonnable » et réclame « vengeance » : « En s'en prenant ainsi à nos combattants, l'Amérique s'expose à une colère populaire équivalente à la colère du peuple musulman en Syrie, ainsi que de l'ensemble de la *oumma* musulmane qui assiste du soir au matin aux crimes de Bachar dans toute la Syrie. Ce peuple musulman patient, endurant, courageux et combattif continuera de réclamer vengeance contre ceux qui en ont rajouté à leur souffrance et ont soutenu leur bourreau ».

À l'encontre d'al-Jolani qui insiste sur la nature locale de l'action armée d'al-Nosra et son absence de vocation à attaquer d'autres pays, la menace exprimée ici envers les États-Unis entend réinscrire al-Nosra dans le jihad mondialisé. Au demeurant, la priorité donnée au « jihad dans le Cham » est clairement réitérée. Il s'agit de mettre en évidence le rapprochement opéré entre l'organisation mère et sa branche syrienne, devenue le centre névralgique d'al-Qaida suite à la récession voire la dissolution du reste de ses branches ailleurs, ainsi qu'au ralliement d'un grand nombre de ses chefs en Afghanistan ou en Iran (où ils étaient pieds et poings liés) à la branche syrienne.

Il est probable que la menace d'al-Chami ne reflète pas tant une intention réelle d'attaquer les États-Unis, que de remonter le moral des troupes d'al-Nosra, comme d'al-Qaida plus généralement. Car, en sa double qualité de Syrien et figure locale du commandement, mais aussi de défenseur de la dimension mondiale du combat, al-Chami est en mesure de rassembler ces deux « publics ».

CONCLUSION

Pour une analyse pertinente du discours d'al-Qaida en Syrie, il faut donc discerner ses différents registres, ses différents cadres d'occurrence et ses différents messages, sans chercher à recouper le discours affiché, les poncifs idéologiques, les convictions véritables et la stratégie de terrain. Il s'agit en effet d'un discours politique circonstanciel plus que d'un discours idéologique à proprement parler, particulièrement lorsqu'il s'agit, comme ces derniers temps, de propos destinés à un public élargi.

Depuis le projet de trêve, le Front al-Nosra s'est montré pragmatique en recourant à la terminologie révolutionnaire. Il a essayé, en rapprochant sa rhétorique de celle de la révolution, d'entrer dans la compétition que se mènent les différents groupes pour capter la légitimité que confère la référence révolutionnaire. Tout en dénonçant le processus politique décidé à l'issue de la Conférence de Riyad ainsi que l'acceptation par les factions révolutionnaires de cette nouvelle autorité politique, al-Nosra a choisi, face au retour en force de la rhétorique révolutionnaire et des slogans de l'Armée syrienne libre dans l'espace public, de promouvoir son projet à elle en faisant sienne la terminologie de la révolution plutôt qu'en s'y opposant frontalement.

Toutefois, son appartenance manifeste à al-Qaida et le complexe de supériorité ancré chez ses combattants à l'égard du reste des acteurs en lice d'une part ; la teneur en soi de son projet politique et sociétal d'autre part ; et enfin son sentiment d'être menacée par les factions engagées dans le processus politique international – ces trois éléments ont poussé le Front al-Nosra à l'affrontement avec les institutions civiles et militaires de la révolution. Son rapprochement rhétorique avec la révolution n'aura donc pas eu d'équivalent par une intégration dans les faits. Au contraire même, al-Nosra a voulu donner de son projet l'image d'un projet révolutionnaire, afin de l'emporter sur ses concurrents de l'Armée syrienne libre. Le Front al-Nosra n'est pas non plus parvenu, via ce tour de force, à convaincre les combattants de l'Armée syrienne libre que leurs factions étaient des « traîtres » en raison de leur participation au processus politique et à la trêve temporaire, et a donc échoué à gagner parmi eux de nouvelles recrues.

Suite à ce constat d'échec, al-Nosra opère un revirement notoire afin de revaloriser son appartenance et sa cohésion avec l'organisation mère al-Qaida. Désormais, il s'agit de gagner de nouvelles recrues parmi les combattants étrangers (*mouhajirin*), en revenant aux axiomes traditionnels du discours salafiste-jihadiste et en lançant un appel à la mobilisation générale vers la Syrie, en tant que légitime représentante du Jihad mondial.

Le changement de discours ne traduit pas nécessairement un changement de stratégie. Ces fluctuations du propos, qui tantôt emprunte à la terminologie révolutionnaire locale, tantôt à la rhétorique jihadiste mondiale, révèlent plutôt les dissensions internes qui rongent al-Nosra, ainsi qu'un état permanent de tension et d'indécision quant à la façon d'interagir avec le réel. De même que l'inflexion révolutionnaire des propos d'al-Jolani ne s'est pas traduite par un rapprochement de fait avec les acteurs civils et militaires de la révolution, la récente inflexion jihadiste-internationaliste ne signifie pas nécessairement que la question d'une possible désaffiliation d'al-Nosra d'avec al-Qaida soit devenue caduque.

Aujourd'hui, le Front al-Nosra se trouve à un tournant difficile. L'organisation est prise entre des évolutions politiques internationales désormais plus favorables au régime d'al-Assad et aux Forces démocratiques syriennes, qui cherchent à affaiblir politiquement et militairement l'ensemble des acteurs de la révolution d'une part ; une polarisation exacerbée entre al-Nosra et les acteurs civils et militaires de la révolution d'autre part ; et enfin ses dissensions internes entre les partisans d'une intégration au projet local et les partisans du projet internationaliste d'al-Qaida. Devant de tels défis concrets et symboliques, ses revirements rhétoriques ne pourront suffire à régler le problème d'al-Nosra, dont l'origine réside dans son projet même et sa stratégie globale.

Ahmad ABAZEID

PORTRAIT COMMUN[1]

Je suis donc désormais « le martyr Omar Kaddour ». C'est ce que j'ai découvert en écoutant le caméraman annoncer aux spectateurs qu'ils s'apprêtaient à assister à mes funérailles, à la télévision ou sur YouTube. Je suis là, enveloppé dans un linceul blanc strié de noir, cliché-souvenir gisant sur un fond sombre. J'entends de nouveau le caméraman expliquer qui je suis à tous ces anonymes. Je dis « anonymes », car les gens du quartier, eux, me connaissent bien. Ils n'ont pas besoin qu'on leur rappelle mon nom à chaque instant. C'est que j'ignore que les images seront coupées à la diffusion, par passages entiers. Et que c'est pour cela qu'il faut sans cesse me présenter.

Je suis mort il y a maintenant deux jours. Ai-je le droit de dire « je suis tombé en martyr » ? En deux jours, j'ai perdu la mémoire de mes derniers instants de vie. Mais je sais que deux versions circulent sur la façon dont j'ai été tué. L'une raconte que je suis tombé sous les balles d'un sniper. L'autre dit que j'ai été touché au cours d'un combat contre les troupes du régime. Pour ma part, je ne vois pas de différence. Je suis mort, un point c'est tout. Je suis mort, et je ne serai plus jamais ce simple passant visé par un sniper qui fume sa cigarette là-haut, sur une terrasse. Je ne serai plus non plus ce combattant qui attend patiemment un moment d'inattention du sniper pour l'abattre. Pour tout dire, j'espérais tuer ce sniper. Je me voyais guetter l'instant où il allumerait sa cigarette dans la nuit, et tirer sur l'endroit d'où avait jailli la flamme. Je le voyais tomber depuis les hauteurs de cette même terrasse. J'imaginais combien sa mort brutale nous aurait tous apaisés. Désormais, je ne sais plus ce que signifie l'apaisement. Le sniper qui m'a transpercé le corps a vidé de nombreux mots de leur sens.

Si seulement ils pouvaient retirer le coton qu'ils m'ont fourré dans le nez, que je puisse respirer au milieu de cette foule ! Je n'ai jamais compris

1 Texte publié dans *Kalamon* n° 11, hiver-printemps 2015. Traduit par Marianne Babut.

pourquoi on bouchait le nez des morts avec du coton. Le nez bouché, mon ouïe se brouille. Je distingue à peine ce que dit l'homme à la voix forte qui entonne les chants populaires repris à sa suite par l'assistance. Je peux anticiper certaines formules pour avoir moi-même participé par le passé aux obsèques d'autres martyrs. Lorsqu'il lance : « Chaque jour nouveau nous donne un martyr », j'entends déjà la suite : « Et, par Dieu Tout-Puissant, glorieux est le martyre » – même si, dans cette deuxième partie de phrase, je n'entends que le mot « Tout-puissant ». Quand il dit : « Nous nous vengerons tôt ou tard… », je le devance et poursuis : « contre Maher et Bachar ! » – bien que je ne saisisse plus le sens du mot « vengeance ».

Pour commencer, ils ont soulevé mon corps étendu sur la bière et l'ont fait tournoyer plusieurs fois, tant et si bien que j'ai eu des vertiges. Cet instant m'a rappelé le jour de mes noces, ce moment où mes amis ont dansé, chargés de cadeaux qu'ils faisaient virevolter devant la maison de ma future épouse avant de les lui apporter. J'ai oublié le nom de ce genre de dabké[2]. Peut-être est-ce « la procession de la mariée ». À présent, c'est moi, le cadeau que l'on va porter en procession pour l'offrir à la terre. Je me suis alors souvenu de mon fils. Je voulais prononcer son prénom, en dépit du coton qui me bouche le nez, quand je me suis rendu compte que je l'avais oublié ! Parmi les hommes qui murmurent en portant mon cercueil, il y en a bien un qui va me désigner comme « Abou d'untel[3] », et ainsi me renseigner ! Mais non, ils ne parlent que du « martyr ». Il m'a rapidement lassé, mon statut de « martyr ». J'aurais voulu qu'on dise autre chose de moi. J'aurais tout entier disparu derrière la qualité de « martyr » sans ce caméraman qui persiste à répéter mon nom pour bien documenter son travail.

Je reconnais que le grand nombre de personnes présentes à mes obsèques me procure une certaine satisfaction. Il dissipe la cruauté de mes derniers instants sur Terre. Plus important encore, cela permettra à mon fils dont j'ai oublié le nom de se vanter de mes grandioses funérailles. De fait, je n'ai rien d'autre à lui léguer que cette cérémonie. Et peut-être se réjouira-t-il chaque fois que mon nom sera cité sur YouTube, peut-être dira-t-il avec fierté à ses semblables : « C'est mon père. » Peut-être que, demain, ma femme viendra avec lui me rendre visite et répandre

2 Danse collective populaire dans les pays du Levant. *(NdT).*

3 « Abou » signifie père. *(NdT).*

quelques gouttes d'eau sur ma tombe. Elle pleurera, car les larmes lui viennent facilement, en le regardant avec douleur. Je sais qu'elle ne sera pas triste pour moi autant qu'elle le sera pour l'enfant devenu orphelin. Moi, ça ne me dérange pas, que ce soit pour le petit qu'elle s'attriste. De toute façon, elle n'a jamais été contente de moi. Elle me répétait tout le temps que j'allais faire de notre fils un orphelin. Par colère, elle ajoutait qu'elle ne participerait pas à mes funérailles. Tous deux, nous savions bien, pourtant, que la coutume n'autorise pas les femmes à participer au cortège.

Je ne suis pas pressé d'arriver au cimetière. Je ne suis pas impatient de quitter cette Terre. La foule n'a pas terminé de vider son sac de slogans. Et puis, c'est l'occasion pour moi de me remémorer autant de souvenirs que possible, sans précipitation. L'occasion, aussi, de réfléchir en tant que mort. De regarder ma vie passée comme s'il s'agissait de celle d'un autre. Tout au long de mon existence, j'ai désiré être quelqu'un d'autre. Je n'avais jamais envisagé la mort précoce ; ni le martyre, d'ailleurs. Je me sens désormais libéré de toutes ces choses que j'aurais aimé changer sans jamais y être arrivé ; comme si je me délestais d'un poids. Le poids de ce que j'ai fait malgré moi, à contrecœur, mais aussi de ce que j'ai fait avec bonheur. La vérité, c'est que je n'ai jamais connu de joie durable. Bien sûr, il n'est plus question pour moi de la chercher désormais. Je ne ressens de regret pour rien. Comme j'aimerais en ressentir un peu, pourtant ! Un peu de tristesse… Mais non, j'ai l'impression d'aller on ne peut mieux, ainsi soulevé par des quantités de mains, porté loin du sol par tous ces corps vigoureux et vibrants tandis que je nage dans cette douce pénombre que je suis seul à connaître.

Beaucoup pensent que les morts voient ce que les vivants ne voient pas. C'est exactement ce qui est train de m'arriver : je vois des évènements qui n'ont pas encore eu lieu, et dont je sais qu'ils adviendront. Je ne peux, hélas, prévenir ceux qui m'entourent. Je vois des colonnes de tanks, de blindés et de *chabiha* fondre sur Zamalka. Je vois des femmes et des enfants chercher à s'abriter contre les balles qui pleuvent sur eux, comme sur tout ce qui bouge dans les rues. Je vois des roquettes former des trous béants sur les façades d'immeubles – à travers l'un d'eux, j'aperçois une petite fille de l'âge de mon fils. Je vois ce général qui, après avoir été blessé à l'épaule par certains de mes anciens camarades, a ordonné qu'on extermine toute forme de vie alentour. Je l'entends demander des renforts à son commandement et, une fois son talkie-walkie éteint, insulter ses supérieurs et son président, qui tardent à lui envoyer l'aide requise. Je le vois cracher comme s'il crachait sur les vagins des mères de ceux qu'il vient d'évoquer dans ses jurons. Les trois jours de condoléances suivant mon enterrement seront interrompus. Les visiteurs seront dispersés par une averse de tirs. Demain, de nouvelles funérailles auront lieu et tout le monde m'oubliera, à l'exception de quelques voisins contraints de consoler mon fils et ma femme. Ils la tiendront au courant des nouveaux martyrs, ainsi que des héros qui ont fait de nombreux morts dans les rangs du régime avant d'être forcés de reculer face à l'arrivée des renforts. C'est comme si j'assistais devant un écran à tout ce qui se passe. Je pourrais presque entendre le caméraman qui, en ce moment même, filme mes funérailles commenter : « Zamalka. Banlieue de Damas. Attaque sur la ville par les gangs d'al-Assad. 31/01/2012. » Mais il ne dit rien. Il ne fait pas un bruit dans sa planque, depuis laquelle il filme l'avancée des colonnes de blindés et de soldats. Au moment où les chars passent devant lui, deux palmiers dont les feuilles ploient sous l'effet du vent masquent quasiment la moitié de la scène. On entend seulement les hurlements de leurs chaînes. Il y a deux mois, ils ont déjà attaqué Zamalka, mais sans l'intervention de tanks. Ils sont entrés avec de simples fourgons de soldats. Nous étions alors à la mosquée pour la prière du vendredi, avant de sortir manifester. Je ne me souviens pas exactement quel nom avait été donné à ce vendredi-là, mais ça avait un rapport avec notre demande de protection internationale, d'une zone d'exclusion aérienne.

Je continue de chercher le prénom de mon fils. C'est d'autant plus troublant que je me souviens de certains détails dont je me passerais bien ; pourtant, je suis incapable de retrouver son prénom ! Je me rappelle qu'il détestait le pull en laine tricoté par sa grand-mère ; qu'il s'obstinait à l'enlever parce que le col roulé le gênait. Je le vois courir se cacher dans la salle de bains lorsqu'il entendra, demain, les tirs de l'armée en train d'envahir la rue. Une main dans la bouche, il se ronge les ongles. Comme c'est arrivé à un enfant de Baba Amro pendant le pilonnage de son quartier, je vois mon fils continuer de se dévorer les doigts tant et si bien qu'il en entame les extrémités sans même s'en rendre compte, sous le coup de la terreur. J'ai envie de lui crier de ne pas avoir peur. Les lettres se bousculent dans ma tête, j'essaie de les ordonner pour former un prénom. C'est un prénom en quatre lettres. Je suis sûr de cela. Si je lui avais donné le prénom de mon père, je ne l'aurais pas oublié… Comment s'appelait mon père ? Ça aussi, je l'ai oublié ! Comme si, cadavre extrait d'un autre cadavre, je n'avais pas de père. Les ONG qui archiveront mon nom ne préciseront pas ma filiation. En consultant la fiche établie par l'une de ces ONG à mon sujet, je peux lire « Martyr Omar Kaddour ». Ce « martyr » me donne l'impression d'un statut professionnel, à la manière du « Dr. » qui précède le nom du médecin ou de l'auteur d'une thèse. J'ai l'impression que, martyre, c'est mon métier, et que je n'en ai pas eu d'autres de ma vie. Aucun détail supplémentaire ne figure sur ma fiche, si ce n'est que je suis de sexe masculin et né à Douma. Rien sur le nom de mon père ni sur celui de ma mère. Toutes les cases sont vides. Même celle qui renseigne le nombre d'enfants indique « 0 ». Mais moi, je suis absolument certain d'avoir un fils ! Et le fait que je ne me souvienne pas de son prénom n'enlève rien à ma paternité. Je peux présenter des quantités de preuves de l'existence de mon enfant. Dans mon téléphone portable, il y a des centaines de photos de lui. En train de rire, en train de pleurer, en train de faire ces grimaces qui me réjouissaient plus encore que son sourire. Il y a celle, notamment, que j'avais choisie comme fond d'écran pour l'avoir constamment sous les yeux, avant d'en changer sur le conseil d'un ami pour qui les photos d'enfants ramollissent notre force de volonté. Je ne l'ai enlevée que pour lui faire plaisir, c'est tout.

Le cortège qui entoure mon cercueil clame : « Armée libre, armée de Dieu ! Prends les armes et prends les hommes ! » Je n'ai pas fait attention à la distance que nous avons parcourue jusqu'à maintenant. Je ne sais pas si nous avons déjà dépassé la mosquée de la Pénitence. Mon intuition me dit que je devrais leur conseiller de ne pas passer par là. De me laisser ici et de retourner chez eux pour ne pas prendre de risque inutile. Durant quelques instants, tout devient confus. Puis ma vision se précise : il s'agit d'autres funérailles que les miennes. C'est un 30 juin également, mais le 30 juin de l'année prochaine. Ce sont les funérailles de Abd al-Hadi, dit « l'Aleppin ». J'ai connu « l'Aleppin » dès les débuts de son engagement militant. En fait, je le connaissais déjà sous son véritable nom avant de découvrir que le surnommé « Aleppin » c'était lui, lors de son arrestation par les Renseignements aériens. Je me souviens très bien de lui. Mais je n'en dirai pas plus dans l'immédiat pour ne pas mettre sa famille en danger. Si je le pouvais, plutôt que de divulguer son identité véritable, je préviendrais la foule présente à mes funérailles de ce qui adviendra lors des siennes. Si seulement je pouvais alerter Fares Qablawi, ou Yaman al-Tarcha, ou bien Mouayid al-Dabas, et d'autres encore que je ne vois pas à l'instant mais dont je suis sûr qu'ils sont quelque part dans le cortège... Si seulement je pouvais les prévenir de l'explosion qui aura lieu lors des funérailles de Abd al-Hadi ! Les mettre en garde contre la Saba qui explosera à leur passage devant la mosquée de la Pénitence ! Oussama rirait et me dirait – avec ironie, comme à son habitude : « Peut-on attendre autre chose d'une voiture fabriquée en Iran ? » Et il ne s'en soucierait pas – il ne se soucie de rien, d'ailleurs. C'est pourquoi il faut que je prévienne quelqu'un d'autre. Je les vois tous distinctement devant moi, autant de noms qui se mêlent les uns aux autres pour n'en former qu'un seul, très long. Un nom qui n'est pas conçu pour un unique martyr ; un nom qui renferme des dizaines d'époux, d'épouses, d'enfants et de grands-parents. Un nom qui commence ainsi : Moayidaltarchaqablawifaresyasserchehaboussamamamdouhkibara. Il faudrait qu'Oussama s'approche de moi pour que je lui glisse ce nom pittoresque à l'oreille et qu'il rie, d'un rire à la mesure du nom, si long qu'il parviendrait jusqu'aux confins de Jobar. Il rirait de son rire incrédule encore plus puissamment si je lui décrivais les corps carbonisés, les membres déchiquetés par la déflagration, les dépouilles enveloppées dans des draps, les hurlements d'impuissance : « Allah Akbar. » Ni lui ni aucun autre ; personne ne me croirait si je leur disais ce qui allait se passer cinq mois plus tard. Personne ne prendrait les précautions nécessaires. La voiture va exploser, comme s'il était inéluctable qu'elle explose et les tue. Rien à faire, donc. Peut-être est-il sage que les morts ne puissent pas parler.

J'essaie de mettre à profit ma clairvoyance d'homme mort pour connaître ce qui adviendra de mon fils. Je passe en revue les photos des victimes de ce qu'on nommera « le massacre de Zamalka du 27/12/2012 ». La voix du caméraman m'accompagne de ses commentaires : « Nouveau massacre à Zamalka par bombardements aériens, tirs de missiles et de mortiers... Dieu à nos côtés nous suffit, à Lui nous nous en remettons. » Et il répète, plusieurs fois, « Dieu à nos côtés nous suffit, à Lui nous nous en remettons », tandis que je fouille parmi les cadavres aléatoirement disposés. Au-dessus d'eux, de façon plus aléatoire encore, des blocs de glace, pour ralentir leur putréfaction. Une fraction de seconde mon cœur manque de s'arracher de ma poitrine. La balle nichée dans mon corps se met à bouger et me fait pour la première fois souffrir. C'est alors que je me rends compte que je n'ai pas eu mal lorsqu'elle m'a perforé le torse. Elle est entrée en moi comme une aiguille chauffée. J'ai porté une main sur ma poitrine et j'ai ressenti la chaleur de mon sang. Ce n'est qu'après, que j'ai ressenti une douleur familière, tranquille. Puis j'ai perdu connaissance. À jamais. Mais désormais, la balle remue à la vue d'un enfant mort surplombé de deux cadavres plus petits encore, recouverts d'un linceul blanc. Je crois voir, par en dessous, que le visage de l'enfant est celui de mon fils. Si seulement il pouvait cesser de répéter « Dieu à nos côtés nous suffit, à Lui, nous nous en remettons », cela perturbe ma concentration ! Et puis, si le plus petit pouvait s'écarter un peu, ça permettrait à l'autre de s'allonger correctement. Sans ce poids qui lui pèse sur la poitrine, on pourrait peut-être avoir une conversation entre morts. Peut-être m'apprendrait-il quelque chose – n'importe quoi – sur mon fils que je ne trouve pas parmi les cadavres.

Sur le bord de la route, au début de la rue de la centrale téléphonique, j'aperçois Abou Maher. Il est loin du lieu où passera mon cortège. Mais je le vois bien, en train de se frapper le visage et de se lamenter. Ses soixante-dix ans paraissent avoir subitement doublé, alors qu'il crie de toute sa bouche, de tout son visage : « Malheur à ceux qui ne craignent pas Dieu ! » Abou Maher s'adresse à un public que je ne vois pas ; peut-être s'adresse-t-il à lui-même : « Mon petit-fils Naïm avait sept ans ! Il était le seul frère de quatre sœurs, le seul fils de mon fils aîné Maher ! Il a été tué mercredi en respirant le poison mortel. » Nous sommes bientôt arrivés à l'emplacement de ma tombe. Je ne suis pas pressé de descendre des épaules qui me portent. On dit que le mort juste – et aucun doute que les martyrs sont des justes, tous autant qu'ils sont – est impatient de descendre dans sa tombe, réjoui à l'idée de rencontrer son Généreux Seigneur. Moi, pour tout dire, j'aimerais pouvoir entendre jusqu'au bout ce qui est arrivé au petit-fils d'Abou Maher. J'ai peur de ne plus rien voir, une fois qu'ils auront recouvert mon cadavre de terre. En dépit du coton qui me bouche le nez, je peux sentir dans l'air comme une odeur âcre. Le « poison mortel » dont parle Abou Maher. L'odeur se déverse sur Zamalka depuis l'Est. J'entends l'impact d'un missile qui tombe entre Zamalka et Arbine. C'est comme si plusieurs missiles explosaient simultanément. Je vois le premier s'écraser derrière la centrale téléphonique et emporter la maison de Harta, l'école de Oum Mazen, la mosquée al-Tawfiq, la ferme de Moustafa al-Khatib, et même le vieux cimetière. Je vois d'autres missiles s'abattre tout autour de Zamalka, sur Madayir Jadya, aux environs de l'école al-Wafa lalbanin et sur al-Ziniya. En dépit de l'odeur empoisonnée qui emplit l'atmosphère, la voix d'Abou Maher qui déplore la mort de son petit-fils Naïm continue de résonner dans mes oreilles. Le prénom de mon fils ressemble à celui de Naïm. Quatre lettres aussi, la même musicalité. En criant le prénom de Naïm, je m'entends répéter le prénom de mon fils à travers d'autres lettres. Mon fils… Serait-il pensable qu'il dorme encore en cet instant présent ? Je veux dire, qu'il continue de croire qu'il est en train de dormir ? Se peut-il qu'il ait inhalé le poison mortel sans s'en rendre compte ? Se réveillera-t-il pour demander au médecin, comme l'a fait cet autre enfant : « Monsieur… Je suis vivant ? ». Naïm… Naïïïïïïïm ! Je crie son nom comme si je criais celui de mon fils. Je crie et personne de ceux qui sont en train de poser sur moi le regard du dernier adieu ne m'entend. Ils me font descendre dans la tombe. Une fois en bas, je pourrai passer en revue les portraits des victimes, à la recherche de mon fils. L'enfant qui porte un maillot bleu foncé et bleu ciel, ce n'est pas mon fils. C'est Maher Halawa. J'aurais fait parvenir la nouvelle qu'il était sain et sauf à son père, Mazen, si ce dernier n'allait pas lui-même se faire tuer dans cette attaque chimique. Je tourne dans le quartier d'al-Mazraa ; il n'y a plus un seul signe de vie. Même dans mes pires cauchemars, je ne m'étais jamais imaginé Zamalka ainsi vidée de ses habitants. J'aperçois un adolescent qui porte un maillot avec l'inscription THERE'S ROCK. On échange des regards perplexes, entre vieux mort et jeune rescapé d'un massacre. J'allais lui demander des détails sur ce qui s'était passé, quand l'un de nous deux s'est subitement évaporé. J'examine sur les murs d'anciennes photos de martyrs. Sur l'un d'eux, des photos d'enfants tués qu'aucun parent ni proche n'est venu réclamer. Toutes ces photos, autant qu'elles sont, sont celles de mon fils. Je hurle « Naïm ». Une main s'avance et arrache les photos devant moi. Il ne reste plus que les murs sombres et désolés. Derrière eux, des gens qui pensent être en train de dormir.

Les linceuls recouvrent l'intégralité des corps, mais il est possible d'estimer l'âge de leurs propriétaires en fonction de leur taille. Je ne prête pas attention aux grands linceuls. J'en recherche un qui mesure 1, 03 mètre. La taille de mon fils quand je l'ai quitté. Je suppose qu'aujourd'hui, il est un peu plus grand. Mon fils est là, parmi les morts. Comment puis-je ne pas repérer immédiatement son linceul ? Comment est-il possible que je ne reconnaisse pas son odeur, à travers celle du gaz sarin ? Celui-là, qui est à côté, aucun doute, c'est le fils de nos voisins… Non… c'est mon fils, lui aussi ! Il est peut-être un peu plus grand, mais, cette fois-ci, je ne me trompe pas. C'est son odeur ! C'est mon fils ! En dépit des pelletées de terre qui me recouvrent, je peux encore découvrir un nouveau linceul de la même taille, et aussitôt, je reconnais, là encore, l'odeur de mon fils. Puis je vois son dernier rêve, son ultime sommeil. Naïm… Naïïïïïïïm… mon fils. La terre me couvre la bouche, mais je me force à l'ouvrir malgré tout et à crier son nom. Non, ce n'est pas « Naïm ». C'est Wassim ! Wassim… Wassim… Wassiiiiiiiiiiiiiiiiim.

Mes funérailles sont mornes. Quand vous regarderez la vidéo, vous n'apprendrez rien sur moi. Personne n'y évoque mon nom. Il n'y a que le titre sur YouTube qui indique « Funérailles du martyr Omar Kaddour du village de Atma ». Puis vous verrez plus de neuf minutes au cours desquelles, tout comme moi, vous n'entendrez rien d'autre que les pas de la foule qui m'accompagne vers le cimetière du village. Vous ne trouverez rien sur les conditions de ma mort, même si les médias ont longuement parlé d'un lourd bilan humain ce jour-là. Rien non plus sur le bombardement de mon village, ce même jour, dont aucune mention ne sera faite dans les médias, trop occupés à couvrir alors le « massacre d'al Qouriya » à Deir ez-Zor, l'explosion d'une voiture piégée à Madamiya en banlieue de Damas, ou encore, la défection de dizaines de généraux de l'armée du régime. Je dis cela sans amertume. À leur place, c'est également la mort de femmes et d'enfants au marché d'al Qouryia qui aurait accaparé mon attention, bien plus que celle d'un homme comme moi, dans le lointain village frontalier d'Atma.

Le 9 novembre 2012, baptisé « le vendredi de la première marche vers Damas », tous les regards étaient braqués sur ce qui allait se passer dans la capitale. Nous, dans le nord du pays, nous attendions fiévreusement qu'on nous annonce, depuis là-bas, la délivrance du tyran, fils du tyran. Le terme de « tyran » me plaît plus que celui de « dictateur ». Le deuxième sonne trop lourd, encore plus lourd si l'on précise « le dictateur, fils du dictateur ». Les gens de mon village, eux, n'utilisent ni l'un ni l'autre de ces deux mots. Pour désigner Bachar al-Assad, ils ont opté pour « le fils de l'homme à l'âme maudite ». Sur les plus de cent cinquante personnes tuées ce jour-là dans le pays et dont les noms ont été recensés, le mien ne figure pas. D'autres que moi, probablement, sont eux aussi tombés sans qu'on le remarque, et ont rejoint, comme moi, le « environ », le « près de », le « plus de ». Nos morts résident dans la banlieue de ces chiffres officiels. Enterrés à la marge, nous sommes l'approximation du « environ cent cinquante morts », nous sommes l'excédent du « plus de cent cinquante morts ». D'entre nous, je suis probablement le plus chanceux, car mes funérailles sont sur YouTube ; j'ai eu un peu plus de quatre cents vues, deux « J'aime », et zéro « Je n'aime pas »... Moi, pour dire vrai, je ne vois pas comment on peut aimer, ou ne pas aimer, un enterrement !

Je suis sorti de la prière du vendredi l'esprit confus. Ce n'était pas le même imam que d'habitude, et son visage, sans être totalement étranger, disait qu'il n'était pas du coin. Il a débuté son prêche avec aplomb, comme s'il était habitué à prendre la parole ici, et s'est adressé à nous comme s'il nous connaissait depuis longtemps. L'horloge digitale à sa droite indiquait exactement « 11h30, 09/11 », puis, en dessous, les horaires des cinq prières. Chaque fois que je suis à la mosquée, je regarde avec la même fascination cette horloge digitale. Il m'est souvent arrivé de perdre le fil de ce que disait l'imam à cause d'elle. Ce sont peut-être les deux marques de prière visibles sur le front de l'imam qui m'ont fait savoir qu'il ne venait pas de la région. Je contemple ces deux marques avec curiosité en me disant que s'il est « assidu dans la prière », elles formeront bientôt une seule et grande tâche et qu'alors il n'aura plus à venir faire le prêche du vendredi dans des mosquées aussi modestes que la nôtre. Il est évident que cet homme a un statut élevé, pour parler comme il le fait de la nation de l'islam et nous comparer, nous, des gens simples, aux Compagnons du Prophète. Son éloquence, qui fait suivre chaque mention du Prophète de la formule « Prière et Salut d'Allah sur lui », m'émerveille. Il attend la fin de son prêche pour se présenter à nous : « Je suis votre frère venu de Palestine pour partager avec vous les souffrances des Palestiniens, car le Prophète Prière et Salut d'Allah sur lui, a dit : "L'exemple des musulmans dans leur amitié, leur miséricorde et leur compassion, est comme l'exemple d'un corps qui, lorsqu'un de ses membres est affecté par une maladie, est tout entier touché par la douleur et la fièvre." » J'ai mémorisé parfaitement ce hadith du Prophète depuis mon enfance, mais je n'aurais jamais imaginé qu'un jour un Palestinien de Palestine vienne jusque dans notre village pour nous le faire entendre. La Palestine, Ô Seigneur... La Palestine... Ce prêcheur est venu nous blâmer pour nos manquements envers elle et envers les souffrances de ses enfants causées par l'occupation des juifs mécréants.

S'il savait, cet homme, la tourmente qu'il a semée en moi. Moi qui, depuis vingt mois, pense que nous nous sommes révoltés pour faire tomber le « fils de l'homme à l'âme maudite ». Et voilà que ce prêcheur nous dit que nous devons accomplir une mission grandiose – ce que même les montagnes millénaires n'ont pas osé faire. Il raconte que l'Occident complote contre nos États depuis des siècles, qu'il complote contre notre profession de foi « Il n'y a de dieu que Dieu, et Mohammed est Son Prophète ». Il vilipende le sécularisme et la démocratie ; il ridiculise ceux qui s'en réclament, disant que s'il en était ainsi, on se retrouverait assis à converser avec les femmes au lieu de se donner du mal à la tâche. Il attaque l'Armée libre et le commandant de la brigade Dhohr pour avoir déclaré à la télévision que nous accepterions le verdict des urnes électorales, une fois le régime renversé. Il taxe les membres des conseils armés de la révolution « d'agents infiltrés à la solde de l'Occident ». Si cet homme ne venait pas de la sacro-sainte terre de Palestine, je n'aurais prêté aucune importance à son discours. Mais il s'est donné la peine de venir de là-bas pour notre Bien, et ça, ça rend les choses plus compliquées... Et s'il avait raison ? Peut-être n'avons-nous rien compris. Peut-être que nous ne savons pas vraiment pourquoi nous nous sommes soulevés...

Ce jour-là, je ne comptais pas participer à la manifestation à la sortie de la mosquée. J'étais impatient de rentrer chez moi pour suivre le déroulement de « la marche vers Damas ». En plus, après le discours du prêcheur, je ne savais plus bien quel slogan clamer : « Que Dieu protège l'Armée libre ! », ou bien « Notre guide éternel, notre Maître Mohamed ! » ? Devais-je crier : « La Syrie veut être libre ! », ou plutôt « Islamique... Islamique ! » ? Je sentais que je n'avais pas la force de trancher. J'avais juste envie de rentrer rapidement chez moi pour regarder les manifestations défiler sur mon écran. J'aime beaucoup le spectacle de cet écran divisé en six fenêtres qui diffusent simultanément ce qui se passe en six lieux différents. J'en ressens comme une sorte de magie. Une magie semblable à celle que m'inspire l'horloge digitale dans la mosquée. J'ai également très envie d'appeler mon neveu à Damas pour qu'il me donne des nouvelles de « la marche ». Il me parlera de la bataille sur la route de l'aéroport. Je lui demanderai ce qu'il en est de Zamalka, pensant à tort que la route en question passe par là. Il me dira alors que Zamalka est en train de se faire lourdement bombarder – sans pour autant corriger mon erreur. Notre conversation téléphonique sera interrompue à la huitième seconde de la troisième minute. Mais durant cet appel, j'aurai eu l'impression de voyager en tapis volant et d'avoir participé à « la marche vers Damas ». L'impression de tenir Damas dans mon poing. Et la peur qu'elle s'échappe si je l'ouvre.

L'espace d'un instant, j'ai imaginé que le prêcheur palestinien avait voyagé de nuit[4] depuis la mosquée al-Aqsa jusqu'à celle de notre village. Peut-être est-ce sa « palestinité » qui l'a rendu attachant à mes yeux, et peut-être est-ce pour cela que je lui attribue une puissance dont seul est doté le Prophète bien-aimé. Mais lorsque sa voix, dans la prière, s'est mise à hésiter, son apparence s'est soudainement muée en celle de tous ceux qui montent à la tribune ; il m'a rappelé leur venue à tous. Tous ces étrangers dans notre village. Dans un mois, les médias commenceront à parler d'eux. Depuis trois mois, ils sont de plus en plus nombreux ici. En septembre dernier, un autre de mes neveux, qui vit à Antioche, m'a prévenu de leur arrivée imminente. Il m'a dit qu'il les voyait par groupes entiers défiler dans le souk d'Antioche où il travaille. Il m'a parlé, aussi étonné que réjoui, de ces combattants européens qui parlaient en arabe littéraire et portaient l'uniforme afghan, résolus à passer la frontière pour venir nous aider à vaincre. Je lui ai dit que nous n'avions pas besoin de combattants supplémentaires. Que ce dont nous avions besoin, c'était des armes. Il m'a répondu que ces hommes-là, justement, en avaient avec eux. Au début, ils ne se sont pas mélangés aux habitants. Ils étaient d'une extrême politesse. L'un d'eux a même détourné les yeux devant une poule, par pudeur. Ils ne se mêlaient pas à nos combattants et ne les ont jamais rejoints. Leur accoutrement nous semblait étrange, nous était étranger. Leurs

---

4 Référence coranique : voyage nocturne du Prophète sur un cheval volant, depuis la mosquée al-Haram de La Mecque, jusqu'à la mosquée al-Aqsa de Jérusalem. *(NdT).*

comportements méfiants aussi. Même leur façon de parler l'arabe ne nous ressemblait pas. Au début, nous n'éprouvions pour eux que de la curiosité. Il allait en être autrement, avec le temps.

Ils ont leur religion et nous, la nôtre. Pour être franc, la leur est un sacerdoce qui dépasse les capacités des êtres les plus exemplaires. Mais bon… Qui suis-je pour me comparer à eux, ces hommes courageux qui ont quitté leurs pays et ont parcouru une grande partie de la vaste terre de Dieu pour débarquer dans notre petit village dont personne n'avait entendu parler auparavant ? Je dois me rappeler que je ne suis rien d'autre que neuf minutes silencieuses qui défilent sur YouTube, et que j'ai été tué par un missile sol-sol tiré par les troupes du « fils de l'homme à l'âme maudite » sur notre village. Celui-ci se situe près de la frontière turque. Il est donc impossible pour le régime de faire voler ses avions au-dessus de nous, ce qui nous garantit une relative sécurité. C'est ce qui explique que le camp de réfugiés à flanc de montagne se remplira très vite, car il n'est pas exposé aux bombardements. J'ai conscience de beaucoup répéter l'expression « l'homme à l'âme maudite ». C'est par colère envers ces étrangers qui ont décrété qu'il était interdit de parler ainsi et de clamer de tels slogans, sous prétexte qu'il n'est pas permis de traiter un mort autrement qu'avec clémence. Quoi qu'il en soit, ils ne sont plus des étrangers, désormais, dans la région. Ils ont su se faire des partisans parmi nos jeunes, dont certains ont commencé à se pavaner dans une djellaba blanche qui s'arrête strictement aux genoux, surmontée d'un veston blanc sans manche. Le jeune Azzo n'est plus Azzo. Il se permet dorénavant de nous dicter des instructions sur ce que doit être notre nouvelle vie et notre nouvelle religion. D'ailleurs, il ne se fait plus appeler Azzo, mais Azzeddin. Il a fait changer son prénom, prétextant que l'original appartenait à l'époque antéislamique. Il s'évertue à démontrer que la lettre « o » accolée aux prénoms par usage en Syrie, est un héritage païen. Ça ne lui est pas venu à l'esprit d'assister à mes funérailles. Ça ne m'étonnerait pas que ce soit lui qui ait ordonné qu'elles se déroulent en silence, conformément à l'authentique *sunna*[5]. Je ne vois pas d'autre explication au silence qui m'entoure alors qu'on me porte en bière. Même lorsque l'un des participants de mes obsèques a clamé la profession de foi : « Il n'y a de dieu que Dieu », on l'a fait taire !

5 Paroles et actes du Prophète Mohamed.

Rien d'autre que des bruits de pas. C'est tout ce que j'ai entendu, neuf minutes durant. Je vois les visages familiers des hommes et des enfants du village. Des visages qui n'ont pas changé, à l'exception d'un seul où une barbe a poussé et dont la moustache est désormais rasée. Sans ces détails, je ne l'aurais pas distingué des autres car il porte ses vêtements habituels. Durant mes funérailles, il ne s'est rien passé de remarquable. Pas de drapeau de la révolution posé sur moi. Pas de slogans promettant que je serai vengé. Peut-être ont-ils choisi des funérailles de la plus grande sobriété afin de ne provoquer aucune susceptibilité. Moi-même, n'ayant jamais songé à mourir en martyr, je n'avais donné aucune recommandation pour mes obsèques. Mais si on me le demandait maintenant, peut-être répondrais-je que je préfèrerais que ma dépouille soit enveloppée avec soin. Ça correspondrait mieux au style de ma barbe et de ma légère moustache, que j'ai fait tailler chez le barbier juste avant de me rendre à la prière du vendredi. Ça donnerait un peu plus de sens à mes funérailles, plutôt que cette seule mort abrupte. Je me sens lésé. Non pas que j'aie rêvé de funérailles grandioses, mais tout de même, je ne peux pas rester indifférent quand je constate que la Coordination révolutionnaire du village n'a même pas mentionné ma mort sur son site Internet, alors que, quelques jours plus tôt, elle a publié la nouvelle du martyre de Hafid Turki Fatouh, tué dans le quartier d'al Sakri à Alep. Je supplie la famille Fatouh de ne pas prendre mal mes propos. Dieu sait combien je les porte dans mon cœur et combien je compatis à leur douleur, sachant qu'ils n'ont pas pu assister aux funérailles de leur martyr, ici, au village.

C'est comme si la route qui mène au cimetière était plus longue que celle que je connais. Mais peu importe qu'elle soit plus longue ou plus courte, tout ce qui m'intéresse, c'est la route qui mène à Damas. Ces derniers jours, je n'ai fait que rêver de partir là-bas. Lorsque j'ai entendu l'annonce du « vendredi de la marche vers Damas », j'ai rêvé que l'on se mettait tous en chemin, depuis les quatre coins du pays, pour converger vers la capitale. J'ai rêvé que l'on se rassemblait par millions autour du palais du « fils de l'homme à l'âme maudite », et qu'on l'arrachait de ses fondations, pour que les deux – palais et président – s'effondrent en même temps. En ce moment même, toute mon attention est tournée vers les « marcheurs » qui avancent vers Damas, depuis Jobar, Zamalka, Douma et Harasta. Je me les représente tel un torrent dévastateur qui emporte tout sur son passage. Je vois Damas redevenir *Cham charif*, « Damas la bénie », comme disent certains de nos voisins turcs. Je vois notre village descendre de son nord reculé pour devenir un des quartiers de la capitale. Je reconnais que Damas ne signifiait rien pour moi il y a encore deux ans, et que lorsqu'un proche partait s'y installer, j'avais l'impression qu'il partait vivre à l'étranger.

Avec les villes d'Alep et d'Idlib, c'est différent. Elles sont plus proches. Je dois aussi avouer que j'ai longtemps ressenti que les villes turques d'al-Rihaniyeh, d'Antioche ou même Gaziantep étaient plus proches de ma vie que Damas. J'ai honte de dire cela, parce que je vais paraître inculte, mais il m'est parfois arrivé d'avoir l'impression que les Damascènes étaient un autre peuple. Et que, si je me retrouvais dans leurs souks, j'y serais un étranger de langue étrangère, comme cela m'est arrivé lorsque je suis allé pour la première fois au souk Jindriss et que j'ai entendu mes voisins se parler en kurde. Au souk d'Antab, la situation était différente parce que je comprends un peu le turc. La plupart des habitants de mon village sont comme moi, ils n'accordaient aucune attention à Damas avant. De fait, ne nous parvenaient de la capitale que des ordres et des problèmes. La plupart du temps, Damas ne signifiait rien d'autre que notre départ pour le service militaire obligatoire, ou ces soldats inconnus qui débarquaient pour nous interdire de faire du commerce de l'autre côté de la frontière. Ils nous taxaient de « contrebandiers », mais n'avaient pas honte quand eux-mêmes rackettaient leurs pots-de-vin. Les douaniers turcs à la frontière, eux, n'agissent pas comme ça. Parfois, ils tirent des coups de feu pour disperser le trafic, et parfois, ils ferment les yeux. Mais en aucun cas ils ne privent quelqu'un de son gagne-pain ou ne ponctionnent une part des profits. Ça me rappelle Palmyre. J'ai longtemps imaginé Palmyre comme l'obscure jumelle de Damas, une immense prison et rien d'autre, rattachée à la capitale. Je pensais que si, par malheur, les donneurs d'ordres de Damas se souvenaient de notre existence, ce serait pour nous envoyer croupir dans les cellules de Palmyre.

Puisque ma voix ne porte pas, dans le récit que je vous fais présentement, on peut considérer que je respecte le silence imposé à mes funérailles. Je l'entends très bien, ce silence. C'est comme si je parlais à bout de souffle, à en baver d'effort, d'une bave qui ressemble à celle qui sort de la bouche de l'imam du vendredi lorsqu'il évoque les affres du Jugement Dernier. J'accélère mon propos tandis qu'une main essuie l'écume sur mes lèvres, peut-être bien aussi mon nez. Mes mots se hâtent pour profiter au maximum des derniers instants avant la disparition, avant que le muezzin n'appelle à la prière du couchant. Les baisers déposés sur mon front se précipitent à leur tour, parce qu'il n'est pas bon d'enterrer un mort après le coucher du soleil. J'entends un homme presser la foule qui me fait ses adieux, attirant leur attention sur la voix du muezzin. Une voix qui me parvient, familière et chaleureuse. Une voix qui n'a rien de commun avec celle du prêcheur d'aujourd'hui. Une voix qui illumine dans mon cœur l'horloge digitale, avec la date inscrite dessus, la seule que je verrai à tout jamais. La date de « la marche » vers Damas, redevenue lointaine et étrangère à une personne morte comme moi.

Omar Kaddour

ALEP

Le siège, la résistance et le grand exode[1]

Le 17 juillet 2016, les forces du régime syrien prirent le contrôle de la route du Castello, au nord d'Alep, qu'elles tenaient à portée de tir depuis une semaine. Les brigades de l'Armée syrienne libre et les groupes armés islamiques tentèrent de résister, et réussirent à s'emparer pendant quelques heures d'un complexe résidentiel dans la zone du Castello, sans pouvoir cependant tenir leurs positions en raison des raids de l'aviation militaire russe.

Les combats durèrent plusieurs jours. Les batailles les plus violentes eurent lieu dans les secteurs de Lirmoun, de Bani Zayd, de al-Achrafiyé, du « logement pour la jeunesse », et dans le camp de Handarat. Au cours de ces batailles, les groupes armés furent confrontés aux attaques incessantes des forces du régime et de leurs milices, ainsi qu'à celles des combattants kurdes du PYD, retranchés dans le quartier du Cheikh Maqsoud, limitrophe d'al-Achrafié et du « logement pour la jeunesse ». Ce dernier fut pris le 17 juillet par les forces du PYD ; le 18 juillet, l'armée du régime et les milices alliées s'emparèrent du secteur des ateliers de Lirmoun et du quartier de Bani Zayd au nord d'Alep. Les groupes armés de l'opposition perdirent alors leur emprise sur la route du Castello et les quartiers voisins.

LES FUSILS SONT POINTÉS SUR AL-RAMOUSSA

Durant la deuxième quinzaine de juillet, les quartiers Est d'Alep se retrouvèrent complètement encerclés. Dans les milieux de l'opposition et de la révolution syriennes, au fur et à mesure de l'avancée du siège,

1 Article publié dans *Al-Jumhuriya*, 9 janvier 2017. Traduit par Franck Mermier.

on répétait que les différentes factions de l'Armée syrienne libre et des groupes armés islamiques, et notamment les groupes rassemblés sous la houlette de l'Armée de la conquête (Jaych al-Fath) à Idlib, se préparaient à une grande opération militaire. Dans ces quartiers assiégés, les conditions de vie s'étaient considérablement dégradées ; les spectres de la famine et de la mort menaçaient les dizaines de milliers de civils et les quelques milliers de combattants qui y étaient retranchés.

Le 30 juillet, les forces du régime avaient consolidé leurs positions et la route du Castello était complètement bloquée. Pour la reprendre, il aurait fallu mener une opération militaire bien organisée et de grande envergure. Celle-ci n'eut jamais eu lieu. À la place débuta, le 31 juillet, une offensive au sud-ouest d'Alep, dans le secteur des facultés militaires et de la route d'Al-Ramoussa, dont l'objectif annoncé était de briser le siège. Une offensive menée par les groupes armés islamiques rassemblés sous la bannière de l'Armée de la conquête, et par les factions de l'Armée syrienne libre unifiées sous le commandement de la Conquête d'Alep (Fath Halab).

La bataille commença par de violentes attaques des positions de la brigade des missiles, de Tell Ahad, de Tell Mu'ta, et des secteurs d'al-Muchrifa et du Machrou' 1070 Chaqqa – jouxtant le quartier d'al-Hamdaniyya. En parallèle furent lancées d'autres offensives de moindre ampleur dans et autour d'Alep. Deux jours durant, les combattants de l'opposition furent très près de la victoire. Il ne leur manquait que de s'emparer du secteur de la faculté d'artillerie, dans le quartier d'al-Ramoussa, pour briser le siège.

Tous les groupes armés présents dans les régions de l'ouest d'Alep et d'Idlib prirent part aux combats. Pourtant, dans ses médias, l'Armée de la conquête s'attribua la paternité de cette bataille, estimant que les opérations suicide menées par ses combattants avaient eu un rôle décisif dans le recul des forces du régime. Chaque groupe armé – et y compris ceux de l'Armée de la conquête, tels que la Légion du Cham (Faylaq al-Cham), le Front de la conquête du Cham (Jabhat Fath al-Cham[2]) ou les Hommes libres de Cham (Ahrâr al-Cham) – publiait des communiqués séparés sur l'action militaire en cours, révélant ainsi la fragilité des alliances et les orientations contradictoires des brigades. Ainsi, lorsque le

2 Le 28 juillet 2016, le Front al-Nosra déclare qu'il n'est plus affilié à al-Qaida et change son nom en Jabhat Fath al-Cham (Front de la conquête du Cham). *(NdT)*.

Front de la conquête du Cham et d'autres groupes choisirent de donner le nom d'« Offensive du Martyr Ibrahim Youssef[3] » à la bataille pour la libération de l'École d'artillerie, cela suscita un grand tumulte dans les rangs des militants de la révolution. Cette appellation fut refusée – bien que de manière non publique – par les brigades de l'Armée syrienne libre rattachées à la cellule de commandement de l'Armée de la conquête, et plusieurs publications de l'Armée de la conquête omirent de la mentionner – cela, en dépit du fait que le Front de la conquête du Cham (Jabhat Fath al-Cham) représentait l'une des forces majeures de la coalition. Cette controverse n'eut néanmoins aucun effet sur le cours de la bataille. La pression militaire continua jusqu'à permettre, le 6 août, suite à la prise de l'École d'artillerie, de rompre le siège au milieu de la joie et de l'enthousiasme populaires des habitants d'Alep Est, pour qui cette bataille était devenue une question de vie ou de mort. Ils y avaient participé à leur manière. Ainsi, des centaines d'enfants s'étaient mis à brûler des pneus, croyant pouvoir gêner les bombardements aériens.

QUESTIONS SANS RÉPONSES

Le siège d'Alep fut brisé. Ce fut une victoire majeure pour les opposants au régime d'Al-Assad, pourtant, cette bataille et ses suites soulevèrent d'importantes questions, qui demeurent pour l'instant sans réponse.

Quel rôle avait joué l'aviation russe ? Lui était-il réellement impossible d'arrêter la progression des combattants de l'opposition ? Pourquoi aucune opération militaire parallèle n'avait été menée sur le front de Castello ? Pourquoi la bataille avait-elle commencé le jour qui avait suivi la fermeture définitive de la route du Castello ? Quels étaient les réels motifs et soubassements des divergences entre les groupes armés ? Pourquoi la majeure partie des médias avaient-ils attribué la conduite de la bataille à l'Armée de la conquête, quand la participation des

3 Membre des Frères musulmans et officier, Ibrahim Youssef participe au massacre des cadets officiers, majoritairement alaouites, de l'École d'artillerie d'al-Ramoussa à Alep le 16 juin 1979. Ibrahim Youssef est abattu par l'armée syrienne six jours plus tard dans cette ville. *(NdT).*

brigades de l'Armée libre y avait été tout aussi importante ? Pourquoi les groupes armés retranchés à l'intérieur de la ville n'étaient-ils pas passés à l'offensive de façon plus franche et décisive ? Étaient-ils dans l'incapacité de le faire ?

Il est possible que certaines de ces questions restent à jamais sans réponses. Néanmoins, les dissensions entre les brigades de la ville d'Alep et celles de l'Armée de la conquête venant d'Idlib fournissent un cadre qui pourrait permettre d'expliquer bon nombre d'entre elles. Il a été ainsi souvent rapporté que l'Armée de la conquête avait conditionné sa participation à la défense de la ville à l'intégration des brigades d'Alep. La venue à Alep du prêcheur saoudien Abdallah al-Muhaysini, le juge et guide religieux de l'Armée de la conquête et chef du conseil des propagateurs du Jihad à Idlib, aurait eu pour objectif de populariser le projet de l'Armée de la conquête – des prêcheurs propagandistes auraient également été envoyés dans les quartiers assiégés. Ce ne sont pourtant que des allégations, dont la véracité ne pourra être confirmée ou infirmée que dans le futur, lorsque les conditions seront réunies pour ouvrir des dossiers aussi brûlants que celui-ci.

Au cours de la période pendant laquelle les brigades de l'opposition furent en contrôle du secteur d'al-Ramoussa et de ses facultés militaires, le siège ne put être rompu. La sécurisation des voies de communication resta trop incomplète pour permettre à des approvisionnements suffisants d'arriver à Alep Est, qu'il s'agisse de nourriture ou de munitions. Seules de petites quantités d'aides alimentaires rassemblées par les habitants de la région d'Idlib parvinrent dans la ville. Et bien que l'issue de la bataille ait été relativement positive, celle-ci ne fut couronnée d'aucun succès politique. Au contraire, elle accentua encore les dissensions entre les brigades et les différents courants de l'opposition et de la révolution syriennes, et provoqua des conflits internes aux dimensions militaires, régionales et idéologiques, qui empêchèrent d'utiliser cette bataille à des fins diplomatiques – les médias d'information de la révolution syrienne ayant affirmé, avant tous les autres, que l'offensive avait été, selon la nomenclature internationale, dirigée par des « terroristes ».

Au début du mois de septembre, les forces du régime, appuyées par les milices chiites et par l'aviation russe, accrurent leur pression militaire sur le sud-ouest d'Alep, ce qui leur permit de reprendre rapidement les facultés militaires, notamment l'École d'artillerie. Le 5 septembre, le siège était de nouveau rétabli sur Alep Est, tandis que les combattants de l'Armée de la conquête battaient en retraite. Cela suscita un choc retentissant dans les milieux de l'opposition et de la révolution. Les chefs militaires, et particulièrement la direction de l'Armée de la conquête, qui avaient non seulement promis de rompre le siège des quartiers Est, mais aussi une libération complète de la ville, demeurèrent silencieux.

TRÈVE, MANŒUVRES POLITIQUES ET MILITAIRES

Après que les forces du régime eurent réussi à reconquérir les facultés militaires et à rétablir le siège complet des quartiers Est, il fut de nouveau question d'une coopération militaire et politique russo-américaine en Syrie, symbolisée par la proclamation d'une trêve à l'occasion de la fête du sacrifice d'Abraham, le 12 septembre. Celle-ci s'insérait dans le cadre d'un projet commun russo-américain visant à coordonner leurs actions dans leur lutte contre les « groupes terroristes » – si la trêve se révélait couronnée de succès. Mais celle-ci fut un échec, comme ce fut le cas pour toutes les trêves et cessez-le-feu globaux proclamés en Syrie – du moins jusqu'à la rédaction de ces lignes. Les forces du régime reprirent leur offensive dans les quartiers Est d'Alep et réussirent, fin septembre-début octobre, à faire une avancée significative au nord d'Alep. Elles s'emparèrent du camp de Handarat, de la clinique al-Kindi, puis du secteur résidentiel d'al-Chaqif et de sa zone industrielle.

Cette période fut marquée par d'autres événements politiques et militaires qui allaient avoir des répercussions sur le destin de la ville. Tout d'abord, les accusations réciproques et les tensions palpables entre les différentes factions et coalitions de l'opposition et de la révolution syriennes, liées à l'échec de la première offensive, ne cessèrent jamais, influant sur le moral des Syriens, à l'intérieur comme à l'extérieur du pays, et sur le moral des combattants et des civils encerclés à Alep. Ensuite, l'échec de la coordination russo-américaine – dernière tentative de l'ère Obama – coïncida avec des velléités d'une réelle coopération russo-turque sur le dossier syrien, une coopération basée sur le rapprochement progressif entre la Turquie et la Russie, cette dernière ayant jugé positivement l'opération Bouclier de l'Euphrate menée par la Turquie – s'opposant ainsi au régime syrien et à l'Iran, qui rejetaient en bloc l'opération. Bouclier de l'Euphrate créa de nombreuses dissensions entre les groupes armés, ce, à un tel point que la Turquie et les brigades qui lui étaient alliées furent accusées d'avoir abandonné Alep, d'y avoir retiré des combattants pour appuyer la lutte contre Daech menée dans le cadre de l'offensive du Bouclier de l'Euphrate.

Par ailleurs, les aviations syrienne et russe augmentèrent leurs raids contre les quartiers Est d'Alep, bombardant les infrastructures de première nécessité, et particulièrement les hôpitaux, amenant beaucoup de gens à penser que la ville ne pourrait résister sans une rupture rapide du siège.

Le 6 octobre, l'envoyé spécial de l'ONU, Staffan de Mistura, évoqua l'évacuation des combattants de Fath al-Cham d'Alep, se proposant de les accompagner personnellement si cela pouvait épargner à Alep sa destruction et le massacre de ses habitants. Cela fut accepté par la Russie, mais refusé par Fath al-Cham et l'ensemble des groupes armés d'Alep. Dès le début du mois d'octobre, les réseaux sociaux se mirent à bruisser de rumeurs quant au déclenchement imminent d'une deuxième bataille pour rompre le siège, évoquant des projets de fusions et de coalitions, qui ne virent finalement jamais le jour. Tawfiq Chihab al-Din, dirigeant du mouvement Nour al-Din al-Zanki, annonça le début de l'offensive le 21 octobre, mais la bataille n'eut pas lieu, et Chihab al-Din fut l'objet de vives critiques pour avoir fait une telle déclaration. Tout cela ne fit qu'accroître la confusion et abaisser encore le moral des milieux de l'opposition.

LES FRONTS D'ALEP OUEST SOUS LE FEU

L'offensive tant attendue arriva enfin. Les brigades islamiques et celles de l'Armée syrienne libre qui relevaient des cellules de commandement de l'Armée de la conquête et de l'Armée d'Alep attaquèrent à l'aube du vendredi 28 octobre 2016 différents axes du secteur occidental de la ville, cherchant à s'en emparer afin de briser le siège ou, du moins, de disperser les troupes du régime sur différents fronts. La bataille commença, comme la précédente, avec des véhicules remplis d'explosifs conduits par des kamikazes du Front de Fath al-Cham. Leur percée fut suivie par de violents combats et une progression rapide dans la banlieue al-Assad, dans le secteur de Minyan, et à la périphérie de Jam'iyyat al-Zahra'. Les combattants de l'opposition parvinrent en moins de quarante-huit heures jusqu'à l'enceinte de l'Académie militaire d'Alep et aux abords de la caserne d'artillerie d'al-Zahra'.

L'offensive se caractérisa par une plus grande participation des brigades de l'Armée syrienne libre, et par la mobilisation importante de groupes armés qui, depuis l'intérieur d'Alep, attaquèrent les forces du régime avec toutes les armes qui étaient à leur disposition, notamment sur les fronts de Sayf al-Dawla et du secteur de la Radio. Mais cette fois-ci, l'axe d'al-Ramoussa, au sud-ouest d'Alep fut épargné. Les groupes armés déclenchèrent leur offensive à partir des zones qu'ils contrôlaient dans le secteur du Machrou' 1070 chaqqa pour atteindre celui du Machrou' 3000 chaqqa et le quartier d'al-Hamdaniyya. Ils ne lancèrent aucune attaque dans le secteur de Castello.

Les troupes du régime et les milices étrangères qui lui étaient alliées parvinrent à contenir le choc de l'offensive grâce à l'aide décisive apportée par l'aviation russe, qui reprit ses bombardements sur les fronts de l'ouest d'Alep, alors que le Kremlin avait refusé une intervention aérienne dans les premiers jours de l'offensive. Le 2 novembre 2016, tandis que les combats se poursuivaient à l'ouest d'Alep, les brigades de Nour al-Din al-Zanki, d'Abou Amara et de Fath al-Cham attaquèrent les permanences du Rassemblement Fastaqim Kama Umirt ; plusieurs tombèrent entre leurs mains, ainsi que des réserves d'armes et de munitions. Le Rassemblement Fastaqim Kama Umirt, qui faisait partie de l'Armée syrienne libre, était devenu la cible à éliminer à l'intérieur même des quartiers assiégés – eux-mêmes menacés d'être détruits et de tomber.

Les jours suivants, et après de violents combats qui firent des centaines de morts de part et d'autre, l'offensive des brigades se mit à piétiner. Les forces du régime avancèrent alors au sud-ouest d'Alep, le 10 novembre, et reprirent le Machrou' 1070 chaqqa et l'école al-Hikma. Le 13 novembre, elles avaient repris toutes les positions qu'elles avaient perdues.

NOUVELLES QUESTIONS SANS RÉPONSES

La fragmentation et les guerres intestines furent les raisons principales de l'échec des groupes armés. Comme lors de la bataille précédente, le Front de Fath al-Cham insista pour baptiser la bataille, qui fut dénommée « Offensive d'Abou Omar Saraqib », du nom d'un des dirigeants de Fath al-Cham, un commandant militaire éminent de la coalition de l'Armée de la conquête, tué lors d'un raid de l'aviation de la coalition internationale en septembre 2016. Comme lors de la bataille précédente, cela suscita de nombreuses tensions et controverses.

Pourquoi les groupes armés n'avaient-ils tiré aucune leçon de la bataille précédente ? Pour quelle raison avait-on cherché à éliminer l'un des groupes armés – le Rassemblement Fastaqim Kama Umirt – en le ciblant au sein des quartiers assiégés ? Que signifiait l'insistance du Front de Fath al-Cham à marquer de son empreinte la bataille, en dépit du danger qu'il y avait à le faire ? Pourquoi avait-on choisi d'attaquer les quartiers occidentaux d'Alep plutôt que de prendre pour cible les secteurs de Castello et d'al-Ramoussa ? Pourquoi la bataille s'était-elle arrêtée brusquement, quand il avait été répété que des préparatifs avaient été faits pour mener une offensive longue et acharnée ? Y avait-il un lien entre l'échec de cette offensive et les opérations du Bouclier de l'Euphrate ? Les brigades proches de la Turquie s'étaient-elles réellement abstenues de combattre sérieusement sur ordre d'Ankara ?

Encore une fois, aucune réponse définitive ne peut être apportée à ces questions. Le sacrifice de centaines de combattants durant les deux offensives manquées d'Alep ne produisit aucun résultat. Nul dirigeant de groupe armé ne prit la peine de s'expliquer ou de présenter ses excuses, ni même de prendre simplement la mesure de ce qui était arrivé. Pire, la fragmentation et les dissensions ne firent que s'accroitre ; les voix accusatrices s'élevaient de toutes parts, tandis que l'on discourait sans relâche, et en pure perte, de projets d'union et de fusion des groupes armés.

LA CHUTE BRUTALE DES QUARTIERS EST D'ALEP

Depuis la mi-novembre, l'éventualité de briser le siège d'Alep n'était plus évoquée. C'est plutôt la possibilité de résistance des quartiers Est qui était étudiée, quand les groupes armés et les personnalités politiques influentes refusaient une évacuation des secteurs assiégés. On réfléchit à l'hypothèse d'une sortie des combattants du Front de Fath al-Cham, mais celle-ci fut refusée par la Russie, déterminée à n'accepter l'évacuation que de l'ensemble des combattants d'Alep Est.

Il devint évident que personne ne parviendrait à faire plier la Russie pour l'empêcher d'aider le régime et ses alliés à l'emporter. Elle avait fait amarrer son unique porte-avions sur la côte syrienne de façon à pouvoir déclencher d'intenses campagnes de bombardements aériens, des bombardements qui transformèrent rapidement en enfer les quartiers assiégés. Dans le même temps, les troupes du régime tentaient de progresser sur le terrain, ce, en dépit des pertes immenses qu'elles avaient à subir, notamment sur les fronts de Masakin Hanano, de Cheikh Maqsoud et de Aziza. Le plan était clair : il s'agissait de découper Alep Est en tronçons isolés pour mieux les occuper, les uns après les autres.

Les groupes armés résistèrent une dizaine de jours et provoquèrent de nombreuses pertes dans les rangs des milices chiites. La résistance commença à s'effondrer dans le secteur de Masakin Hanano au nord de la ville, occupé par les troupes du régime le 26 novembre. Les défenses des groupes armés se mirent à céder rapidement au nord d'Alep, et les forces du régime purent s'emparer, en trois jours, de toute la partie septentrionale des quartiers Est – c'est-à-dire, de tous les quartiers situés au nord de la route menant à l'aéroport. Si ces opérations furent rendues possibles, c'est grâce à l'appui militaire des forces kurdes positionnées à Cheikh Maqsoud, qui occupèrent les quartiers d'al-Halak, de Boustan al-Bacha et Aïn al-Tall.

La journée du 19 novembre fut catastrophique. Les civils se mirent à fuir dans toutes les directions. Nombre d'entre eux se dirigèrent vers les secteurs contrôlés par le régime et par les forces kurdes, tandis que les combattants, et avec eux des milliers de civils battaient en retraite vers les secteurs situés au centre et au sud de la ville, ce, dans les pires conditions humanitaires qui soient et sous les bombardements dévastateurs de l'aviation et de l'artillerie.

Les groupes armés tentèrent une nouvelle fois de se réorganiser ; ils proclamèrent leur intégration dans l'Armée d'Alep le 1er décembre. Une solution qui avait été proposée dès le début 2016 par les forces du mouvement civil, sans avoir à l'époque trouvé d'écho chez les dirigeants des groupes militaires. Mais cette fusion arrive trop tardivement pour pouvoir peser sur le cours des événements. De fait, le 3 décembre, les troupes du régime étendent leur contrôle sur les quartiers d'al-Jazmati et de Tariq al-Bab, avant de s'emparer des quartiers d'al-Chi'ar, Karm al-Qatarji et d'al-Maysar. Le 7 décembre, c'est au tour de la vieille ville, dont les défenseurs se retirent sans opposer de résistance.

Des nouvelles, qui semblent bien être avérées, relayent alors l'emprisonnement de jeunes qui s'étaient réfugiés dans les zones sous contrôle du régime, suscitant le reflux de nombreux civils. La progression des troupes du régime et des milices chiites pousse les civils à emprunter le chemin des derniers quartiers libres, qui continuent pourtant de tomber les uns après les autres. Environ quatre-vingt mille civils et quelques milliers de combattants se retranchent alors dans les quartiers d'al-Zaydiyya et d'al-Machad, ainsi que dans certains secteurs de Sayf al-Dawla, de Salah al-Din, et d'al-Sukkari, au sud-ouest d'Alep. Le 3 décembre, ce sont les derniers quartiers restés aux mains des forces de l'opposition.

MOBILISATION POLITIQUE ET POPULAIRE

L'avancée des forces du régime à Alep provoqua une forte mobilisation dans les pays qui abritaient des réfugiés syriens, notamment en Turquie – où furent organisées de grandes manifestations – et dans quelques pays européens. Des rassemblements se tinrent devant les sièges des représentations diplomatiques russes en Turquie et en Europe. La Turquie commença à s'activer sur le front diplomatique au moment où il paraissait clair que le monde entier était impuissant à arrêter l'offensive russo-irano-assadienne sur ce petit territoire urbain. Il paraissait aussi évident que cela allait mener à un grand massacre, que seule la Russie pouvait encore empêcher.

Les groupes armés, complètement encerclés, désignèrent un responsable pour les négociations, tenues grâce à la médiation de la Turquie. Ce fut al-Farouq Abou Bakr, l'un des chefs de Ahrar al-Cham. Alors que la Russie et l'Iran refusaient l'évacuation des combattants, et notamment de ceux qui appartenaient au Front de Fath al-Cham, un accord fut conclu, le 13 décembre. Il prévoyait la mise en place d'un cessez-le-feu et le début de l'évacuation des civils et des combattants, sans exception, vers la région occidentale d'Alep. C'était une victoire politique pour la Turquie, et une solution qui allait quelque peu alléger la colère et la consternation qui s'étaient emparées de tous les partisans de la révolution syrienne.

Ces efforts diplomatiques s'accompagnèrent de réunions régionales et internationales organisées dans le but proclamé d'étudier la situation à Alep, mais qui visaient surtout à se donner bonne conscience tandis que les véritables négociations avaient lieu à Ankara. Personne ne semblait pouvoir influer sur la situation d'Alep à l'exception de la Turquie, de la Russie et de l'Iran.

Certes, l'arrêt du massacre fut une réalisation majeure, il n'en fut pas moins dramatique. Les parties qui refusaient encore l'idée d'une évacuation d'Alep un mois plus tôt virent dans cette solution un accomplissement d'importance ; comme si les manifestations organisées dans le monde entier pour sauver Alep avaient été couronnées de succès, alors que leur objectif initial était de défendre les droits des habitants de rester dans leur ville.

L'ÉVACUATION

Le mardi 13 décembre 2016, l'accord fut rendu public. Selon celui-ci, les opérations d'évacuation d'Alep Est étaient censées débuter dès le lendemain. Au lieu de cela, les bombardements continuèrent sur les quartiers assiégés où s'étaient réfugiés des dizaines de milliers de civils. Des combats survinrent dans le secteur de Jisr al-Haj, au nord du quartier al-Sukkari ; deux voitures piégées explosèrent, qui provoquèrent de nombreuses pertes dans les rangs des forces du régime. Chacune des parties se renvoya la responsabilité de la reprise des hostilités.

Dans la soirée du mercredi, le calme revint sur tous les fronts pour permettre la mise à exécution, dès le lendemain, le 15 décembre 2016, de l'accord d'évacuation. Six mille personnes, dont des blessés et des combattants, purent quitter la ville. Cependant, l'opération ne tarda pas à être suspendue. Une source du régime prétendit, le 16 décembre, que les opérations avaient été arrêtées du fait « du non-respect par les hommes armés des conditions de l'accord ».

L'après-midi du 16 décembre, un barrage tenu par le Hezbollah arrêta un bus rempli de civils et de combattants. Tous les jeunes hommes furent obligés de sortir et de s'allonger par terre. On leur confisqua leur argent et certaines de leurs affaires. Selon des témoins, certains d'entre eux furent abattus. Le bus et ses occupants furent ensuite renvoyés vers les quartiers assiégés.

La plupart des commentateurs ont associé cet événement à la colère des Iraniens devant un accord d'évacuation qui leur semblait être le fruit d'une décision turco-russe. Les Iraniens voulaient lier le dossier d'Alep à celui des villages chiites de Kefraya et Foua'a, encerclés par l'opposition, dans la région d'Idlib, alors que ce dernier dossier était en relation avec celui de Madaya et Zabadani, deux bourgs tenus par l'opposition dans la région de Damas et qui étaient eux-mêmes assiégés par les forces du régime. De fait, un accord avait déjà été conclu à ce sujet. Mais le régime syrien réclama que soient évacués les civils et les blessés des villages de Kefraya et Foua'a, en échange de l'évacuation d'Alep Est qui fut conditionnée à la sortie de quatre mille personnes de Kefraya et Foua'a. L'évacuation de ces deux localités commença le 18 décembre.

L'accord risqua d'être définitivement annulé lorsque, dans la région d'Idlib, des jeunes hommes en colère mirent le feu à des bus qui se dirigeaient vers Kefraya et Foua'a. Mais la situation fut cependant maîtrisée avant qu'elle ne devienne explosive, et les factions de l'opposition armée s'engagèrent à garantir la bonne marche de l'évacuation des deux localités chiites – évacuation qui fut faite simultanément à celle d'Alep Est, sans que des incidents notables soient signalés.

Des bus verts et des voitures, accompagnés par des véhicules du Croissant rouge et de la Croix rouge, partirent du point de rassemblement qui avait été fixé dans le secteur d'al-Amiriyya, au sud du quartier de Salah al-Din. Ils empruntèrent la route d'al-Ramoussa, traversant de nombreux barrages contrôlés par les troupes du régime syrien et les différentes milices qui les soutenaient. Sur l'un d'eux se trouvaient des officiers de liaison russes. Au passage de ces barrages, les véhicules étaient inspectés et parfois retenus pendant de longues heures dans des conditions climatiques et humanitaires très sévères. Ils parvinrent ensuite au secteur tenu par les groupes armés dans la banlieue al-Rachidin à l'ouest d'Alep pour se diriger vers la campagne d'Alep et vers la région d'Idlib et ses environs.

Le dernier contingent d'évacués sortit dans la soirée du jeudi 22 décembre 2016. Les troupes du régime et les milices étrangères pénétrèrent dans les quartiers d'Alep Est dans la matinée du lendemain. Cette date marque le début d'une nouvelle phase dans le conflit syrien. Les forces de l'opposition et de la révolution sont aujourd'hui dans la pire des situations. Déchirées par des dissensions internes, elles ont perdu d'importantes positions militaires à Alep et aux alentours de Damas. Cette nouvelle phase, inaugurée par « l'évacuation sûre et réussie » d'Alep Est, est celle de l'alliance turco-russe et de la recherche d'une solution politique.

Sadek Abdul Rahman

CHRONIQUES DE SARAQIB (RÉGION D'IDLIB)

LES HAUTS MURS DE SARAQIB[1]

Le soir du jeudi 12 novembre 2015, les troupes du régime syrien avec le renfort d'autres milices et de l'aviation russe, s'emparent d'al-Hader et d'al-Eis, deux communes du sud de la région d'Alep. Le même jour, les nouvelles annoncent que l'armée syrienne progresse vers la ville stratégique de Saraqib, dans la région d'Idlib, où sont en train d'affluer par milliers les habitants déplacés de la périphérie sud d'Alep.

Vue de loin, cette perspective nous alarme, nous qui vivons désormais en dehors du pays. Mais les amis de Saraqib, eux, nous assurent sans une once de peur dans la voix, que rien de tel n'aura lieu, car les combattants du Front des révolutionnaires de Saraqib (Jabhat Thuwwar Saraqib) et de ce qui reste des factions de l'Armée de la conquête (Jaych al-Fath), sont en route vers le sud de la région d'Alep. La menace sur Saraqib n'est donc qu'un mensonge destiné à briser le moral de la révolution. Et en effet, Saraqib perdra quelques fils dans cette bataille, mais la progression des troupes du régime sera stoppée en quelques jours. À l'heure où ces lignes sont écrites, les combats continuent de faire rage sur différents fronts de la périphérie sud d'Alep.

1 Texte publié dans *Al-Jumhuriya*, 5 janvier 2016. Traduit par Marianne Babut.

SARAQIB ET JIDAR AL-CHEIKH MANSOUR

Si le site de Saraqib à proprement parler n'est pas un foyer historique de peuplement, la région alentour, en revanche, est habitée depuis le 4e millénaire avant J.-C., au moins. On ne connaît pas précisément l'origine de son nom ni sa signification, mais la plus ancienne mention de Saraqib figure dans la célèbre épopée hilalienne[2], selon laquelle les Hilaliens affrontent, dans la plaine de Saraqib, le sultan mamlouk Baybars et obtiennent finalement la permission de traverser la région et de poursuivre en paix vers le sud.

La plaine fertile de Saraqib constitue une région hautement stratégique, en ce qu'elle se situe à la croisée des routes menant à Alep, au centre et à l'ouest du Levant. Les sources historiques ainsi que différents récits populaires locaux enseignent qu'elle était une plaine agricole où se trouvait, depuis l'époque mamlouk, un caravansérail qui hébergeait les voyageurs et pourvoyait à leurs besoins. À partir du 17e siècle, Saraqib se transforme en une localité, à la faveur de l'augmentation, entre Hama et Alep, du trafic des voyageurs, des convois marchands et des caravanes sultaniennes et princières, qui empruntent la route longeant Maarat al-Nouman, le caravansérail d'al-Sabl, le caravansérail de Saraqib et celui d'al-Assal, jusqu'à Alep.

Les familles de Jidar al-Cheikh Mansour – qui à l'origine consistait en un ensemble de fermes dont il ne reste aujourd'hui que des champs, situé sur le versant nord de la colline du Cheikh Mansour au sommet de laquelle se trouvait le tombeau du cheikh Mansour jusqu'à ce que Daech le fasse sauter, en 2013 – s'établissent peu à peu à proximité du caravansérail, afin de vendre leurs services aux voyageurs et aux marchands qui y font escale. Bientôt, les habitants du village naissant y construisent d'autres caravansérails, ainsi que plusieurs hammams et mosquées, tout en continuant de cultiver les terres fertiles qui l'entourent. Ce sont donc les familles originaires de Jidar al-Cheikh Mansour qui ont fondé le village de Saraqib, où la culture commerçante et le contact

2 L'épopée hilalienne relate la migration vers l'ouest des Banu Hilal, une tribu arabe originaire d'Arabie qui a émigré au Maghreb vagues successives, entre les XIe et XIIIe siècles. *(NdT)*.

permanent avec des voyageurs venus du monde entier, ont laissé une empreinte durable sur le caractère de ses habitants jusqu'à nos jours.

Les habitants de Saraqib ont toujours su s'adapter à toutes les situations. L'héritage commerçant leur a appris à ne pas dépendre des institutions étatiques pour s'assurer de quoi vivre ; l'héritage paysan, à avoir confiance dans la terre ; leur longue tradition de services aux voyageurs, enfin, à cultiver un sens profond de l'hospitalité et du secours aux infortunés de la route.

Au cours de la Révolution, c'est tout cet héritage qui s'exprimera, comme par le passé, dans l'attitude de Saraqib.

DU VILLAGE PAISIBLE À LA VILLE RÉVOLTÉE

Lorsque l'Empire ottoman s'effondre, Saraqib est un petit village du nord de la Syrie, comptant quelques milliers d'habitants qui vivent du commerce et de l'agriculture. Le village et ses environs étant dépourvus de sources, les habitants irriguent leurs terres avec l'eau de pluie stockée, puis bientôt, grâce à des dizaines de puits – qui aujourd'hui se comptent par centaines.

Les gens de Saraqib ne recourent pas à la violence pour régler leurs contentieux. Ce sont les notables de la commune qui trouvent des solutions à l'ensemble des conflits qui opposent ses habitants. Sur le siècle précédant la révolution, l'histoire de la ville ne mentionne qu'un seul incident tragique entre deux familles, dans lequel trois victimes ont péri. Dans Saraqib, il y a une vieille caserne datant de l'époque française, qui a été le dernier poste abandonné par les soldats français dans le nord de la Syrie. Ce même bâtiment est ensuite devenu un commissariat de la « nation » syrienne puis, récemment, un tribunal de la Charia.

Saraqib n'a donné à la Syrie « indépendante » aucune personnalité politique d'importance, se contentant de son travail dans le commerce, l'enseignement et le bâtiment, et vivant en relative autonomie, en sollicitant le moins possible les institutions étatiques. Dans les années 1950-1960, le nombre de ses habitants s'élevait à 14 000. On y trouvait plusieurs courants politiques, dont les principaux étaient les Frères musulmans et les partis de la gauche baathiste et communiste.

L'enseignant et chercheur Abdallah Borghol, né en 1948 et vivant à Saraqib depuis 1953, raconte : « Les habitants de Saraqib appartenaient à différents courants politiques et défilaient par centaines les uns contre les autres. Le ciel de la ville se remplissait alors d'invectives et de slogans. Mais pas une fois, tout au long des différents déchirements politiques et coups d'État militaires qu'a connus le pays, les habitants de Saraqib n'en sont venus à l'affrontement physique. Les appartenances familiales et claniques primaient sur les affiliations politiques, et les hommes des grandes familles de notables de Saraqib, dont les plus importantes sont les deux familles Abidin et al-Qadour, étaient toujours présents. Le village avait également un *Aakid* – une sorte de cheikh des jeunes, coopté par la communauté locale, et chargé du maintien de l'ordre dans le village. Le dernier *Aakid* de Saraqib fut un certain Daasse al-Qadour un homme robuste et honnête, avant que les dictatures successives – dont la dernière en date est le régime d'al-Assad – n'enterrent la notion d'autorité locale au profit de celle du pouvoir policier absolu. ».

Abdallah relate quelques-uns des hauts faits de Saraqib : « En 1973, un contingent de l'armée irakienne, en route vers le front du Golan, marque une pause dans notre village. Les habitants ont alors gracieusement offert le repas à chaque soldat. ». Abdallah relève aussi « le nombre étonnamment peu élevé de partisans du Baath au cours du règne des al-Assad, père et fils, et leur marginalisation sociale dans le village le cas échéant, ainsi que le nombre peu élevé de fonctionnaires de l'État. » Il souligne également « la hausse du niveau d'éducation, tant et si bien que le taux d'illettrisme chez les hommes était quasiment nul à la veille de la révolution, de même que chez les femmes de moins de 35 ans. Les orphelins étaient les êtres les mieux nourris de Saraqib : ni orphelins ni indigents chez nous ne connaissaient la faim, car chaque famille leur réservait systématiquement une portion de leur nourriture. ».

Comme dans tant d'autres régions de la Syrie sinistrée, les habitants de Saraqib ont payé très cher l'ambition autocratique d'al-Assad dans les années 1980. Cent cinquante de ses jeunes hommes, cadres des Frères musulmans, furent arrêtés et ne revinrent jamais chez eux. Des dizaines d'autres, qui pour la plupart appartenaient aux Frères musulmans et au Parti Communiste-Bureau politique, ne réapparurent qu'après de longues années de détention.

Cette période a laissé dans la mémoire collective des habitants de Saraqib une profonde blessure, dont la plaie se manifestera de façon évidente par la suite. En attendant, le village grandit et se développe, jusqu'à devenir une petite ville, dotée d'une immense zone industrielle. « Le talent et l'agriculture », selon l'expression de Abdallah, ont été les principales sources du regain de vie de Saraqib, qui recensait plus de 40 000 âmes à la veille de la révolution. La ville comptait alors un grand quartier de Bédouins, installés de façon durable depuis les années 1970, ainsi que deux quartiers de Doms[3] sédentarisés.

Cette ville qui ne connaissait ni laissés pour compte ni indigents, pouvait sembler en « bon terme » avec le pouvoir. Pourtant, dès le 25 mars 2011, ses habitants sortent manifester contre le régime d'al-Assad, prenant part très tôt à cette révolte dédiée tout entière à la dignité, cette révolution qui était l'occasion, peut-être unique, d'une délivrance.

DE LA RÉVOLUTION PACIFIQUE À LA RÉVOLUTION ARMÉE

À l'issue de la prière du vendredi 25 mars 2011, une première manifestation s'organise à Saraqib. Les slogans qui résonnent ce jour-là dans toute la ville appellent à la liberté, à la fin du règne de la peur et à la victoire de Deraa.

Ce premier rassemblement ne sera pas réprimé avec violence, pas plus que ceux qui suivront immédiatement : c'était, à ce moment-là, la stratégie du régime dans la plupart des communes de la région d'Idlib. L'homme en charge d'exécuter les ordres de Damas était alors le général Nawfal al-Hussein, directeur de la Sûreté militaire dans le gouvernorat d'Idlib. Oussama al-Hussein, le responsable des relations publiques du Conseil local de Saraqib explique : « C'était un renard. Mais au bout du compte, son plan pour endiguer la révolution dans la région d'Idlib a échoué. ». La stratégie de l'État, à ce moment-là dans la région, était

3 Parlant le domari, les Doms sont présents en Iran, Syrie, Jordanie, Palestine, Liban, Turquie et en Égypte. Ils sont présentés comme la branche orientale des Roms et forment des communautés marginalisées souffrant de discriminations. (*NdT*).

de ne pas affronter directement les manifestants sauf en cas d'extrême nécessité, de se contenter d'amasser des informations via ses services de renseignement (*moukhabarat*), de procéder à des arrestations, d'intimider les leaders du mouvement pacifiste et d'amadouer les notables de la ville et ses habitants en général, par différents moyens.

Les vendredis se sont enchaînés et, avec, les manifestations à Saraqib. La révolution gagnait du terrain dans toute la Syrie, et les martyrs devenaient de plus en plus nombreux dans le centre et le sud du pays. Ghassan al-Abdou fut le premier martyr de Saraqib.

Ghassan al-Abdou accomplissait son service militaire obligatoire au sein du 5e régiment, dans la région de Deraa. Le 25 avril 2011, il est tué par balle. Le régime accusera un « groupe terroriste » de Deraa. Son corps est rapatrié à Saraqib, pour qu'il y soit enterré en tant que « martyr de la patrie ». Mais sa famille et ses amis, convaincus que c'est le régime qui a tué Ghassan parce qu'il refusait de tirer sur les manifestants de Deraa, organisent ses funérailles en tant que « Premier martyr de la révolution de Saraqib ». Le 26 avril, ses obsèques se transforment en une immense manifestation, et les représentants du régime se font expulser du cortège et de la cérémonie des condoléances.

Suite à cela, la stratégie sécuritaire du régime dans la région ne change pas encore radicalement. Toutefois, face à l'intensification de la révolte populaire à Saraqib, une première opération sécuritaire de grande ampleur est menée le 1er mai 2011. Des dizaines de jeunes hommes sont arrêtés ce jour-là, dont plusieurs leaders du mouvement pacifique de Saraqib. S'ensuit l'amplification des manifestations, où l'on réclame désormais « la chute du régime ». Les arrestations se multiplient. Ainsi jusqu'au 8 juin, lorsque les manifestants de Saraqib protestent contre la colonne militaire qui se dirige vers Jisr al-Choughour et que l'un des soldats de la colonne abat un manifestant pacifique. Talal al-Haj Qasem devient le premier martyr de la révolution mort à Saraqib.

Jusqu'au mois de Ramadan, le régime se garde de tirer sur les manifestations pacifistes partout dans le pays et poursuit un temps sa stratégie d'évitement de la confrontation dans la région d'Idlib. Mais pendant le mois de Ramadan, les manifestations deviennent quotidiennes, à l'issue de la prière nocturne. À Saraqib, les manifestants réclament « la chute du régime » et « l'exécution d'al-Assad ». On brandit désormais le drapeau de l'Indépendance, en passe de devenir l'étendard de la Révolution.

En ce mois de Ramadan 2011, le régime déclare la fin de sa politique d'« endiguement » de la révolte dans la région d'Idlib, comme dans toute la Syrie. À Saraqib, cette décision prend une forme concrète, dès le 11 août 2011, par le débarquement de dizaines de tanks et de convois blindés dans cette ville où personne n'a jamais brandi d'arme. Les soldats, aux côtés des membres de la Sûreté, raflent et arrêtent hommes, femmes et enfants. Ils prennent d'assaut les domiciles des organisateurs des manifestations pacifiques, dont certains parviennent à se sauver en allant se cacher dans les fermes des environs.

L'objectif de cette attaque était de terroriser les gens et de leur délivrer ce message : le règne du sang a commencé. Toute résistance, toute opposition, sera à partir d'aujourd'hui traitée par le canon.

Les habitants de Saraqib reçoivent parfaitement le message. Après que les blindés se sont retirés et que l'armée s'est positionnée autour de la ville mais également à l'intérieur, dans le bâtiment de la radio, on commence à discuter, dans les milieux activistes de Saraqib et plus largement entre tous les habitants, de la question de la résistance par les armes avec, en toile de fond, le début des désertions de l'armée du régime et l'apparition de groupes de résistants armés, réunis sous le nom de l'Armée syrienne libre. Raed Razouq, un quadragénaire de Saraqib, raconte : « Les débats étaient brûlants entre les habitants qui considéraient que prendre les armes était le seul moyen de défendre les habitants et ceux qui s'inquiétaient de ce que la militarisation de la révolte risquait de créer comme chaos, de ce que les financeurs avaient comme véritable intention et de ce qu'allait être la violence de la riposte du régime. Mais nos débats allaient rapidement être dépassés par les évènements. ».

Les manifestions et leur cortège de répressions et d'arrestations continuèrent dans la ville, et Saraqib connut son premier martyr mort sous la torture. Cette nouvelle tragique a intensifié la virulence du débat entre tenants du pacifisme et partisans de la prise des armes.

Peu de temps après le premier assaut susmentionné, Ahmad Daasse al-Qadour, alors qu'il se rend à Saraqib pour rendre visite à sa famille, est arrêté au niveau d'un barrage tenu par la Sûreté militaire. Il est ensuite torturé à mort. Son corps est transféré à l'hôpital public d'Idlib, où la cause de son décès est enregistrée comme « consécutive à un accident de la route ».

La famille d'Ahmad parvient à récupérer le corps du défunt, couvert de marques de tortures. Le cortège de ses funérailles, le 4 septembre 2011, bouillonne de colère. L'objective atrocité de ce crime annonce le chemin que s'apprête à prendre la Syrie pour les années à suivre.

C'est à cette période – qu'il est difficile de définir précisément – qu'apparait la première brigade de l'Armée libre dans la région de Saraqib, la Brigade Al-Nour (Katibat al-Nour) sous le commandement d'Anouar Daasse al-Qadour. La brigade affronte à plusieurs reprises les patrouilles de la Sûreté, de l'armée et des *chabiha*, les nervis du régime, en bordure de Saraqib.

Toutefois, la personnalité de son commandant fait l'objet de polémiques à Saraqib. Certains habitants disent qu'Anouar rackette des voitures de civils sur la route Alep-Damas, ce qui à leurs yeux est injustifiable. D'autres mettent en avant le fait qu'Anouar est un révolutionnaire courageux. Selon Raed Razouq : « Quoi qu'il en soit, Anouar reste ce Syrien simple et révolté, qui n'a pas eu d'autre choix que de prendre les armes pour défendre sa famille et sa ville. Cela ne veut pas dire que je défends tout ce qu'il a fait. Mais il reste l'un des pères fondateurs de l'Armée libre ».

Anouar disparaît dans d'obscures circonstances, le 6 janvier 2012. Personne ne sait avec certitude ce qu'il est devenu, mais il est probable qu'il ait été enlevé par des agents du régime. Quoi qu'on puisse dire et penser d' Anouar, de sa personnalité et de ses agissements, on ne peut nier qu'avec sa brigade, il a marqué un tournant historique. Par souci d'honnêteté, on se doit de reconnaître que ce révolutionnaire a ouvert la voie à d'autres révolutionnaires après lui.

MOHAMMED HAF… NOTRE MOHAMMED

Un jour, vers le milieu du mois de septembre 2011 – je n'ai pas pu, en recoupant les différents témoignages, établir de date précise – un jeune homme de Saraqib attaque une patrouille de la Sûreté dirigée par un *chabih* surnommé al-Chabouri. Il l'affronte seul, avec une kalachnikov, l'oblige à reculer et parvient ainsi à sauver un de ses amis de l'arrestation.

Ce jeune homme se nomme Mohammed Moustafa Barich, connu sous le nom de Mohammed Haf. Il brille dans tout Saraqib depuis le début des manifestations, dont il est toujours en tête, à scander pour la liberté et la chute du régime d'al-Assad. Il continue sur sa lancée, après l'assaut du 11 août et le début de la militarisation de la révolution à Saraqib.

L'attaque par Mohammed Haf de la bande d'al-Chabouri n'est pas la première offensive, à Saraqib, contre des membres du régime. Pourtant, cet évènement charnière aura une portée considérable. Car, à partir de là, commence à se former dans la ville, une kyrielle de petits groupes armés contre les patrouilles de la Sûreté, de l'armée et des *chabiha*. Parmi ces groupes, la Brigade Mouawiya (Katiba Mouawiya) dirigée par Mohammed Haf, et la Brigade al-Nour, mentionnée plus haut, dirigée par Anouar Daasse.

Ces petites brigades vont désormais régulièrement à l'affrontement avec les membres armés du régime en périphérie de Saraqib, mais également à l'intérieur de la ville. Les manifestations continuent de défiler, et Mohammed Haf est à la fois présent dans le mouvement civil et dans l'action militaire. Il réclame à pleine voix la liberté sur les places publiques, tout en défendant ces mêmes places aux côtés d'autres jeunes hommes de la ville, avec des armes rudimentaires.

Le régime recourt alors aux obus de mortier et aux tirs de snipers pour terroriser la ville et tenter de créer, en vain, la division entre les révolutionnaires armés et le reste des habitants. Le régime engage une course contre la montre dans la province d'Idlib, où se multiplient les soulèvements locaux et armés. L'une après l'autre, ses villes sont prises d'assaut par le régime. Le 24 mars 2012, c'est au tour de Saraqib, où débarquent près de 3 000 soldats. Des dizaines de maisons et de magasins sont brûlés, des dizaines d'habitants sont arrêtés, dont un grand nombre, femmes et enfants compris, sont exécutés sur le champ.

Les exactions et les attaques se poursuivent plusieurs jours, au cours desquels les groupes armés de la ville affrontent avec témérité les forces du régime, leur faisant subir de lourdes pertes humaines et matérielles. Aussi, le 27 mars, les agresseurs se retirent avec leur artillerie de Saraqib, après l'avoir pavée de décombres et de morts.

Les troupes du régime lancent un nouvel assaut contre Saraqib, le 1er avril 2012. Mais cette fois-ci, l'attaque ne dure qu'un seul jour, le régime étant obligé de se retirer devant la détermination de la résistance de la ville. À compter de ce jour, il ne tentera plus jamais d'entrer dans Saraqib. Mohammed Haf a tenu sa promesse et son engagement envers les habitants de sa ville. Tout comme il était présent et dévoué dans sa lutte pacifique, il l'est également dans sa lutte armée. Ce 1er avril, il perd la vie au combat. Il laisse derrière lui un testament, filmé par un activiste de Saraqib. Il laisse également derrière lui des récits et des légendes héroïques que transmettront les habitants de Saraqib, à qui il lègue son courage.

La chanson *Mohammed Haf, Notre Mohammed*, chantée par une fillette de Saraqib, n'est pas qu'une simple chanson, elle est un véritable document historique.

LA LIBÉRATION

À partir du 1er avril 2012, Saraqib devient une ville assiégée. Cinq barrages du régime filtrent désormais toute sortie et tout accès à la ville. Malgré la pluie de roquettes qui s'abat sur ses quartiers et y fait régner la mort, la révolte armée prend de l'ampleur et s'organise davantage dans Saraqib, sa périphérie et plus largement dans toute la région d'Idlib. Dans Saraqib, les brigades de la révolution se multiplient, et on voit apparaître les groupes du Front al-Nosra, Ahrar al-Cham et les Aigles d'al-Cham (Souqour al-Cham). Les offensives contre les barrages et les casernes militaires s'intensifient.

De nombreux fils de Saraqib se battent dans les rangs des différentes factions armées. Les manifestations continuent un temps, puis se raréfient devant l'intensification des bombardements et le remplacement progressif des tirs de canons par des raids aériens par hélicoptères, puis par des raids de MIG. Se débarrasser des barrages aux portes de la ville devient une question de vie ou de mort pour Saraqib, qui suffoque sous les roquettes et les tirs des snippers.

Les factions armées de la ville et de sa banlieue, ainsi que les factions islamistes que commencent à rejoindre les hommes de la région, résistent aux maigres tentatives d'assaut lancées par les forces du régime depuis leurs barrages et leurs bases. Les révolutionnaires répliquent par des attaques improvisées et éparpillées. Devant la gravité du siège, auquel vient s'ajouter des abus commis par certains membres des factions, il devient indispensable d'unifier la résistance armée et de l'organiser, afin de mettre un terme au chaos grandissant et de rendre les opérations militaires plus efficaces.

C'est ainsi que le 3 octobre 2012, plusieurs brigades de Saraqib annoncent officiellement leur union au sein de la Division du Front des révolutionnaires de Saraqib (Liwa jabhat thouwwar Saraqib), qui regroupe alors la brigade du Martyr Asaad Hilal, la brigade du martyr Mohammed Haf, la brigade al-Forqan, la brigade des Martyrs de Saraqib, la brigade al-Hussein, la brigade du Sultan Mohammed al-Fateh, et la brigade des lions de Dieu (Ousoud Allah) Dans son communiqué fondateur, la Division s'engage à se battre jusqu'à la chute du régime d'al-Assad, à frapper quiconque s'en prend à la sécurité des civils, et à coopérer avec l'ensemble des factions armées et des organisations civiles. Son chef, Mohammed Abou Tarad, assure en outre que cette formation ne relève d'aucun courant politique.

Dans les jours qui suivent, l'impact de cette union des forces prend forme visible : Les forces de la Division attaquent les barrages et les anéantissent, les uns après les autres. Le 29 octobre, les révolutionnaires prennent le contrôle du barrage Maamal al-Zeit en banlieue de Saraqib, le dernier qui restait aux mains du régime, et libèrent ainsi l'intégralité de Saraqib et de sa périphérie.

DAECH À SARAQIB

La ville vit désormais au rythme des bombardements aériens, des funérailles de martyrs, du secours aux blessés et de la production du minimum vital. Les combattants de Saraqib continuent de participer à la plupart des batailles dans la région d'Idlib.

Comme dans la majorité des campagnes syriennes dévastées par la guerre démentielle que mène le régime d'al-Assad, les courants salafistes jihadistes finissent par trouver un écho à Saraqib, et des bases de combattants du Front al-Nosra ainsi qu'Ahrar al-Cham y voient le jour, aux côtés de la Division du Front des révolutionnaires de Saraqib.

Le 9 avril 2013, Abou Bakr al-Baghdadi proclame l'instauration de l'État Islamique en Irak et au Levant – connu sous l'acronyme arabe

Daech – à l'issue d'une dissension au sein de l'organisation al-Qaida au Levant. Affilié à cette dernière, le Front al-Nosra refuse de reconnaître la légitimité de Daech.

Les partisans de Daech établissent un QG à Saraqib, sans pour autant imposer leur contrôle total sur la ville. Les relations entre Daech et les factions locales restent troubles, mais il est évident que l'équilibre des forces ne permet pas à l'État islamique d'empiéter sur le terrain des révolutionnaires ni de commettre trop d'impairs.

Le 8 décembre 2013 à Saraqib, des membres de Daech décident d'exécuter un dénommé Ibrahim Qassoum, qu'ils accusent d'avoir insulté l'« Entité divine ». Cet incident, qui déclenche de vives tensions dans la ville, précède de peu la guerre que mèneront les factions islamistes alliées à celles de l'Armée libre contre Daech dans tout le nord du pays, afin d'en récupérer les positions.

Oussama al-Hussein se remémore cette période : « La Division du Front des révolutionnaires de Saraqib a préféré se tenir à l'écart des combats contre Daech et afficher une certaine neutralité. L'objectif était alors d'épargner aux habitants de Saraqib l'enfer d'une confrontation avec Daech. Mais la Division a mis en garde aussi bien Daech que les factions révolutionnaires adverses – et dont la plus importante est alors le Front des révolutionnaires de Syrie (Jabhat thouwwar Souria) sous les ordres de Jamal Maarouf – contre toute exaction à l'encontre de la population de Saraqib. Il menace de rejoindre n'importe lequel des deux camps, si jamais des violations étaient commises contre les civils. ».

Les combats se succèdent et les révolutionnaires du Front des révolutionnaires de Syrie parviennent à assiéger les combattants de Daech dans leurs bases à Saraqib. Au cours des affrontements, un civil est tué, « ce qui pousse la Division du Front des révolutionnaires de Saraqib à donner 48 heures pour quitter la ville à tous les belligérants. C'est ainsi que les combattants de Daech se retirent de Saraqib, en direction de Sarmine », poursuit Oussama al-Hussein.

Le 17 janvier 2014, Daech a donc quitté Saraqib pour se redéployer dans le village de Sarmine. Mais, avant le retrait de ses membres, les habitants de la ville ont réglé leurs comptes avec Daech, et ont tué par balle son « émir », Abou al-Baraa al-Belgiki, le 15 janvier 2014, dans le quartier nord de la ville.

L'ŒUVRE DE LA SOCIÉTÉ CIVILE… LES HAUTS MURS DE SARAQIB

Aujourd'hui, à Saraqib, un Conseil local gère les affaires de la ville et « jouit d'une grande indépendance dans ses décisions et son travail administratif », estime son ancien président et actuel responsable des relations publiques, Oussama al-Hussein.

Dès les débuts de la révolution, il y a eu à Saraqib, des comités de coordination du mouvement pacifique : « L'élection du premier comité de coordination de la ville a eu lieu le 21 août 2011, suite à l'assaut du régime. J'ai compté parmi les élus. Ce jour-là, le régime a attaqué la ferme dans laquelle nous étions réunis, en périphérie de Saraqib. Plusieurs membres du comité de coordination – dont moi-même – ont été arrêtés ». Al-Hussein poursuit : « On s'était mis d'accord pour élire de nouveaux membres du comité, tous les mois et demi. Après ma libération début 2012, j'ai repris mon travail avec les coordinations, qui continuaient de se renouveler tous les mois et demi. À partir du deuxième semestre 2012, la nécessité de donner à notre travail une dimension plus institutionnelle a commencé à nous paraître évidente. C'est ainsi que nous nous sommes mis d'accord pour fonder un Conseil local en charge de l'administration de la ville ».

« Une fois débarrassés des barrages du régime qui assiégeaient Saraqib, une fois la région libérée donc, les mesures pour doter la ville d'une administration locale se sont accélérées. Nous avons connu durant cette période une véritable curiosité des habitants pour le Conseil et ses modalités de fonctionnement. Pendant une courte période, Saraqib a eu deux conseils locaux : l'un coopté et l'autre élu. Mais rapidement, les deux instances ont fusionné en un seul Conseil, au début de l'année 2013 ».

« Nous avons convenu, avec les factions armées, que le Conseil local devait rester indépendant et libre d'agir dans son travail, et que les factions n'avaient pas le droit d'intervenir dans les modalités de gestion des services municipaux ». Cet accord, selon al-Hussein, a été respecté la plupart du temps.

La ville compte également un tribunal de la Charia, qui a été reconnu par l'Organisation islamique pour l'administration des zones libérées.

Cette institution a vu le jour dans la périphérie nord d'Idlib fin 2013, en accord avec les factions islamistes et notamment avec deux des plus importantes, Ahrar al-Cham et Souqour al-Cham. Par ailleurs, le tribunal de droit civil de Saraqib, dont le Conseil local travaille à élargir le champ d'action, continue de fonctionner parallèlement au tribunal religieux.

Les écoles ont continué d'ouvrir leurs portes aux élèves, sous le contrôle du Bureau de l'éducation du Conseil local. De même, les marchés de la ville se tiennent toujours, envers et contre tout, de même que les équipes de secours et de défense civile continuent d'opérer. Les postes de guet fonctionnent 24 heures sur 24, afin de prévenir les habitants, au moyen de haut-parleurs fixés sur les minarets des mosquées, à l'approche des avions du régime ou de son allié russe. Lorsque retentit l'alerte, la plupart des familles évacuent leurs maisons et partent se réfugier dans les fermes et les vergers alentour, pour ne revenir qu'une fois les avions disparus de l'horizon.

Oussama al-Hussein explique : « La ville compte aujourd'hui environ 30 000 habitants. Cela veut dire que 14 000 personnes l'ont quittée depuis le début de la révolution, soit pour d'autres régions du pays, soit pour l'étranger. D'un autre côté, environ 10 000 déplacés sont venus trouver refuge à Saraqib. Le premier afflux massif de déplacés a eu lieu en novembre 2012, en provenance de Maarat al-Nouman et de Kafr Zeita, et d'autres villages du nord d'Alep. Récemment, une importante vague de déplacés venus des villages de la périphérie sud de Alep, en proie à de terribles combats, sont arrivés à Saraqib ».

Ici, il n'y a pas de maisons à louer aux familles déplacées. Elles logent sans contrepartie dans les maisons vides, car ce serait un déshonneur pour les gens de Saraqib de demander de l'argent, en contrepartie de l'hébergement, à des familles sinistrées. Les accueillir gracieusement est une question de devoir, qui ne se discute pas.

Les célèbres « murs de Saraqib » qu'ont détruits les canons et les avions du régime, n'étaient pas simplement des murs. Ils étaient une tribune pour la révolution, qui ont reflété tant de pensées des Syriens et de leurs querelles politiques. Raed Razouq raconte : « À la fin de 2012, nous avons eu l'idée d'exprimer sur les murs les espoirs des Syriens, leurs aspirations et leurs peurs. Au début, il s'agissait d'une initiative spontanée, inorganisée et isolée. Mais bientôt, c'est devenu un phénomène de grande envergure, qui a vu naître une véritable équipe de travail ».

Dans un premier temps, l'initiative d'inscrire des messages et réflexions politiques sur les murs n'a pas plu à tous : « certains pères ont repeint leurs murs, après que leurs fils aient donné leur accord pour qu'on écrive dessus », se souvient Razouq. La ville n'avait pas encore été libérée alors, et le régime pouvait punir ceux dont les murs, les maisons, accueillaient de telles inscriptions.

Peut-être ces craintes étaient-elles excessives, mais, contrairement à ce que disent certains, il n'est pas vrai que le régime ne prêtait aucune importance à cette forme d'expression de la résistance civile. Il semblerait même qu'il ait pris part au dialogue ouvert à Saraqib sur ces pages en béton : « Les agents du régime ont laissé ce message on ne peut plus clair sur les murs de Saraqib lors de leur ultime assaut sur la ville : *al-Assad ou on brûle le pays* ».

Par la suite, notamment après que le régime a été expulsé de Saraqib, le phénomène a pris de l'ampleur et a rencontré moins de réticences. Le projet a même su rallier les partisans des courants islamistes : « Par exemple, le mot "liberté" était régulièrement rayé et remplacé par ' la loi de Dieu', et vice-versa. De même, il est arrivé plusieurs fois que les visages de femmes dessinés sur les murs soient griffonnés. Les murs sont donc devenus le lieu d'un débat animé, entre les différentes composantes sociales de la ville, sur leurs façons de concevoir l'avenir. Puis, avec l'arrivée de Daech dans Saraqib, tout s'est interrompu ».

« Étaient-ce les factions islamistes qui censuraient certains des dessins, avant la présence de Daech ? ». « Non, je ne pense pas », répond Razouq, « c'était plutôt le fait de quelques jeunes partisans du courant salafiste, qui rejetaient la nature même de notre projet et de nos opinions, mais se contentaient d'exprimer leur refus en effaçant ces dessins ».

« Et pourquoi, à présent, ne reprenez-vous pas ce projet ? Constituerait-il un quelconque danger pour vous aujourd'hui ? ». « Non, poursuit Razouq, ça n'a rien à voir avec des questions de sécurité. C'est plutôt que nous considérons que ce projet a fait son temps et qu'il faut aujourd'hui chercher de nouvelles formes d'expression et de lutte civiles. Les Syriens, sans l'ombre d'un doute, en sont capables, à Saraqib comme partout ailleurs. Les murs ont terminé leur mission ».

À Saraqib toujours, une station radiophonique, Radio Alwane, a vu le jour en avril 2013, avec les modestes moyens du bord. Cette radio se développe de jour en jour. C'est aussi à Saraqib qu'est né le journal

Zeyton qui traite l'actualité locale de la province d'Idlib, et dont le premier numéro a été publié début mars 2013. Ce journal continue de sortir une version papier chaque semaine et ses exemplaires, imprimés à Saraqib, sont distribués gratuitement. Conçu au départ comme un supplément de *Jaridat Zeyton*, le magazine pour enfants *Zeyton et Zeytonah* est ensuite devenu une publication indépendante. Les 4 000 exemplaires de ce magazine bimensuel sont distribués gratuitement aux enfants dans plusieurs villages et villes du nord de la Syrie, ainsi que dans certaines zones de la Ghouta orientale. En outre, Saraqib compte parmi les « places fortes » du tournoi de football organisé dans les zones libérées. La ville a deux équipes, l'équipe Radio Alwane et l'équipe du Front des révolutionnaires de Saraqib en plus du Club sportif de Saraqib qui existe toujours.

En dépit des destructions et de la mort, le mouvement civil de Saraqib est donc toujours debout et actif. Le premier jour de l'année 2016, a été inauguré « Le Portail de Idlib », un forum pour l'action sociale et la société civile, dont le principal objectif est de permettre un contact direct entre les habitants et le Conseil local.

Personne, à Saraqib, ne semble prêt à déposer les armes dans cette guerre permanente pour la vie, qui se mène à tous les niveaux.

L'IMPOSSIBLE RETOUR EN ARRIÈRE

Alors que j'entamais la rédaction de ce texte avec, dans les oreilles, la voix de la fillette chantant l'hommage au martyr Mohammed Haf, j'apprends qu'une jeune fille de Saraqib, âgée de 19 ans, vient d'être tuée. Elle s'appelait Inana Chalach. Je découvre alors, à cet instant, le nom de la petite chanteuse à la voix captivante, devenue jeune fille depuis. Elle venait d'être tuée par un avion du tyran. J'ai failli m'effondrer à l'annonce de cette nouvelle tragique.

Mais il m'était impossible de revenir en arrière, j'étais trop investi dans ce travail, au point d'avoir le sentiment de connaître les rues de Saraqib – cette ville où je n'ai jamais mis les pieds de ma vie – comme ma poche. Pour élaborer ce texte, j'ai longuement discuté avec plusieurs habitants et activistes de Saraqib, dont je ne cite pas tous les noms ici. Pour Saraqib aussi, il est impossible de revenir en arrière. Aguerrie à l'épreuve, elle est devenue une petite capitale, parmi la multitude de petites capitales que compte désormais le pays. Ce qu'a vécu Saraqib depuis le 25 mars 2011 est littéralement irréversible, contrairement à ce dont rêvent le régime et ses partisans, ainsi que beaucoup de personnes dans ce triste monde. Devant elle, comme devant la Syrie tout entière, il n'y a aucune autre perspective que la poursuite de la lutte pour une vie meilleure.

Avant la révolution, tout ce que savaient les Syriens – en dehors de la région d' Idlib – sur Saraqib, c'est que c'était une petite ville où se trouvait une aire de repos sur la route Alep-Damas, et dont étaient originaire le footballeur Manaf Ramadan et le chanteur Ahmad Tellawi. En dehors de cela, tout n'était que marginalisation, incompréhension et manque de ressources.

Mais à présent, Saraqib a une Histoire qui s'écrit heure après heure, et que nous avons l'obligation morale, au regard de ses incommensurables sacrifices, de documenter. Plus de 650 martyrs. Des dizaines de détenus. Des milliers de blessés. Des dizaines de milliers de déplacés. Des centaines de bâtiments détruits. Et une révolution permanente.

QUATRE JOURS À SARAQIB (2017)[4]

Au soir du 17 juillet 2017, la vie poursuit son cours relativement tranquillement à Saraqib. Dans cette ville de la région d'Idlib, les préparatifs du premier scrutin au suffrage universel organisé dans une zone soustraite au contrôle du régime d'al-Assad, s'y déroulent comme si nulle guerre ne pointait à l'horizon. Ou peut-être est-ce précisément parce que la guerre est là, qu'il est impératif que ces élections aient lieu.

4 Texte publié dans *Al-Jumhuriya*, 24 juillet 2017. Traduit par Marianne Babut.

4499 PERSONNES, LE CORPS ÉLECTORAL DE SARAQIB

Le matin du 18 juillet, huit bureaux de vote, dont trois réservés aux femmes, sont prêts à accueillir ces élections pour lesquelles un règlement intérieur et une loi de procédure ont préalablement été établis par un comité d'avocats et de magistrats, venus de Saraqib et d'ailleurs. Mi-juin, ce même comité a appelé les habitants de Saraqib à se rendre dans des centres bien définis, afin de retirer une carte d'électeur. Les 4499 personnes qui l'ont obtenue constituent aujourd'hui le corps électoral.

Quatre hommes ont présenté leur candidature à la présidence du Conseil municipal, pour laquelle il était requis d'être titulaire d'un diplôme universitaire. D'autres ont présenté leur candidature pour intégrer le bureau exécutif. Aucune femme ne s'est présentée, bien que la loi électorale rendue publique n'interdise nullement les candidatures féminines.

Le scrutin n'a pas été établi selon un système de listes, mais de candidatures individuelles. Les candidats ont certes passé entre eux des alliances électorales, mais cela n'a en rien contraint le vote des électeurs, qui ont pu élire leurs candidats indépendamment des choix d'alliance.

Les candidats ont tenu plusieurs réunions publiques avec les électeurs. Le 13 juillet, le Forum du Portail d'Idlib – qui héberge la plupart des initiatives de la société civile – a organisé dans ses bureaux de Saraqib, un débat entre les candidats à la présidence du Conseil municipal. Au cours de ce débat, les candidats ont dû détailler leurs projets concernant les services publics, l'éducation, la législation, ainsi que les relations avec les factions armées et celles avec la Coalition nationale syrienne.

La veille de l'échéance électorale, deux des candidats se sont retirés au profit des deux autres. La concurrence pour la présidence du Conseil municipal s'est donc résumée à celle entre Muthana al-Mohammed et Ibrahim Barish, le président sortant. Nombreux sont ceux qui, à Saraqib, évoquent l'importance du rôle joué en coulisses par les factions armées dans la limitation du choix final à ces deux candidats. Si cela est possible, rien n'est cependant venu le prouver ni l'officialiser. Les facteurs qui ont poussé les électeurs à voter pour tel candidat plutôt que l'autre, ne sont pas clairs non plus. Toutefois, le parcours personnel des deux hommes, les réunions électorales et les débats ainsi que les politiques proposées pour l'amélioration des services publics ont évidemment pesé dans la balance. Sans compter d'autres facteurs structurels, tels que l'importance des liens personnels avec les factions et les liens de parenté.

De 8h du matin sonnantes à 20h, les habitants de Saraqib sont allés voter sans incident notable, en présence des médias locaux s'étant procuré une autorisation d'accès aux bureaux de vote. Ces derniers ont pu circuler en toute liberté entre les différents bureaux et quartiers de la ville. Le scrutin s'est déroulé sous la surveillance de représentants d'associations civiles et de syndicats, qui n'ont relevé ni fraude ni dysfonctionnement.

Tout, ce jour-là, était exceptionnel dans l'histoire de cette ville, dont de très nombreux habitants votaient pour la première fois de leur vie. Après la fermeture des bureaux de vote à 20h, le comité électoral a annoncé que 2475 hommes et femmes avaient voté, soit un taux de participation de 55. 1 % du corps électoral. La loi fixant à 51 % le taux minimum de participation requis pour procéder au dépouillement des bulletins, ce dernier a pu débuter vers 21h.

Le 19 juillet, vers 4h du matin, le comité a annoncé les résultats : la victoire de Muthana al-Mohammed à la présidence du Conseil municipal, avec 1265 voix, soit 91 de plus qu'Ibrahim Barish. Par ailleurs, aux fonctions d'adjoints au Bureau exécutif, ont été élus : Fawwaz Hamoud, Abdel Azziz Barish, Rawad Razzaz, Haytham Hassan, Abdallah Hilal, Yahya Mossafara, Hassan Qadour et Ali al-Aboud.

Ce jour était un jour d'espoir, mais également de résistance. Ainsi, dans la soirée, des jeunes hommes ont érigé de nouveau le drapeau de la révolution syrienne en plusieurs lieux de la ville, et notamment sur la fameuse Tour de la radio. Cet acte avait, par le passé, suscité à plusieurs reprises de vives tensions, qui s'étaient soldées par le retrait du drapeau. Mais ce jour-là, les jeunes semblent confiants dans ce qu'ils font et prêts à défendre leur geste. Car ces drapeaux signifient désormais quelque chose d'inédit : Ils signifient que les habitants de Saraqib ont enfin le droit d'administrer leur ville.

EN TOILE DE FOND DES ÉLECTIONS ET DE LEURS SUITES

La ville de Saraqib compte un Conseil des notables dont émanait auparavant un Conseil de la consultation (majlis al-choura), en plus du Conseil municipal. Le chemin qui a mené à la tenue de ce scrutin universel a connu de nombreux méandres dus à l'existence de ces conseils et leurs relations entre eux, mais aussi en raison de leurs relations avec les factions armées, les organisations de la société civile, celles de la révolution et les syndicats.

Le Conseil des notables de Saraqib compte 163 dignitaires et représentants de chaque famille de la ville. Leur nomination se fait par cooptation parmi toutes les forces locales, en tête desquelles les factions armées, les syndicats et les organisations civiles et révolutionnaires, ainsi que, bien entendu, les familles en fonction du nombre de leurs membres et de l'étendue de leur influence.

Auparavant, les membres du Conseil des notables élisaient, parmi les leurs, ceux du Conseil de la consultation qui, à son tour, désignait par cooptation ceux du Conseil municipal ainsi que son président. Personne à Saraqib n'ignore l'influence qu'ont les factions – dont les plus influentes sont Ahrar al-Cham, le Front des révolutionnaires de Saraqib et le Front al-Nosra, ainsi que Les soldats d'Al-Aqsa (Jound al-Aqsa)[5] jusqu'à son expulsion hors de la région de Idlib – sur ces conseils, leurs décisions et leurs choix de nominations. Mais le mécontentement des habitants face à la défaillance des services publics et l'incurie, le clientélisme et la corruption des Conseils municipaux successifs, a débouché il y a un an environ sur de nouvelles règles. Désormais, les membres du Conseil municipal seraient élus – via une procédure de vote en bonne et due forme – par le Conseil des notables, et non plus cooptés par les membres du Conseil de la consultation.

Après l'évacuation des factions hors d'Alep en décembre 2016, leur popularité s'est progressivement détériorée un peu partout dans la région d'Idlib. Elles ont en conséquence perdu de leur capacité de contrôle sur

5. Groupe salafiste jihadiste dont une partie des membres se rallie en février en février 2017 à l'EI. *(NdT).*

les affaires courantes de Saraqib. Puis, suite aux accords d'Astana, la trêve a été instituée, ce qui a constitué une chance de retour en force du mouvement populaire et civil, qui a trouvé sa principale expression dans les manifestations réclamant l'approvisionnement en eau et en électricité, l'asphaltage des routes etc.

C'est dans ce contexte que les activistes des associations et syndicats locaux – dont les principaux sont ceux des avocats, des ingénieurs et des enseignants – ont engagé le débat sur la nécessité d'une élection au suffrage universel direct des membres du Conseil municipal. Sous la pression des habitants et des associations, il a finalement été convenu que le Conseil de la consultation serait supprimé et que le Conseil des notables composerait un Comité qui règlementerait la mise en place de ce scrutin.

Toutefois, l'évolution locale qui a conduit à la tenue d'élections dans la ville de Saraqib, n'est pas un phénomène isolé de ce qui se passe autour. Il s'inscrit dans le cadre d'un conflit pour le contrôle de la région de Idlib, dont une partie se joue « sous cape » et une autre de façon affichée et sanglante, comme cela s'est exprimé de façon particulièrement éloquente lors des affrontements à Maarat al-Nouman.

On sait que le Front al-Nosra – qui, depuis sa désaffiliation d'avec al-Qaida s'est rebaptisée le Front de Fath al-Cham, avant de s'allier à d'autres factions au sein de l'organisation Tahrir al-Cham – cherche à contrôler la périphérie d'Idlib. On sait aussi qu'elle a, pour ce faire, engagé – et continue de le faire – différentes batailles avec l'Armée libre, ainsi qu'avec l'ensemble des institutions civiles et révolutionnaires. On sait enfin qu'elle tente, chaque fois qu'elle le peut, d'imposer sa domination sur les conseils municipaux et communaux, ainsi que sur leurs tribunaux.

Dans cette course à la domination, le principal concurrent du Front al-Nosra est le mouvement islamiste Ahrar al-Cham cette organisation salafiste qui a connu d'immenses transformations, jusqu'à accepter récemment l'application du « droit arabe unifié[6] » et l'adoption du drapeau de la révolution syrienne, à Saraqib comme dans d'autres villes de la région. Cela est d'autant plus remarquable lorsqu'on sait qu'Ahrar al-Cham a longtemps interdit le drapeau de la révolution dans de nombreuses régions, et qu'on se rappelle avoir vu ses combattants le déchirer, notamment à Saraqib début 2013.

6 Créé par des ministres de la justice des États membres de la Ligue arabe. *(NdT).*

Il est clair que le rapprochement initié par Ahrar al-Cham vis-à-vis des forces civiles et révolutionnaires à Idlib, répondent alors aux circonstances susceptible de basculer dans une guerre totale, soutenue par la communauté internationale et régionale, contre le Front al-Nosra. Ce rapprochement indique également le désir d'Ahrar al-Cham de s'octroyer la part belle du contrôle sur Idlib et sa région, sur les budgets locaux et les services publics, ainsi que sur le poste-frontière de Bab al-Hawa.

Il est concrètement impossible de séparer les élections à Saraqib de ce cadre général dans lequel évolue l'ensemble des forces révolutionnaires armées et civiles, et qu'Ahrar al-Cham tente d'amener dans son giron, tandis que Tahrir al-cham essaye pour sa part d'éviter l'affrontement généralisé avec elles, tout en guettant l'occasion d'élargir son contrôle.

Dans les jours qui précèdent les élections, la tension monte dans les environs de Saraqib – et plus largement, dans toute la région d'Idlib – entre Tahrir al-Cham et Ahrar al-Cham autour de l'enjeu, semblerait-il, du contrôle des lignes d'alimentation électrique. Mais derrière cela, la motivation profonde chez chacune des deux organisations en lice est probablement de gagner tout ce qu'il est possible de gagner avant l'affrontement qui paraît inéluctable.

En arrière-plan de cette tension, des heurts sporadiques se multiplient autour de Saraqib. Le 15 juillet 2017, le Front des révolutionnaires de Saraqib publie un communiqué affirmant la neutralité de la ville en cas de conflit. Son chef, Mohammed Abou Tarad, aurait reçu la promesse de Tahrir al-Cham que ses combattants n'entreraient sous aucun prétexte dans Saraqib.

LE JOUR DU MARTYR MOSAAB AL-AZOU

Le 19 juillet à l'aube, avant que le Comité en charge des élections a pu quitter les bureaux du Forum où venaient d'être annoncés les résultats, des bruits d'affrontements éclatent aux portes de Saraqib et se rapprochent de la ville. Les membres du Comité venus de l'extérieur de Saraqib sont alors dans l'impossibilité de quitter la ville.

De violents affrontements se poursuivent jusqu'à midi, moment où les combattants de Ahrar al-Cham ne semblent plus en mesure de résister et battent en retraite. Les colonnes de Tahrir al-Cham les traquent alors jusqu'à l'intérieur de la ville, en violation de leur accord avec le Front des révolutionnaires de Saraqib.

Les combattants du Front al-Nosra, ralliés au sein de Tahrir al-Cham, prennent la ville d'assaut et pénètrent en force dans les maisons à la recherche des combattants d'Ahrar al-Cham, dont certains se sont repliés à l'extérieur de Saraqib. Ceux restés à l'intérieur se font capturer, leurs bases sont occupées et leurs armes et munitions, pillées.

Les habitants de Saraqib n'avaient, a priori, pris parti pour aucun des deux belligérants. Mais, après que les combattants du Front al-Nosra ont attaqué leurs maisons et les ont humiliés, en obligeant notamment les jeunes qui avaient érigé des drapeaux de la révolution à les retirer de leurs propres mains, la colère est montée. Nombreux sont ceux qui sortent manifester, appelant à ne pas livrer la ville aux combattants d'al-Nosra et exhortant les activistes et combattants locaux à ne pas se rendre.

Le soir venu, le Front al-Nosra assiège le QG du Front des révolutionnaires de Saraqib où sont réfugiés une partie des combattants d'Ahrar al-Cham. C'est alors que se relaient les appels des civils à se rendre au QG pour le protéger. Des milliers d'habitants et d'activistes s'y rendent, en scandant des slogans hostiles tant à Tahrir al-Cham qu'à Ahrar al-Cham. Ils réclament que la neutralité de leur ville soit respectée, et rappellent que la seule présence militaire tolérée dans Saraqib est celle de la brigade du Front des révolutionnaires de Saraqib. Les slogans se concentrent contre al-Nosra, dont les combattants tirent alors plusieurs coups de semonce, avant de tirer en direction des manifestants. Vers 19h, une balle touche l'activiste Mosaab al-Azou à la poitrine. Il perd la vie peu après.

La version la plus relayée sur la mort de Mosaab raconte qu'il avait ôté sa chemise pour faire face, torse nu, aux membres d'al-Nosra. Alors qu'il voulait secourir un combattant blessé de Saraqib, l'un des hommes d'al-Nosra lui aurait barré la route, ce à quoi Mosaab aurait répliqué : « C'est un frère de Saraqib et je vais lui porter secours, même si vous me tirez dessus ». Le combattant d'al-Nosra, dont le récit rapporte qu'il n'était pas syrien, l'aurait alors abattu à bout portant dans la poitrine.

Les manifestants se sont dispersés et les hommes d'al-Nosra sont entrés dans le QG et ont arrêté les membres d'Ahrar al-Cham réfugiés à l'intérieur. Ensuite, ils se sont introduits dans les locaux du tribunal de la charia affilié à Ahrar al-Cham et s'y sont installés, signifiant par là qu'ils prenaient le contrôle de Saraqib.

Au cours de la nuit, les habitants ont organisé les obsèques du martyr Abou al-Walid Mosaab al-Azou, en brandissant des drapeaux de la révolution et en scandant des slogans de colère exigeant que les membres d'al-Nosra quittent leur ville.

JOUR DE COLÈRE

Le matin du 20 juillet, tout Saraqib relayait les appels à se rassembler à 18h devant la mosquée al-Zawiya – cette mosquée où les habitants avaient pour habitude de manifester contre le régime d'al-Assad dans les premières années de la révolution.

À 18h, devant la mosquée al-Zawiya, plus de 3000 personnes se mettent à scander des slogans contre le régime et son président Bachar al-Assad, ainsi que contre Tahrir al-Cham et le chef d'al-Nosra, Mohamed al-Jolani. Ils réclament le départ de Tahrir al-Cham, la restitution de la gestion de la ville au conseil élu, et la présence militaire exclusive du Front des révolutionnaires de Saraqib.

Les manifestants se dirigent ensuite vers le domicile familial du martyr Mosaab al-Azou, à quelques 100 mètres du tribunal de la charia où campe le principal bataillon d'al-Nosra. Puis les habitants tentent de pénétrer dans le tribunal, malgré les tirs de semonce tirés depuis le tribunal et ses environs. Mais les combattants d'al-Nosra ne sont pas en mesure de tenir tête à ces milliers de jeunes hommes en colère, qui parviennent à pénétrer dans le tribunal et à expulser al-Nosra hors de Saraqib.

SARAQIB OU LA LUTTE PERMANENTE POUR LA LIBERTÉ

Le lendemain, il n'y a plus d'autre force armée dans la ville que le Front des révolutionnaires de Saraqib et les manifestations reprennent devant la mosquée al-Zawiya, avec la participation cette fois-ci des femmes. Les manifestants réitèrent leur engagement à défendre leur ville et leur droit à la gérer eux-mêmes.

À partir de ce jour, les réunions s'enchaînent entre les différents acteurs de Saraqib et le constat s'impose : il est impératif que le Conseil municipal élu se mette immédiatement au travail. Tout le monde convient également de la nécessité que les combattants d'al-Nosra restent définitivement hors de la ville. Un projet prévoit le transfert des compétences du tribunal de la charia et des procès en cours, à un comité d'avocats de la ville et de sa périphérie afin d'en faire un tribunal civil appliquant le « droit arabe unifié ». Les habitants de Saraqib continuent de défendre ce qu'ils ont construit. Mais le conflit entre Ahrar al-Cham et Tahrir al-Cham fait toujours rage à Idlib, avec une rare violence. Certes, on entend régulièrement évoquer des projets d'accords et de compromis, mais tout semble indiquer qu'il n'y a là rien de sérieux ni de durable. Ces tentatives, en outre, se font toutes au détriment des intérêts d'Ahrar al-Cham, sans pour autant servir nécessairement ceux de Tahrir al-Cham.

Personne aujourd'hui ne peut prédire de ce que les jours à venir réservent à Saraqib, comme à la région d'Idlib tout entière. Mais ce qui s'est passé à Saraqib restera un moment crucial de l'histoire de la Syrie. Pour la première fois depuis des décennies dans le pays, les plus importantes élections véritablement démocratiques ont été organisées. Et tous ceux qui y ont pris part en ont défendu les résultats et ce qu'ils symbolisent avec leurs voix, leur chair et leur sang.

Sadek Abdul Rahman

REJOINDRE LA RÉGION D'IDLIB À TRAVERS 35 CENTIMÈTRES[1]

En arrivant devant le poste-frontière de Bab al-Hawa pour me rendre en Syrie en tant que « visiteur », je vacille entre les éclats de voix, dans l'opacité de la nuit qui recouvre le lieu. Le martèlement des sonneries de *WhatsApp* me ramène cependant vite à la réalité : je suis toujours sur le territoire turc, à quelques mètres seulement de mon pays.

Cette fois-ci, je ne raconterai pas *Mon trajet vers Alep, ma ville*, car je n'ai plus de ville depuis que le régime s'en est emparé à la fin de 2016. Depuis, les camps de déplacés alépins se sont transformés en villes nouvelles et amnésiques que je me représente sous les traits de ma mère, mêlés aux rares souvenirs que j'ai de notre village d'origine, dans le Jabal al-Zawiya, un massif montagneux dans la région d'Idlib. C'est là que se sont réfugiés les membres de ma famille restés en Syrie, après avoir fui Alep assiégée.

Le trajet de Kilis à Bab al-Hawa en passant par Rihanieh, m'a pris près de deux heures. Le poste-frontière de Bab al-Salameh, qui n'est qu'à 5 km de Kilis, a pourtant rouvert, mais j'ai préféré passer par Bab al-Hawa. Car, pour rejoindre le Jabal al-Zawiya via Bab al-Salameh, il faut traverser toute une série d'« États » (la Turquie, Azzaz, Afrin, la périphérie ouest de Alep, la périphérie d'Idlib et enfin le Jabal al-Zawiya). Cela implique de longues heures voire une journée complète d'attente à Karm Zeytoun, qui tient lieu aujourd'hui de frontière entre Afrin et Azzaz, avant de pouvoir passer sur la rive d'en face, dans les zones contrôlées par les révolutionnaires à l'ouest d'Alep. Et c'est sans compter les nombreuses rumeurs – peut-être en partie vraies, peut-être totalement fausses – selon lesquelles les soldats d'al-Assad tiennent là-bas quantité de barrages, chose qui vaut tellement peu l'aventure, qu'elle t'incite intuitivement à exclure l'idée même de passer par Afrin.

1 Article publié dans *Al-Jumhuriya*, 3 juillet 2017. Traduit par Marianne Babut.

Je voulais arriver tôt au passage pour m'assurer une place à côté du mur, sous la tente érigée afin de nous protéger du soleil et conçue pour contenir 300 personnes debout. À mon arrivée vers 2h du matin, j'y trouve à peine 200 personnes. Les gens vont et viennent, sortent de la tente pour s'asseoir plus loin et s'adonner à leur passe-temps favori : fumer des cigarettes et colporter des rumeurs.

J'allume une cigarette et m'approche pour écouter l'un d'eux nous expliquer les « modalités d'entrée », avant de poursuivre sans transition : « J'ai entendu dire que les Turcs ne nous laisseraient peut-être pas revenir, et que c'est pour ça qu'ils ont ouvert les frontières pendant trois mois consécutifs ». Anxieux, un autre rétorque : « Qu'est-ce que tu racontes… À chaque fête de l'Aïd, les gens retournent en Syrie… S'ils voulaient nous expulser, ils n'auraient pas eu besoin d'attendre l'Aïd : ils sont chez eux, ils font ce qu'ils veulent ! ». Toutefois, la rumeur principale concerne le risque de perdre la possibilité d'obtenir la naturalisation turque pour quiconque est retourné sur le territoire syrien : « Pourquoi te donneraient-ils la nationalité si ton cœur continue de battre loin de là, si tes racines restent profondément ancrées ailleurs ? ! ».

Je n'ai pas le courage d'entrer dans le débat et me contente d'écouter la discussion qui ne tarde pas à partir dans tous les sens. On parle des projets de « zones de désescalade » et de « zones sécurisées » ; on parle de la façon dont ces initiatives outrepassent les résolutions onusiennes ; on parle de la crise entre le Qatar et l'Arabie saoudite et de ses répercussions ; de la décision de la Turquie d'intervenir dans la ville d'Idlib ; de la mise en place d'une « Armée nationale » et de son rejet par « l'Organisation de libération du Levant » ; de la probabilité que cela augure un affrontement prochain ; on parle de l'empreinte digitale que les Turcs vont, dit-on, imposer systématiquement à tous ceux qui reviennent de Syrie ; on parle du fait que personne ne comprend pourquoi.

Des agents turcs du maintien de l'ordre passent. Tout le monde se tait et sourit. Quelques personnes distribuent de l'eau et des biscuits à ceux qui souhaitent manger avant la reprise du jeûne. Presque tous prennent les biscuits et l'eau puis, une fois passé l'appel à la prière de l'aube, allument une cigarette.

Le temps avance, lourdement, lentement. Les rumeurs ne m'ont pas ôté l'envie de « visiter » la Syrie, mais elles me travaillent tout de même. Des milliers d'hommes et de femmes, assis sur leurs valises, attendent l'autorisation de passer, inspectant régulièrement leurs affaires par crainte d'avoir oublié l'essentiel, leur carte de résidence turque, leur « *Kimlek* », leur nouvelle patrie. On nous demande d'avancer vers le parvis juste devant la grille d'entrée blanche et, comme surgies de nulle part, plus de 5000 personnes affluent alors. Or il n'y a qu'un seul couloir, large de 35 centimètres, où l'on ne peut passer qu'une personne à la fois. La tente, censée contenir 300 personnes, en compte désormais plus de mille. Les autres se pressent et s'entassent afin d'avoir un pied à l'intérieur de cette « tente de la vie ». Les gendarmes turcs nous crient de faire la queue. Seuls les pauvres, les petites gens, ceux du bas de l'échelle, obéissent par peur et attendent leur tour, pour se faire dépasser par ceux qui ont pu payer 100 livres turques.

Assis à quelques mètres de la cohue, Abou Mohamed, un quinquagénaire originaire de Deir Charqi, un village de la banlieue de Maarat al-Nouman, fait courir entre ses doigts une brindille trouvée par terre. Comme cela se fait chez nous, les campagnards, je m'assois à côté de lui et, cherchant à briser son silence, lui demande : « Tu es seul ? ». Il se tourne vers moi et acquiesce d'un mouvement de tête. Peut-être aurait-il aimé poursuivre, mais j'ai déjà détourné le regard vers la tente qui m'apparaît maintenant comme de la mousse de savon. À chaque nouvelle personne qui s'engage dans le couloir étroit, la mousse gonfle davantage.

Abou Mohamed esquisse un sourire et, ayant peut-être remarqué mon impatience de passer et mon inquiétude d'une telle foule, dit à voix haute comme pour lui-même : « N'aies pas peur, tu passeras. On passera tous ». Ces mots m'auraient rassuré s'il n'avait ajouté : « Après sept années de révolution, nos rêves à tous ne tiennent plus qu'à 35 centimètres, et Bachar al-Assad est toujours à sa place. Regarde les visages, on dirait le jour du Jugement Dernier. Les hommes abandonnent leurs femmes, les mères repoussent leurs fils puis, une fois en Syrie, ils se mettent à se chercher les uns les autres. »

Oui, nos rêves ont été réduits à 35 cm, cet espace délimité par deux piliers en fer, que l'on doit traverser pour entrer là où on est nés. En tant que visiteurs. N'est-il pas foncièrement injuste que nos rêves et nos révolutions se retrouvent foulés aux pieds par cette guerre ? Nous voilà habités par un unique rêve qui ne regarde plus au-delà des quelques heures qui suivent, bloqués au beau milieu de la route, là où rester et revenir laissent le même goût amer dans la gorge. La vérité pourtant, c'est qu'une fois passé du côté syrien, j'ai vu tous les visages s'illuminer d'un sourire. Les gens courent, comme s'ils portaient, en cet instant, la vie de leur plein gré, attrapant la terre à pleines mains, fouillant d'un regard fiévreux l'espace, à la recherche d'un motif qui viendrait donner raison à leur peur – un avion de guerre, peut-être, qui les innocenterait d'avoir quitté le pays. Leurs bagages contiennent juste ce qu'il faut pour leur séjour, dont ils ne veulent pas dépasser le délai, maintenant que leurs vies sont scindées entre deux lieux, deux mémoires. Ils n'arrivent pas à croire que leurs pieds sont posés là, sur un sol où ils ne ressentent ni l'étrangeté, ni l'amertume de l'exil. Un lieu où ils ne portent ni le qualificatif de réfugié ni celui d'étranger. En même temps pourtant, ils éprouvent déjà de la nostalgie pour ces lieux d'exil, comme s'ils étaient devenus de fait leurs patries.

La gare routière, située à environ deux kilomètres de Bab al-Hawa, ne désemplit pas de bus et de taxis collectifs. L'un d'eux me demande : « Vous allez où, Monsieur ? ». Je lui réponds : « Voir ma mère ». J'embarque avec trois autres passagers de la même famille. Nous allons tous vers le Jabal al-Zawiya, chacun doit payer 5000 livres syriennes. Nous nous mettons en route et entrons dans Sarmada. Je remarque alors avec étonnement que la ville regorge de nouveaux bâtiments, d'immeubles en chantier et de concessionnaires de voitures européennes. Devant l'animation de la ville, je me dis que peut-être, derrière l'accord de désescalade, y a-t-il l'idée de reconstruire un rêve, un avenir. Surtout lorsqu'on sait que, pour nous les Syriens, avoir un avenir signifie avoir une maison et un emploi, renoncer au reste de nos rêves et charger nos enfants de poursuivre ce que l'on a commencé – pour qu'ils se retrouvent au bout du compte au même endroit.

Le silence règne entre nous tout le long du trajet. Mon incrédulité devant les bâtiments en reconstruction me fait sentir honteux. Serait-ce de la tristesse que j'éprouve ? Peut-être aurais-je préféré traverser ces villages et y voir les gens vivre dans des maisons détruites ou des camps de fortune, pour pouvoir continuer d'alimenter ma tristesse, mes écrits douloureux et ma pitié pour ceux restés en Syrie ? Leur volonté de vivre accuserait-elle soudain mon impuissance ? Stigmatiserait-elle ma peur puis ma fuite, lorsque j'ai considéré que vivre dans ce pays n'était plus possible et qu'il fallait que je sorte ma famille de cet enfer ?

Dans le Jabal al-Zawiya, au milieu de la place du village et sur son versant nord, des stands de confiseries, de fruits et quelques-uns de vêtements sont déjà là, dans l'attente de l'Aïd. Ces six dernières années, cette scène avait complètement disparu. De l'autre côté, des balançoires en fer rouillé ont été installées là où jadis, avant que les bombardements n'en fassent un tas de ruines, se trouvait une échoppe avec, accolé à la façade, un banc de pierre où les vieux venaient profiter de l'ombre pendant l'après-midi. Le soir, ça devenait l'endroit favori des adolescents pour épier les passants. Je tourne dans ces lieux que je n'ai pas revus depuis trois ans. Peu de choses ont changé en fait, à part quelques impacts de tirs sur les façades et le bâtiment démoli, sur les décombres duquel se trouvent désormais les balançoires. Rien d'autre n'a changé.

En me voyant arriver, ma mère, assise sur le banc devant la maison avec ses petits-enfants, se lève. Elle me paraît tout à coup toute petite. Ses yeux n'ont plus ce khôl charbonneux avec lequel je l'ai toujours connue et qui, chaque fois que je la taquinais : « Oh, Oh, madame se maquille… », la faisait fuir en se justifiant, gênée : « Mes yeux me font mal ». Elle me serre dans ses bras et je la suis à l'intérieur de la maison. Des colliers de biscuits secs ont été suspendus sur les murs de la chambre – pour me souhaiter la bienvenue, peut-être. Elle garde le silence et, alors que je bafouille un début de conversation, lâche : « Tous les jours, je bois le café avec vos noms et vos photos ». Elle jette un regard sur la photo de mon frère détenu, qui trône au milieu de la pièce, et fond en larmes. Les mères sont ainsi, elles expriment de la même façon leur joie et leur tristesse.

Dans mon village comme dans tous ceux que j'ai traversés, des bourgeons de vies réapparaissent partout. Les magasins semblent renaître et Abou Ali, le propriétaire de la plus grande boutique du village, me confie que l'arrivée des « visiteurs » venus de Turquie contribue beaucoup au retour à la vie des marchés, et qu'il a dû se rendre deux fois à Idlib ces derniers jours pour se réapprovisionner en sucreries de l'Aïd et en ingrédients pour les biscuits. En plus, aucun avion n'a survolé le village depuis maintenant trois mois.

Mais les gens du village sont divisés, jusque dans leur accueil des « revenants ». Les discussions tournent souvent autour de leur retour définitif en Syrie. Selon les statistiques produites par le poste-frontière turc de Bab al-Hawa, 5 % des personnes qui y passent ne prennent pas de formulaire de retour. Beaucoup ont différé leur date de retour afin de voir ce que peut donner la vie dans le pays avant de prendre la décision d'y rester. Pour certains, maintenant que les combats entre les factions révolutionnaires se sont calmés et que la région est entrée dans une période d'apaisement avec le régime d'al-Assad, tout le monde doit rentrer : « Qu'est-ce qu'on fait en Turquie ? ! ». Pour d'autres, les « revenants » sont perçus comme des fuyards voire des traîtres. Quant aux dépités de la révolution – après que les troupes d'al-Assad ont repris le contrôle d'Alep et que ses habitants, comme ceux de nombreuses régions de la périphérie de Damas et de Homs, ont été contraints de partir – ils envient ceux qui ont pu rejoindre la Turquie et s'assurer là-bas un travail. Ils leur demandent donc de ne pas revenir en Syrie, et même de prendre la nationalité turque s'ils en ont l'occasion. Ils disent que plus rien ne vaut la peine de rester en Syrie, surtout après l'émergence de violents conflits entre les factions de la révolution. En dépit du calme qui plane dans l'atmosphère, les gens sont comme assis sur des cendres recouvrant la braise. Certains considèrent qu'il faut dissoudre les factions islamistes et les intégrer dans le projet de « l'armée nationale » qui se précise. D'autres pensent que ce sont les « amis de la révolution », et notamment l'Arabie saoudite et la Turquie, qui ont livré Alep au régime et qu'ils font désormais tout pour livrer Idlib et mettre fin au rêve révolutionnaire.

Ces querelles se retrouvent jusque dans le regard que la société locale porte sur leurs proches émigrés en Turquie. Et le préjugé est largement encouragé par nombre de ces « visiteurs » qui se comportent en touristes. Ils reviennent dans leur pays pour contempler ses ruines et prendre des selfies ; ils exhibent des paquets de Marlboro ; ils crânent en utilisant à tort et à travers des mots turcs qu'ils n'emploieraient jamais en Turquie ; ils se montrent excessivement compatissants envers les épreuves traversées par ce pays qui vit désormais sans électricité, sans eau, sans parcs et sans écoles. Une question s'impose alors, à laquelle il est difficile répondre : Un être humain peut-il se comporter en invité dans sa propre maison ? Et comment le sentiment d'appartenance peut-il ainsi être remplacé par de la pitié ?

L'année dernière, avant que la ville tombe, ma mère fêtait l'Aïd à Alep. Ses mains étaient alors plus fortes et son cœur plus grand. La plupart de ceux qui ont dû fuir Alep et que j'ai rencontrés au cours de ma visite, « regrettent » l'époque du siège. En dépit des préparatifs de l'Aïd et de la relative sécurité dont ils jouissent ces derniers mois, il leur manque la joie. Rien ne peut leur faire oublier leur sentiment de dépossession, ni les maisons qu'ils ont laissées là-bas. Ni les tombes de leurs enfants, asséchées à force d'attendre les rameaux de basilic qui auraient dû suivre les festivités de l'Aïd. Ni leur révolution qui s'est flétrie à mesure que grandissait la menace d'une partition du pays – chose qui ferait d'eux, irrémédiablement, d'éternels déplacés et tuerait ce qui leur reste d'espoir de retourner un jour chez eux.

Je me suis souvenu des propos du quinquagénaire au poste-frontière, sur la réduction de nos rêves. D'autres semblent pourtant être venus les remplacer : les jeunes hommes rêvent désormais de rassembler de quoi payer les frais d'un voyage clandestin vers n'importe quel pays, pourvu qu'ils fuient leur désespoir. La plupart de leurs questions concernent les possibilités de rejoindre l'Europe, ou même seulement la Turquie, quoi qu'il en coûte. Les enfants rêvent de balançoires rouillées, et des 100 livres qu'il faut payer pour pouvoir s'y asseoir dix minutes. Les femmes rêvent du rétablissement de l'électricité ne serait-ce que deux heures par jour, pour soulager leurs mains esquintées par les lessives à l'eau froide. Les pères attendent que leurs fils reviennent à la vie. Les vieux espèrent le retour du banc, pour attendre, assis dessus, l'accomplissement de leur destin. Et les « visiteurs », eux, attendent leur tour pour repasser de l'autre côté, à travers un couloir grillagé large de 35 cm.

Moustafa ABOU CHAMS

JOURNAL DE NOTRE EXODE DE RAQQA

Quatre jours sous la protection d'une voiture piégée[1]

Je me suis dit : ce ne peut être que le résultat d'un bombardement aérien : la cage d'escalier en partie détruite était devant la porte de la maison. Des pelures d'orange séchées se trouvaient sur la droite et je regardais fixement une fleur rouge délicate qui se dressait au milieu du carrelage. C'était un rêve ou un cauchemar froid et inoffensif qui rappelait des scènes du film « Autant en emporte le vent ».

LE JOUR DE LA SORTIE

Le jour de notre sortie de Raqqa ressembla à l'apocalypse. Ainsi qu'il est écrit dans le Coran, « Tu verras les gens ivres, et ils ne le seront pas[2] ». Ce même jour, une rumeur se répandit disant que le barrage de l'Euphrate allait bientôt exploser. Une stupeur effrayante nous gagna, les haut-parleurs dans les rues et les mosquées mettaient en garde la population contre une mort prochaine, dans le quart d'heure, si elle ne quittait pas immédiatement la ville. Dans cette fuite éperdue, des embouteillages se formèrent tandis que voitures entrèrent en collision. Les femmes, oubliant leur peur de la police religieuse, sortaient de leur maison dans leurs habits d'intérieur, en robes de nuit ou en pyjamas. Ceux qui possédaient une voiture s'en allaient immédiatement alors que

1 Texte publié sur le site alaalam.org, 21 août 2017. Traduit par Franck Mermier

2 Sourate XXII le Pèlerinage (*Le Coran*, traduction de Jacques Berque, Paris, Sindbad, 1990, p. 351).

ceux qui n'en avaient pas tentaient de s'accrocher à celles qui partaient. Les cris fusaient de partout, une femme prise de panique durant la fuite se rendit compte qu'elle avait oublié un de ses enfants et criait : « Qui est assez courageux pour me rapporter mon fils ? ».

Le flot de véhicules se dirigea vers le Nord pour gagner la campagne. Une voiture s'arrêta faute d'essence, son conducteur en descendit précipitamment pour se rendre à la station et, constatant que son propriétaire était absent, il cassa le cadenas de la pompe, fit le plein et s'en alla. Des hommes effrayés couraient en tenant par la main leurs enfants et cherchant une voiture qui pourrait les transporter. Une heure après notre sortie, nous avions franchi une distance de 35 kilomètres. Nous pensions que nous étions maintenant hors de portée des eaux du barrage. Certains véhicules continuèrent leur route et parvinrent jusqu'au dernier point de contrôle de Daech, soit sur la ligne de démarcation qui le séparait des forces kurdes, ou des « Forces démocratiques syriennes ». Sur cette ligne, se pressaient les véhicules arrivés en grand nombre et s'accumulaient la colère et la peur qui s'étaient emparés des gens simultanément. Cette colère et cette peur pour leur vie et celle de leurs enfants leur avaient fait oublier leur crainte de Daech. Ils réclamaient l'ouverture du point de passage et criaient : « Nous allons être engloutis par les eaux, on veut passer ». Les combattants de Daech permirent à de nombreux véhicules de franchir la ligne de démarcation jusqu'à une certaine heure.

Une rumeur se répandit ce jour-là pour dire que les gardiens du point de contrôle laissèrent partir les véhicules vers « la terre de l'impiété », non pas par pitié pour les gens, mais pour que Abou Bakr al-Baghdadi puisse s'échapper au milieu de la foule.

À CÔTÉ D'UNE VOITURE PIÉGÉE

Nous ne faisions pas partie de ceux qui avaient pu franchir le point de contrôle de Daech ce jour-là. Nous nous étions rendus au village de Koubch qui était toujours sous la domination de Daech et se situait dans une zone rurale du Nord de Raqqa. Nous arrivâmes à la demeure d'un membre de notre famille. Un habitant du village nous apprît que les occupants de la maison l'avaient quittée car des combattants de Daech avait garé une voiture piégée dans une boutique jouxtant leur domicile. J'entendis cette nouvelle d'une oreille distraite. C'était comme si j'étais devenue totalement insensible. Lorsque je descendis de la voiture, j'essayais de fixer une idée quelconque mais mon cerveau était vide de toute pensée, et même la peur n'arrivait plus à m'atteindre.

J'avais déjà éprouvé ce sentiment auparavant, lorsque les avions du régime syrien nous bombardaient avec des barils explosifs qu'ils jetaient lestés de parachutes, et ce avant l'époque de Daech et avant qu'il ne s'empare de l'aéroport de Tabqa. Je surveillais la lente descente des barils qui, dirigés par la force du vent, se posaient de manière aléatoire. Je regardais le ciel sans pouvoir bouger de là où j'étais, saisi d'une stupeur qui me faisait entrevoir le temps comme figé, sans aucune perspective d'extension.

Nous n'avions que deux possibilités : soit nous restions vivre à côté de la voiture piégée, soit nous retournions à Raqqa menacée d'être submergée par les eaux. La bataille de Raqqa était supposée commencer le premier avril (2017). Même avant la propagation de la rumeur concernant la destruction du barrage, il ne restait que cinq jours avant cette date. Je demandais alors autour de moi : « qu'allons nous faire ? ». La crainte d'un long siège de la ville avait poussé la plupart des gens à la fuir. Ce n'était pas la guerre en soi, mais la peur d'une mort lente durant le siège qui était devenue plus fort que celle d'une mort rapide sous les obus et les bombardements aériens.

Une demi heure après avoir entendu la nouvelle de la proximité d'une voiture piégée, nous décidâmes de rester. Les occupants de la maison étaient partis et nous restions pour la garder sous un ciel que des avions traversaient sans discontinuer. Et si la voiture piégée n'explosait pas d'elle même, elle pouvait très bien être la cible d'un bombardement aérien. Par une sorte d'instinct primaire, nous nous installâmes dans le coin de la maison le plus éloigné de l'endroit où se trouvait la voiture. Quelques jours plus tard, nous entendîmes la porte de la boutique qui s'ouvrait et nous vîmes un homme de Daech qui partait à bord d'une jeep maculée de boue à l'extrémité du village, ou peut-être plus loin. Pendant toutes ces journées, rien d'effrayant n'arriva comme si de vivre à côté d'une voiture piégée suffisait à alimenter la peur.

LE MARCHÉ DES RUMEURS

Le jour de la propagation de la rumeur de l'explosion du barrage, l'eau et l'électricité furent coupés. Nous restâmes plusieurs jours sans électricité tandis que l'eau était distribuée par intermittence. Les générateurs fonctionnaient jusqu'au soir pendant quelques heures et nous pouvions ainsi recharger les batteries de nos lampes et suivre les nouvelles diffusées sur notre ville à la télévision. Sur les chaines satellitaires, le thème de la destruction du barrage fut en vogue pendant plusieurs jours, tandis que sur le terrain les conversations tournaient autour de cette rumeur pour tenter de trouver une explication et savoir qui l'avait lancée. Certains avancèrent que c'était Daech qui l'avait fabriquée afin que certains de ses membres puissent s'échapper avec le flot des fuyards sans être la cible de bombardements. D'autres prétendirent que c'étaient les Kurdes qui avaient lancé cette rumeur pour que les civils sortent de la ville et qu'ils puissent la bombarder « à leur aise ».

Plusieurs jours passèrent sans que la rumeur ne se transforme en réalité et sans que la bataille prévue pour début avril ne soit déclenchée. La plupart des gens commencèrent donc à regagner leur domicile à Raqqa. Certains achetèrent des tentes qu'ils dressèrent sur des terres agricoles. Ils allaient en ville durant les accalmies et retournaient à leurs tentes quand les bombardements sur la ville s'intensifiaient. Les propriétaires de maisons dans la campagne s'y établirent tout à fait.

SUE LES DEUX RIVES DU CANAL

Le village où nous nous étions réfugiés était contrôlé par Daech mais sans que sa présence y soit très sensible. Un véhicule de la police religieuse venait nous voir de temps en temps, sans s'attarder. Les habitants nous apprirent qu'il n'y avait que trois combattants de Daech qui s'étaient retranchés près du canal d'irrigation qui était alimenté par le lac du barrage de l'Euphrate, soit aux confins occidentaux du village. Ils étaient séparés d'une distance d'un kilomètre des positions des Kurdes qui leur faisaient face. Et la situation n'avait pas changé depuis trois mois. En raison du calme qui régnait sur les deux rives du canal, les habitants étaient persuadés que leur village allait tomber sans coup férir aux mains des Kurdes avant que ceux-ci ne poursuivent leur avancée en direction de Raqqa du côté ouest. Ils n'étaient donc pas effrayés par le bruit des avions qui survolaient le village jour et nuit. Les seuls bombardements réalisés avaient visé les deux ponts qui s'y trouvaient, tous les ponts de Raqqa et de la campagne environnante ayant été visés.

LE CHÂTEAU D'EAU

Nous restâmes dans cette situation durant une vingtaine de jours. Je n'oublierai pas la scène de ce combattant de Daech qui montait sur le château d'eau. Il portait des jumelles de forme bizarre pour surveiller les mouvements autour du village. Ses habitants nous dirent que le château d'eau était piégé. Le bruit des avions n'inspirait pas la crainte comme c'était le cas à Raqqa où il signalait inévitablement un bombardement. Mon sommeil, hanté par les fantômes des souvenirs, était entrecoupé de réveils intempestifs mais devenait profond au matin. En période de veille, je me prenais à penser que l'intensité et la durée des campagnes aériennes suggéraient que cette bataille, dirigée contre un ennemi imaginaire, était une illusion ou bien que toutes les forces mondiales coalisées contre cet ennemi n'avaient pas encore trouvé le moyen sûr de le supprimer, voire simplement de le réduire.

LA BATAILLE DU PREMIER AVRIL

Nous commençâmes à être dans l'expectative à partir du premier avril 2017. Nous nous demandions ce qui allait arriver et quand allait débuter la bataille. Nous écoutions les bulletins d'information sur la bataille de Tabqa et sur les tentatives de contrôle du barrage. Les craintes concernant son état avaient poussé à retarder la bataille. Nous apprîmes aussi que la région rurale à l'Est de Raqqa avait été conquise rapidement par Quwwat al-Nukhba[3]. Les habitants des secteurs libérés de l'emprise de Daech n'étaient pas favorables aux Kurdes. Ils parlaient des pillages qu'ils avaient commis et de leurs tentatives d'enrôler les jeunes dans les rangs des Forces démocratiques syriennes. Les habitants des régions restées sous le contrôle de Daech ne croyaient pas ces allégations et les considéraient comme de simples rumeurs.

À la mi-avril, la bataille de Raqqa n'avait pas encore commencé mais les frappes aériennes de la coalition s'étaient intensifiées depuis la fin mars. Les bombardements visaient particulièrement les ponts et les bâtiments gouvernementaux. Des centaines de civils furent tués dans les rues et les maisons qui se trouvaient à proximité des objectifs aériens. La destruction de l'infrastructure de la ville avait débuté et sa physionomie s'était altérée. Alors qu'auparavant les lieux détruits figuraient comme des cicatrices sur le visage de la ville, là la destruction n'épargnait pratiquement plus aucune rue et la peur grandissait en proportion parmi les habitants de la ville. Dans les premiers temps de l'activité de la coalition contre Daech, les frappes aériennes étaient précises et ne provoquaient pas de pertes civiles. De fait, les gens n'avaient alors pas peur des bombardements. On craignait les bombardements de l'aviation russe et de l'aviation du régime, ces frappes indiscriminées qui touchaient particulièrement les civils au point qu'on les qualifiait d'intentionnels.

Durant ces derniers mois cependant, le bruit des avions était devenu un cauchemar pour tous les habitants et une source d'effroi et d'épuisement qui gouvernait la vie quotidienne de la population de la ville.

3 Quwwât al-Nukhba (les Forces de l'élite) est un groupe armé créé en 2016 pour lutter à la fois contre Daech et les forces du régime, et pour libérer Deir Ez-Zohr. Il est formé de combattants se réclamant de l'Armée syrienne libre. (*NDT*).

LE FRONT DU CANAL

Nous entendions l'écho des bombardements qui se déroulaient à Tabqa. Les portes et les fenêtres tremblaient à chaque impact. Deux semaines après notre arrivée dans le village, il semblait que la trêve qui régnait sur le front du canal était rompue et le fracas de l'artillerie résonnait distinctement. Il nous paraissait que le bruit provenait d'un endroit plus proche que Tabqa. De fait, nous pouvions discerner deux sons distincts, celui du tir de l'obus et celui de son explosion, et leur succession rapide nous causait une grande crainte. Nous ne savions pas ce qui se passait exactement : est-ce que le bombardement provenait du village ou bien était-ce celui-ci qui était visé ? Parfois, le bruit de l'artillerie se mêlait à celui de bombardements aériens. Cela dura jusqu'au matin. Puis, le jour suivant, les gens du village parlèrent d'une attaque organisée par Daech contre les Kurdes. Ils disaient que 18 combattants de Daech avaient franchi le canal pour réaliser une opération suicide mais qu'ils furent bombardés par l'aviation avant d'atteindre les postions kurdes. Je me demandais comment ils pouvaient obtenir de tels renseignements et connaître le nombre des attaquants.

Habituellement, le soir, des gens du village qui ne possédaient pas de générateurs venaient faire recharger leurs batteries chez nous et suivre les nouvelles à la télévision. Nous parlâmes de ce qui était arrivé hier lors du bombardement et l'un des présents dit que les tirs provenaient d'une zone agricole située en face du canal. Des combattants de Daech l'auraient investie pour y installer leur artillerie afin de bombarder les positions kurdes. Ils souhaitaient aussi couvrir la percée d'un tunnel qui leur aurait permis de traverser le canal, le pont ayant été détruit par des bombes aériennes. Pendant qu'ils parlaient de cette offensive, je me disais dans mon for intérieur : « ce qu'ils racontent sort tout droit de leur imagination, comment peuvent-ils connaître tous ces détails ? Existe-t-il réellement une guerre entre Daech, d'un côté, et les Kurdes et leurs soutiens, de l'autre, ou bien n'est-ce que du théâtre ? Comment la coalition parvient-elle à recenser le nombre de morts de Daech et à les identifier alors que ses bombardements transforment tout en cendre ». J'interrogeai l'un des présents : « Comment savez-vous ce qui se passe et le nombre de morts ? ». Il me répondit que certains des combattants de Daech ont pu retourner au village et ont demandé à un berger, sous la menace, d'aller faire paître ses moutons et ses ânes à l'endroit où se trouvaient les cadavres. Les bergers ne sont en effet pas pris pour cibles par les Kurdes. Ainsi, le berger est parvenu à ramener les corps au village et les survivants de Daech furent transportés en voiture jusqu'à Raqqa.

L'ANALYSE POLITIQUE

La plupart des gens dans le village et à Raqqa étaient persuadés que les Kurdes étaient des partisans du régime et qu'ils allaient lui remettre les terres qu'ils avaient conquises. Ils furent perplexes lorsque les Américains lancèrent des missiles contre l'aéroport d'Al-Chaayrate[4] mais assimilèrent cette attaque à un jeu de dupes en disant que le régime en avait été prévenu par avance. Un commentateur politique du village pensait que Trump essayait de convaincre les Américains que lui et Poutine n'étaient pas d'accord et que ce dernier n'était pas intervenu dans son élection. Il avait entendu cette analyse à la télévision et il la reformulait à sa manière.

Les gens veulent que la guerre s'arrête de n'importe quelle manière et que soit mis un terme à ces années de bombardements et de peur. Ils insultent toutes les parties, du régime à Daech, et tout ce qui se situe entre les deux.

DES KURDES QUI NOUS RESSEMBLENT

Devant la maison, au village, il y a un grand terrain entouré d'un mur. Je sortais souvent m'y promener en obéissant à l'injonction des gens du village de ne pas m'approcher de l'emplacement du portail

4 Cet aéroport fut bombardé par 59 missiles tirés depuis des navires états-uniens dans la nuit du 6 au 7 avril 2017 en représailles contre le bombardement à l'arme chimiques du village de Khan Cheikhoun qui eut lieu le 4 avril et a provoqué la mort d'au moins 83 personnes selon un rapport de l'ONU publié en septembre 2017. Les avions qui avaient mené cette attaque chimique seraient partis de cette base située dans la province de Homs. (*Ndt*)

qui était béant et donnait sur la rue. La police religieuse aurait pu me surprendre. Je regardais des parties du village où auraient pu se trouver des Kurdes à partir des trous du mur. Les enfants de la maison me suivaient et disaient que les Kurdes se trouvaient dans la maison de notre oncle à l'extrémité du village. Nous avions l'habitude d'y aller au printemps pour ramasser des plantes sauvages au bout du canal qui est aujourd'hui miné. L'un des enfants dit que son oncle voit les Kurdes depuis la terrasse de sa maison. Nous parlions d'une créature mystérieuse qui se trouvait derrière le canal, différente de ces créatures noires avec lesquels nous vivions. Je leur demandais parfois : « avez-vous déjà vu des Kurdes ? Est-ce qu'ils nous ressemblent ou bien sont-ils comme les Martiens ? ». Ils me répondaient qu'ils n'en avaient encore jamais vus. Je leur disais en plaisantant qu'ils étaient des êtres jaunes venus de l'espace et qu'ils étaient amis avec les avions. Leur imagination enfantine se mettait alors à divaguer. Un des enfants me demanda si les Kurdes aimaient les couleurs. Je répondais que les terriens kurdes étaient comme nous ou, du moins, nous ressemblaient, tandis que les Kurdes venus de l'espace n'aimaient que la couleur jaune[5].

UN DOUBLE EXODE

Au milieu du mois d'avril, soit vingt jours après notre arrivée à Koubch et après l'attaque menée par des combattants de Daech une semaine auparavant, les tirs d'artillerie reprirent contre le village. Le bombardement était violent et intensif faisant parfois trembler le sol. Je me levai du lit et courrai me réfugier dans le couloir, même si je savais que cela ne servait à rien si un des obus touchait un mur. Mais je répétais cette action à chaque fois. Je faisais des allers-retours dans le couloir en attendant que les bombardements soient moins aigus. Je retournai alors dans mon lit pour me réchauffer. Toute la maisonnée veillait, chacun assis sur son lit jusqu'au matin. Lorsque les tirs d'artillerie cessaient, c'était au tour des avions de bombarder une demi heure après, vers

5 Couleur du drapeau des Forces démocratiques syriennes dans lesquelles les Kurdes sont majoritaires. *(NDT).*

huit heures du matin. Cette fois, ils n'allèrent pas à Raqqa. Je n'avais jamais entendu ce bruit depuis le commencement de la guerre. Les avions survolaient nos maisons jusqu'à les toucher, au point que les gens qui étaient dehors se jetaient sur le ventre à chaque passage, surtout quand le mur du son était dépassé. Ils s'éloignaient puis revenaient et descendaient sur nous au point que nous nous imaginions qu'un jet de pierre pouvait les atteindre. Mais aucun objectif dans le village n'était pris pour cible. Je regardai par la fenêtre quand j'entendis des cris. Tous les habitants du village courraient, les femmes et les enfants hurlaient.

Le propriétaire de la maison était revenu pour savoir ce qui s'était passé hier dans la nuit. Mais il fut surpris par l'arrivée des avions et il nous cria du dehors pour nous enjoindre de partir en voiture. La peur nous avait préparé à cette fuite. Nous sortîmes donc en courant et sans rien emporter. Nous nous vêtîmes dans la précipitation sans faire attention à ce que nous portions et nous montâmes dans la voiture. L'avion nous survolait et la voiture fonçait pour sortir du village au milieu d'une fuite collective éperdue. Certains courraient, d'autres guidaient leurs troupeaux de moutons hors du village. Nous couvrîmes une distance de cinq kilomètres dans les terrains agricoles les plus éloignés des zones d'affrontement, et nous aperçûmes trois tentes dressées par des gens du village en prévision d'une telle situation d'urgence.

Un homme sortit d'une des tentes et nous souhaita la bienvenue. Dans une autre plus petite, nous trouvâmes deux femmes et un groupe d'enfants qui avaient fui la campagne de Hama. L'une d'elles venait d'enfanter une semaine auparavant et son angoisse pour son bébé malade était palpable. Elle changeait les langes de sa fille en nous regardant. Elle nous dit avec tristesse qu'elle mourait de peur lorsqu'elle entendait le bruit des avions et que cela faisait cinq ans qu'elle habitait dans des tentes allant d'un endroit à l'autre et que son village lui manquait. Elle ajouta que puisque l'Armée syrienne libre était partie de sa région, le régime ne cessait de la bombarder et ne faisait aucune distinction entre enfants et adultes.

Un avion tournoyait dans le ciel et son bruit devenait assourdissant quand il s'approchait du village. Nous bouchions nos oreilles et tremblions à chaque fois. Puis, le son disparut pendant une demi heure et je crois m'être endormie de fatigue durant ce laps de temps alors que j'étais assise sur une chaise. Je m'en rendis compte quand je me réveillai effrayée par le vacarme du seul raid violent qui eut lieu dans la journée. Les hommes allèrent dans les villages environnants pour acheter des tentes et le matériel afférent. Les nôtres restèrent absents deux heures pour aller à Mansoura, une localité proche de Tabqa, pour acquérir ou emprunter des tentes.

Le nombre de tentes commença à augmenter peu à peu. Les gens du village disaient : « après deux ou trois jours, quand la situation se sera calmée, nous retournerons », persuadés qu'ils étaient que le front ne s'embraserait pas. Au coucher du soleil, les tentes étaient dressées et les gens, profitant d'une accalmie, se ruèrent vers le village pour en rapporter des matelas, des couvertures, de la nourriture et des ustensiles de cuisine, à la mesure de ce que pouvaient contenir les tentes.

La première nuit, nous dormîmes serrés les uns contre les autres sans qu'aucun bruit ne vienne perturber notre sommeil. Au matin, nous préparâmes le thé sur un réchaud dans une atmosphère douce et printanière. On termina ensuite de fixer les tentes du mieux possible. Des tranchées furent creusées autour d'elles pour empêcher que l'eau de pluie ne s'y infiltre et des sacs de terre étaient placés autour des cordes pour lutter contre le vent. Mais avant la fin de ces préparatifs, une pluie drue commença de tomber et un vent violent se leva. Chacun se mit à tenir sa tente afin de résister au vent, certains à l'extérieur et d'autres à l'intérieur de l'habitacle de toile. Je tenais un pilier devant l'ouverture de la tente tandis que j'essayais de la fermer avec mon pied. L'eau coulait sur mon corps et suintait du faîte de la tente. Je me précipitai alors à l'intérieur pour replier la natte et plaçai en tas les matelas, les couvertures et le pain au milieu de la tente. Je restais assise, avec les autres, au milieu de nos affaires sous la tente, les vêtements mouillés, et j'attendais la fin de l'orage. Daech avait profité des intempéries pour infiltrer des dizaines d'hommes dans le village et le bombardement de l'artillerie reprit lorsque la pluie se calma.

MA COMPAGNE D'INFORTUNE

Dans cet environnement inconnu, ma peur n'avait plus de limite. Ma mère de 80 ans, ma compagne d'infortune qui avait connu avec moi l'angoisse et la fuite, ne cessait pas de prier et d'invoquer Dieu. Les peurs et les souffrances des personnes âgées et des enfants représentent, dans cette guerre, ce qui est le plus dur à supporter. Lorsque la pluie violente s'était abattue sur la tente, Maram, une fille de dix ans, se mit à crier d'une voix qui mêlait au bruit du tonnerre tout ce que sa mémoire avait retenu du fracas des bombardements et des explosions. Sa mère la prit dans ses bras et lui dit : « ce n'est que la pluie, la seule différence est que nous sommes sous une tente et non dans notre maison ».

Les tirs d'artillerie durèrent une demi-heure et quand ils cessèrent, nous sortîmes pour réparer ce que l'orage avait endommagé. Les pieds dans la boue, nous refixions les piliers et les cordes des tentes Au coucher du soleil, nous retournâmes sous les tentes. Nous étions vingt personnes sous une seule tente à prendre notre dîner. La nourriture était juste suffisante pour combattre le froid et la peur avant notre prochaine fuite. Notre seul plaisir était de préparer le thé, ce que nous faisions plusieurs fois par jour avant de prendre conscience qu'il fallait réduire notre consommation.

Le jour suivant, un soleil éclatant nous permit de faire sécher les matelas et les couvertures. Nous restions sur le qui-vive bien que les tirs d'artillerie se soient atténués depuis la veille et qu'il ne semblait pas y avoir d'affrontements en cours. Les hommes se réunirent sur la plus haute butte pour surveiller le village et tenter de comprendre ce qui se passait ou ce qui pourrait bien se passer. Ils n'utilisaient pas l'appellation officielle de Forces démocratiques syriennes qui était réservé aux communiqués et aux discours télévisuels. L'appellation populaire était tout simplement « les Kurdes » qui servait à désigner ceux qui étaient de l'autre côté du canal. Il ne semblait pas y avoir beaucoup d'Arabes parmi eux, leur présence était marginale et les Kurdes occupaient le devant de la scène. Les combattants arabes au sein des Forces démocratiques syriennes n'étaient liés à aucune cause et ils ne représentaient que des chiffres dans cette organisation. L'opinion populaire considérait leur présence comme une couverture légitimant le commandement kurde et affublant une apparence « démocratique » à cette formation qui visait à mettre sous sa domination les territoires enlevés à Daech. Son objectif était de les contrôler seul et de leur donner un caractère kurde, ce qui était bien éloigné de ce que l'adjectif « démocratique » était supposé suggérer dans leur appellation.

Autour de midi, deux hélicoptères Apache vinrent tourner lentement sur le village à une petite hauteur. Des hommes qui étaient montés sur la butte affirmèrent que les Forces démocratiques syriennes établissaient un pont sur le canal sous la protection de deux aéronefs. Après plusieurs heures, nous entendîmes le bruit d'une forte explosion. Quand la fumée se dissipa, les gens du village découvrirent que le château d'eau avait disparu du paysage. On se mit alors à attendre la venue des Kurdes dans le village.

Une nuit, trois jours après notre installation sous les tentes, et alors que nous nous préparions à dormir, le bombardement commença. Notre expérience nous laissait penser qu'il ne s'agissait ni de tirs d'artillerie, ni de bombes aériennes. Le point de lancée des projectiles était proche car nous entendions leur départ. Nous suivions leur trajectoire au-dessus des tentes et nous pouvions déterminer l'endroit de leur impact quand ils explosaient. Nous espérions que le bombardement allait être de courte durée mais il n'en finissait pas. Nous ne pouvions même plus compter le nombre de tirs qui avaient certainement dépassé la cinquantaine. Nous craignions que le prochain obus nous atteindrait dans cette obscurité alors que seul un morceau d'étoffe nous séparait du ciel. Quel était notre ennemi dans cette guerre ? Qui se battait pour nous, ici ou ailleurs en Syrie ? Qui parmi les pays et les organisations qui se combattaient avait pris notre parti et souhaitait que nous restions en vie ? Voilà les questions que nous n'arrêtions pas de nous poser sous la tente.

Je tenais à rester « vivre » dans ce campement. Je passais le temps à attendre celui qui serait le nouveau vainqueur et je tremblais comme une feuille sans parvenir à me contrôler. La langue commune des habitants des tentes était ces regards de peur qui s'échangeaient entre deux obus. Entre le bruit de leur lancée qui durait quelques secondes et la crainte qui s'emparait de nous à la pensée de leur destination, notre seul agir était de rester là où nous étions. Je restais paralysé par la peur durant plus de deux heures puis les avions commencèrent à nous survoler. Nous ne savions pas d'où ils venaient et où ils allaient. Ils étaient accompagnés par un avion de reconnaissance plus bruyant que les autres, ce que nous comprîmes bien après car leurs passages répétés au-dessus de notre petit campement ne donnaient lieu à aucun bombardement. Nous restâmes dans l'expectative jusqu'au matin, puis nous apprîmes que les avions avaient pilonné les magasins de voitures de Raqqa. Le village avait été épargné, quelques obus étant tombés dans les vergers et les terrains agricoles qui l'entouraient.

LE PAIN ET L'EAU

Le lendemain matin, un vendeur de pain venu d'un village voisin s'était présenté et les habitants de la tente achetèrent tout ce qui leur était possible d'acheter. Les hommes apportèrent des citernes d'eau qu'ils avaient remplies à partir des canaux d'irrigation voisins. Pendant dix jours, ceux-ci s'étaient asséchés. Nous remplissions tous les récipients à notre disposition de cette eau jaune et maculée que nous purifions avec des pilules que nous avions déjà utilisées dans notre maison à Raqqa. Au début, la vue de cette eau m'empêchait de boire mais au bout de deux jours, je dus bien dépasser mon dégoût initial pour étancher ma soif. Les hommes dirent que les combattants de Daech avaient utilisé les canaux d'irrigation pour se dissimuler et qu'ils s'en étaient servis comme de tranchées dans leur guerre contre les Kurdes. On apprit ensuite que des cadavres de combattants de Daech avaient séjourné dans ces canaux et sur leurs bords.

LE NOIR ET LE JAUNE

Un après-midi, un avion bombarda une des maisons du village. Plusieurs jeunes coururent vers la butte pour identifier la cible visée. Quand la fumée se dissipa, ils se rendirent compte qu'une maison située à l'entrée du village avait entièrement disparu. Des jeunes s'approchaient souvent du village pour l'observer et on pensait qu'ils transmettaient des informations aux Kurdes près du canal. Certains affirmèrent que la maison fut bombardée quand des combattants de Daech y avaient pénétré. Ils étaient maintenant des cadavres ensevelis sous les décombres d'une maison dont il ne restait que l'escalier. Il semble que deux ou trois maisons aient été ainsi détruites de la même manière.

Cet événement occupa l'esprit des gens du village pendant plusieurs heures jusqu'à ce qu'ils soient surpris, à la tombée de la nuit, par des tirs d'artillerie provenant d'un endroit qui était théoriquement sous le contrôle de Daech. Est-ce que les combattants de Daech étaient en train de se tirer dessus ? Peu à peu les bruits du bombardement se rapprochèrent et des obus éclatèrent près de notre campement. La densité des tirs nous obligea à fuir en proie à une peur contagieuse et au milieu des hurlements. Un homme et sa famille se précipitèrent vers leur voiture et nous cria d'aller dans un village plus éloigné. Automobiles et tracteurs se mirent alors tous en marche dans une course éperdue pour s'éloigner des obus qui ne cessaient de tomber.

Nous courûmes vers une voiture mais le temps mis à parcourir la distance semblait très long en raison de la peur qui nous paralysait. Notre voiture suivit une file de véhicules qui s'étaient engagés vers une destination qui m'était inconnue pas car je ne suis pas de cette région. Les voitures suivirent le tracé d'un canal d'irrigation. Le soleil se couchait mais nous réussîmes à voir des roseaux dans le canal à la lumière des phares. Le chemin était étroit et ne pouvait contenir qu'une seule voiture. L'un des côtés était bordé par un haut mur en terre. Nous nous éloignions du campement à grande vitesse, et le bruit des explosions s'atténuait progressivement. Mes yeux étaient fixés sur le canal mais c'était comme si je n'étais pas présente. Est-ce possible que tout cela soit arrivé ? Est-ce que je suis dans un film ou en train de regarder un film ? Est-ce qu'un obus éclatera sur nous avant que nous ayons pu nous éloigner ? Personne ne croit à sa mort, on pense toujours que cela n'arrive qu'aux autres. Mais durant tous ces instants, je pensais que la mort me poursuivait. Tu as beau la nier, elle ne te quitte pas des yeux.

La voiture s'arrêta et cela éclipsa la tourmente de mes pensées. Elle était tombée en panne alors que nous n'avions parcouru que la moitié de la distance qui nous séparait de notre destination finale que je ne connaissais pas. Une voiture nous dépassa puis revint pour nous tirer avec une corde, mais après quelques mètres, celle-ci se rompit. Alors le conducteur nous laissa et reprit sa route. Ensuite, un tracteur vint à notre rescousse et réussit à nous tirer sur une bonne distance. Au bout du canal, la corde se brisa avant d'arriver à la route asphaltée et nous faillîmes verser dans l'eau. Le reste de la caravane de voitures poursuivait son chemin tandis que nous restions coincés.

La peur fit alors place à un sentiment de solitude. J'étais seule au monde. Ma gorge me faisait mal, non pas à cause de la soif mais parce que je ressentais une sensation d'oppression. Pourquoi notre dignité était-elle avilie à ce point, et dans l'intérêt de qui ? Pourquoi tout cela a t-il été enclenché ? Pourquoi personne ne s'intéresse t-il à mon existence ? Pourquoi ne suis-je pas traitée en être humain et devrais-je n'être autre chose qu'un numéro dans cette guerre au cas où je disparaîtrais ? Est-ce que ceux qui actionnent ses fils m'ont déjà transformé en une créature qui est seule responsable de rester en vie et d'être née en cet endroit de la terre ?

SOUS LA FÉRULE DU TEMPS

La succession rapide des événements affecte ton humanité. Dans la lutte pour la survie, il n'est plus temps de faire halte. Une voiture revint nous chercher et nous dûmes abandonner notre véhicule en panne. Nous étions les derniers arrivés et les pièces étaient remplies de réfugiés dont certains étaient même contraints de rester à l'extérieur. La propriétaire de la maison, une dame âgée, nous accueillit et dit à tout le monde d'entrer. L'aide que nous avait apportée le conducteur revenu nous chercher et le visage souriant et affable de la propriétaire atténuèrent ma peur et mon désespoir qui m'avaient empêchée de descendre de voiture à notre arrivée. J'étais dans un tel état de nervosité que je ne pouvais commander à mes jambes de se glisser hors du véhicule, au point que quelqu'un dut venir m'aider. La dame nous souhaita la bienvenue et sa foi en la miséricorde de Dieu fut communicative. Les gens du campement se répartirent dans les maisons voisines. L'obscurité régnait. Nous demandèrent aux habitants de ne pas allumer de lumières à l'extérieur des maisons car la circulation aérienne était encore intense. Je m'étendis sur mon matelas comme une trentaine de femmes et d'enfants qui se trouvaient dans la même pièce. Nous ne parvenions pas à dormir. Nous guettions le bruit des avions qui allaient et venaient et nous écoutions les tirs d'artillerie qui se succédaient à une cadence rapprochée. Je m'étais recroquevillée l'esprit tout engourdi par le fracas des explosions et des survols aériens qui se mêlaient aux tremblements des portes et des fenêtres. J'étais obsédée par la question de savoir si ce lieu était vraiment sûr et quelle serait notre destination si les combats parvenaient jusqu'ici.

Cet événement survint quatre jours après notre arrivée. Les régions contrôlées par Daech, notamment à Raqqa, ne faisaient l'objet d'aucune négociation entre l'opposition et le régime et ses soutiens. C'était comme si ces territoires avaient été retranchés du reste de la Syrie, qu'ils étaient vides de civils et qu'on pouvait ainsi les ignorer. La présence de Daech les avait livrés aux convoitises de tous. Aucune justification n'était avancée par les États qui y intervenaient en semant une mort indiscriminée, utilisant toutes sortes d'armes. Le prétexte de combattre le terrorisme et d'éliminer Daech était un permis de tuer pour tous les États et organisations impliqués.

Je ne me rappelle plus quand l'accalmie survint. Je dormis d'un sommeil agité. Il me souvient qu'un homme entra dans la pièce et dit : « c'est le matin, levez-vous pour que l'on parte, le village a été "libéré" ». Il était sept heures du matin quand nous revînmes à notre campement en pensant que nous retournerions au village dans deux ou trois jours après un déminage.

LE DRAPEAU DES KURDES

L'entrée des Kurdes dans le village était attestée par la présence du « drapeau jaune », connu officiellement comme étant celui des Forces démocratiques syriennes, mais qui est en réalité celui des Kurdes. Nous le voyions flotter de loin alors que nous étions dans un campement qui se situait en contrebas des villages restés sous la domination de Daech et qui formaient un demi arc de cercle distant de six kilomètres de notre village. Nous avions entendu que Daech avait placé un canon sur la plus haute des buttes. Il fut bombardé par un avion avant même qu'il ne tire un obus.

Le jour de la « libération » se passa sans qu'aucun mouvement ne soit signalé. Au crépuscule cependant, l'artillerie des Kurdes commença à pilonner les villages qui se trouvaient au-delà du campement. J'étais alors en train de me promener et j'avais dépassé de cent mètres la dernière tente. J'avais entendu les tirs mais je n'avais pas rebroussé chemin. Ils semblaient distants. Mais soudain, un obus tomba devant moi à une courte distance, sur le chemin de terre qui conduisait aux villages voisins. Je revins alors en courant vers le campement. Un autre obus tomba au même endroit cinq minutes après. Un des hommes nous dit que les Kurdes allaient attaquer ces villages après cette préparation d'artillerie et que nous devions nous éloigner des chemins qui y menaient. Où pouvions-nous aller maintenant ? Un des habitants du village avait construit sa maison sur un terrain agricole situé à bonne distance de la localité et proche de notre campement. Certains de ses occupants coururent se réfugier dans cette maison en prévision d'un bombardement possible des tentes, pensant qu'il valait mieux un toit en dur qu'une toile pour se protéger des obus.

LA FUMÉE NOIRE

En dix minutes, tout le monde avait quitté le campement à l'exception de quelques hommes qui préférèrent rester. Nous rejoignîmes tous à la maison d'Abou Ali, le seul bâtiment existant dans ce périmètre avec une autre maisonnée appartenant à son fils. Ma mère marchait très lentement car le chemin passait sur un terrain cultivé qui rendait la marche difficile pour ses quatre-vingt ans. Je lui tenais une main tandis que je portais dans l'autre un sac de médicaments et une couverture. Je devais la tirer pour qu'elle suive et les obus n'arrêtaient pas de tomber à une distance rapprochée. Je l'exhortais sans succès à se presser alors que tous nous avaient déjà dépassées. La courte distance devant nous nous apparaissait interminable. Chaque fois qu'un obus explosait, je me mettais à frissonner en espérant que le prochain n'allait pas nous tomber dessus. Je ne pouvais pas courir et cela augmentait mon angoisse. Je vis soudain un enfant de sept ans qui se dirigeait vers moi en courant et qui me dit : « tante, donne moi la couverture, laisse-moi t'aider ». Il prit la couverture et marcha devant nous. Plus tard, chaque fois que je le voyais, je l'embrassais et lui disais « bonjour mon petit héros ».

Nous nous rassemblâmes dans la maison et nous passâmes la première nuit dans le fracas du passage des avions et des explosions des obus. De temps en temps, nous entendions des tirs d'armes automatiques, ce qui laissait présager que les combats étaient proches. Les vitres de la maison brillaient chaque fois qu'un obus ou une bombe explosait. Quand nous voyions un éclair surgir dans l'obscurité au-dessus du village qui se trouvait devant nous, le bruit d'une explosion se faisait entendre juste après et nous pouvions en déterminer la nature.

Dans cette guerre, aucune partie n'était à nos côtés et nous ne prenions partie pour personne. Nous, les civils, nous n'avions qu'à nous soumettre à la loi du vainqueur. Nous prenions ce qu'il nous donnait, et certains d'entre nous travaillaient pour lui car nous étions sous sa domination. Quels que soient les couleurs, les noms et les idéologies, la manière de gouverner était la même.

Au matin, le bruit des explosions se calma et les gens retournèrent au campement. Quelques tentes avaient été atteintes par des éclats d'obus et nous pouvions voir des francs-tireurs postés sur les terrasses des maisons dans les villages qui se trouvaient en face du camp. Ils étaient passés sous le contrôle des Kurdes dont on pouvait voir flotter le drapeau. Durant l'après-midi, ils mirent le feu à des pneus pour célébrer leur victoire, ce qu'ils faisaient à chaque fois qu'ils conquéraient un nouveau territoire.

Un soir, deux jours après ces combats, une violente tempête de sable se leva. Le vent était tellement fort que nous dûmes retenir les pitons de tentes fichés dans le sol, tandis que le vent les secouait et que la poussière nous faisait suffoquer. Tout le monde se mit à invoquer Dieu et alors que la tempête s'aggravait, nous entendîmes aussi le son des balles. Cela nous angoissa encore plus car nous savions que Daech profitait généralement des mauvaises conditions climatiques pour attaquer. La tempête dura environ une heure, nous avions des crampes dans les mains à force de tenir les pitons de tentes. Le vacarme de la bataille augmentait la peur que nous inspiraient les belligérants. Mais nos tentes tinrent bon et le vent se calma.

Le matin, nous apprîmes que Daech avait attaqué les villages qui nous faisaient face. Les Kurdes répliquèrent par des bombardements indiscriminés du fait de l'absence de visibilité et cinq civils furent tués. C'étaient des villageois qui s'étaient réfugiés dans ces tentes. Il y avait parmi eux un nourrisson qui mourut entre les mains de sa mère restée sauve.

L'ÉCONOMIE DE LA NÉCESSITÉ

Au milieu du tumulte de la nature et de l'effervescence des combattants, le campement se transforma en une sorte de prison. Auparavant, nous pouvions nous rendre dans les villages alentours, voire même jusqu'à Raqqa, Dorénavant, il n'était plus possible d'acheter du pain, dont la fourniture était d'ailleurs une tâche réservée aux femmes et aux enfants. Ils allaient d'abord s'approvisionner en bois, puis les femmes les plus âgées pétrissaient la farine que chaque famille avait achetée en prévision de telles circonstances. On en avait à notre disposition pour environ deux semaines. Dans cette atmosphère pleine de fumée et de chaleur, les femmes pratiquaient cette tâche quotidiennement. Le ramassage du bois était cependant la chose la plus difficile car il fallait s'éloigner du campement sous la menace d'un bombardement inopiné. La perspective de la fin des provisions de farine nous rendait aussi soucieux. Les hommes avaient eux pour mission d'aller récupérer du kérosène en tentant l'aventure sur des sentiers conduisant à d'autres campements situés dans des villages éloignés, en évitant les points de contrôle militaires.

DE L'EAU !

Un matin, nous entendîmes de l'eau qui coulait, un son qui avait percé mon sommeil. Mais ce n'était pas un songe et nous pûmes constater à notre réveil que l'eau s'écoulait dans le canal situé à côté de la tente. Et cela après dix jours passés à boire l'eau des marécages ! Les Kurdes avaient permis l'écoulement de l'eau, une eau abondante. Elle n'était certes pas totalement pure et ils pouvaient la retenir à n'importe quel moment, mais c'était pour nous comme un jour de fête. Un jeune homme passa près de nous et lorsqu'il vit sa tante près du canal, il se mit à chanter, moqueur, en désignant notre habitation de toile : « quelle chance as-tu d'avoir une maison sur la rive ». Elle lui répondit en riant avec une autre chanson : « je jure de quitter ton palais pour retourner sous la tente ». Nous nous sommes alors dit que si la chanteuse avait habité dans ce campement, elle n'aurait pas quitté sa hutte, sans même parler de son palais. Petits et grands allèrent nager. Chacun notre tour, nous prîmes une douche à l'intérieur de la tente.

LE GARANT

Durant tout ce temps, le campement était devenu comme un village isolé du reste du monde. Nous n'avions pas vu encore de Kurdes. Notre camp et tous les autres n'étaient pris en compte par aucune organisation politique ou humanitaire. Les gens étaient livrés à eux-mêmes. Quelques hommes avaient reçu un laissez-passer des Kurdes après leur avoir présenté un garant, et ce pour traverser vers la partie ouest du canal qui était sous leur contrôle depuis des mois. Ils y allaient pour en rapporter de la farine ou quelque chose à manger mais ne devaient pas dépasser la durée de passage impartie par les combattants et devaient revenir avant qu'ils soient remplacés. Nous pûmes ainsi nous approvisionner et nous débarrasser des commerçants qui nous exploitaient en nous vendant leurs produits trois ou quatre fois plus cher que le prix normal. Chaque personne qui sortait du camp devait y revenir car, sinon, il était envoyé aux camps de Ayn Issa. Les habitants des tentes voulaient vivre à côté de leur village. Ils espéraient y retourner bientôt et craignaient pour les biens qu'ils y avaient laissés.

La proximité de leurs possessions n'empêchait pas celles-ci d'être l'objet de pillages. Une personne qui s'en était allée vers le point de contrôle le plus proche en était revenu en insultant les Kurdes : « ceux-là ils sont venus pour nous libérer pas pour nous voler ». Il faisait allusion à des voitures remplies de biens pris dans les maisons et les boutiques et qui étaient sorties du village Certaines femmes pleurèrent en l'écoutant et se plaignirent de la « dureté des temps ». Quelques hommes se rendirent dans le village pensant qu'il était devenu « démocratique » et qu'ils pouvaient manifester et protester contre ces agissements, mais ils revinrent vite pleins de déception et de crainte.

TIRE SUR LE CIVIL, QU'IL AILLE AU DIABLE

Cette action de protestation fit réagir les Kurdes qui vinrent signifier qu'ils étaient les vainqueurs et qu'il ne fallait pas perturber le nouvel ordre dominant. Alors que nous préparions le thé, le lendemain matin, des hommes se mirent à courir en criant : « les Kurdes, les Kurdes ». Nous sortîmes tous des tentes pour regarder cette nouvelle créature qui allait bientôt nous faire face. Une jeep filait en direction des tentes et s'arrêta brusquement en soulevant la poussière dans un demi-tour spectaculaire tout droit sorti d'un film hollywoodien. Cinq hommes armés en jaillirent, le doigt sur la gâchette et en laissant les quatre portes du véhicule ouvertes. Leur chef s'adressa en arabe avec un accent kurde aux gens du campement : « tout le monde hors des tentes, tout le monde se met en rang ici », en indiquant du doigt un endroit éloigné des tentes. Je demandais à un voisin de lui transmettre cette question : « est-ce que les femmes et les hommes sont concernés ou seulement les hommes ? ». Il répondit avec une voix pleine de colère « tout le monde se met en rang, hommes et femmes ». Ma mère resta assise sur une chaise à côté de la tente comme si cette affaire ne la concernait pas. Quelques femmes firent deux ou trois pas devant leurs tentes tandis que les autres avaient fui dès l'arrivée des hommes armés et s'étaient cachées dans la partie la plus éloignée du camp. Les hommes se mirent en rang et je m'en approchais pour tenter d'entendre le chef en colère. Il dit à ses hommes : « soyez prêts à tirer si l'un d'eux tire, tirez lui dessus, abattez le civil, qu'il aille au diable ».

À cet instant, j'éprouvai le même sentiment ressenti lorsque le régime nous jetait des barils explosifs par parachutes. J'entrais dans le tourbillon de l'insensibilité. L'obus décide pour toi, il ne te laisse pas te perdre dans le dédale de ton insensibilité. Il te transporte en un instant de la première à la dernière peur meurtrière. Il te jette entre deux rives semblables sans te laisser le temps de discerner leurs différences. Quant à cette sensation d'insensibilité, elle t'empêche de penser et de fuir et te laisse clouée dans ton coin dans l'attente de l'explosion du néant. Cette sensation qui oscille comme un baril dans sa descente et dont le silence est assourdissant, t'entraîne en un point particulier de ta vie auquel il t'attache. Un seul point fixe qui dure longtemps : « tire sur cette civile, qu'elle aille au diable ». Lorsque j'entendis cette parole, je me souvins des scènes de films de massacres collectifs commis par les colonisateurs. Leur chef dit ensuite dans un arabe approximatif ; « entrez dans les tentes et fouillez les, nous avons été informés que des armes y étaient cachées ». Les hommes armés inspectèrent en cinq minutes toutes les tentes et revinrent vers leur chef en lui disant : « on n'a rien trouvé ». Ils remontèrent dans la voiture et en partant le chef s'adressa aux femmes : « excusez-nous mes sœurs, ils ont mis le désordre dans vos tentes ». Dix minutes après leur départ, ils revinrent avec dans le coffre de leur voiture trois jeunes hommes les yeux bandés. Leurs cheveux longs et leur barbe épaisse se voyaient de loin. L'un des Kurdes nous dit : « ce sont des hommes de Daech qui se cachaient dans des tentes ». On s'est alors demandé si ils cherchaient des armes ou des combattants de Daech, à moins que tout cela ne fut qu'une comédie pour nous épouvanter.

Avant que les Kurdes reviennent avec leurs prisonniers, les hommes du campement avaient décidé de se couper la barbe et les cheveux après avoir hésité à le faire de crainte du retour de Daech. Lorsque la voiture des Kurdes passa devant le campement avec les trois présumés membres de Daech à son bord, ses occupants remarquèrent que nos hommes avaient commencé à se raser. L'un d'eux les désigna de la main et dit en riant « regardez, regardez, ils sont en train de se raser ». C'était comme si il avait dit : « nous avons gagné ».

Malaka AL-AYEED

LA VIEILLE VILLE DE DAMAS OU LA PEUR DE L'AUTRE[1]

Rahaf, la trentaine, est revenue usée après une journée entière passée à chercher une location dans la capitale. Elle s'attend à ce que ça lui prenne encore plusieurs jours, étant donnée la difficulté de trouver un logement « décent, abordable et louable à une musulmane sunnite venant de Idlib », pour reprendre ses propres termes.

Rahaf dit avoir trouvé plusieurs logements qui lui convenaient dans les quartiers de la vieille ville, d'al-Qasar et de Bab Touma. Mais la plupart des propriétaires, dans ces quartiers à majorité chrétienne et chiite, ne souhaitent pas louer leurs maisons à des sunnites : « c'est ce que j'ai conclu après de longues semaines de recherche ».

Personne n'a donné à Rahaf de raison concrète à ce refus, sauf un propriétaire, qui s'est excusé en lui expliquant qu'elle n'était pas « des leurs » – comprendre « de la même religion ». Elle a également essayé de s'inscrire sur les listes des couvents du quartier de Bab Charqi qui, d'habitude, louent des chambres aux jeunes femmes. Mais elle n'a rien obtenu jusqu'à présent, sous prétexte que toutes les chambres sont occupées.

Aujourd'hui, dans les vieux quartiers de Damas, un nouveau type de peur se répand, différent de la peur du régime, de l'arrestation, du « business » du service militaire des conscrits et des réservistes, ou de la mort par roquette ou par balle perdue. Il s'agit de la peur de l'Autre, de sa différence. Chacun se ferme devant celui qui vient d'une autre région, ou appartient à une autre communauté religieuse.

Saad possède une grande maison arabe traditionnelle à Bab Touma, dans la partie ancienne da la capitale, où vivent des chrétiens. Pendant des années, il a loué ses chambres à des étudiants et des touristes étrangers. Sa maison était souvent pleine, surtout en été, la saison privilégiée pour visiter le pays et suivre des cours d'arabe dans l'un des instituts bien réputés de Damas.

1 Article publié dans *Al-Jumhuriya*, 10 août 2017. Traduit par Marianne Babut.

Mais les années de guerre ont, depuis, réduit quasiment à néant le tourisme, laissant peu de choix à Saad. Obligé de s'assurer de quoi vivre, il s'est résolu à louer ses chambres à des Syriens, la plupart « déplacés » des « zones chaudes », pour reprendre l'euphémisme de rigueur.

Mais, nous explique Saad, il préfère louer uniquement aux étudiants : « je ne veux pas d'ennuis ». Il se tait puis poursuit : « J'accueillerais bien tout le monde… Mais on m'a conseillé de ne pas louer aux déplacés afin d'éviter les problèmes. Il faut rester prudent, une catastrophe est vite arrivée. »

EN PÉRIODE DE FÊTE, INTERDICTION D'APPROCHER

Dans le même ordre d'idée, Ghalia raconte un incident qui lui est arrivé à Pâques, en avril dernier. Elle avait rendez-vous chez des amis à Bab Touma. Mais, en raison de son identité, elle n'a pas été autorisée à pénétrer dans les quartiers de la vieille ville. Alors que la jeune femme d'une vingtaine d'années se rend à Bab Touma, fermé aux voitures en raison des festivités religieuses qui s'y déroulent durant la semaine de Pâques, on lui demande au barrage érigé à l'entrée du quartier de présenter ses papiers. On l'informe alors qu'elle ne pourra poursuivre son chemin que si l'un de ses amis vient confirmer son identité : « On a désormais besoin de garants pour se déplacer dans le pays. Quand on vient de la banlieue de Damas, on ne peut plus entrer dans certains quartiers de la capitale sans qu'un habitant confirme, en personne, qu'il nous connaît ».

Ghalia est convaincue que les longues années de guerre ont poussé chaque composante de la société syrienne – et tout particulièrement à Damas, qui a accueilli des centaines de milliers de personnes déplacées – à se replier sur elle-même, sur son identité particulière et sur ceux qui la partagent. Tous cherchent ainsi une protection et une intégration qu'ils ne peuvent plus trouver en dehors de leur communauté, « ce qui menace de faire advenir une génération qui n'acceptera pas l'Autre et qui refusera de partager avec lui jusqu'aux choses les plus anodines de la vie. Or ce refus peut mener au désir de se débarrasser de cet Autre, par les armes s'il le faut. »

UNE ACTIVITÉ IMMOBILIÈRE FLORISSANTE

La partition confessionnelle des quartiers de la vieille ville de Damas se lit également dans les opérations de vente de résidences et de magasins, qui constituent désormais un marché en pleine expansion. La dynamique immobilière semble confirmer le cloisonnement des communautés confessionnelles. En se regroupant au sein de quelques quartiers voisins, les habitants forment un microcosme qui leur ressemble et leur procure un sentiment de réconfort et de stabilité.

Si tu souhaites acheter une maison dans la vieille ville, il faut t'attendre à affronter des questions du genre : « Es-tu chrétien, sunnite ou chiite ? ». Et, en fonction de ta réponse, il se peut que la transaction tourne court, quel que soit l'argent dont tu disposes.

Dans les quartiers de Bab al-Salam et d'al-Amara, les propriétaires musulmans sunnites préfèrent, eux aussi, vendre leurs biens fonciers à des musulmans sunnites. De même que dans les quartiers à majorité chiite, comme par exemple al-Joura, les propriétaires favorisent les ventes aux chiites et, en second lieu, aux chrétiens. Même chose pour les quartiers à majorité chrétienne, où les habitants souhaitent que leurs nouveaux voisins soient des leurs.

On ne peut, à l'œil nu, dire si ce phénomène est à l'œuvre dans l'ensemble des quartiers. Mais il semblerait que certains fonctionnent différemment, comme par exemple le quartier juif jouxtant Bab Charqi, et dont la majorité des habitants sont partis, à l'exception de quelques rares familles. Leurs maisons, inhabitées depuis de longues années, ont récemment fait l'objet d'un regain d'intérêt immobilier, en raison de la chute des prix de ces vieilles bâtisses délaissées et souvent délabrées. Un grand nombre d'entre elles sont la propriété de familles juives qui ont émigré, ou bien d'associations palestiniennes. Il semblerait qu'ici, les instigateurs de ce regain d'activité immobilière soient surtout des chiites. Ce constat saute aux yeux dès que l'on entre dans le quartier, où sont partout affichés des étendards verts et des portraits de l'imam Ali, ainsi que la nécrologie des miliciens chiites qui se battent aux côtés du régime d'al-Assad.

UNE PROBABLE EXPANSION CHIITE

Un seul mot suffit à déclencher les nombreuses discussions qui, à Damas, tournent de manière inquiète autour de l'appropriation par des Iraniens de dizaines de propriétés foncières dans différents quartiers de la capitale, à commencer par sa vieille ville. Mais, à défaut de preuves systématiques, le sujet oscille entre réalité et conjectures.

Salim, un habitant du vieux quartier d'al-Amar, confirme le dynamisme des opérations de vente et d'achat dans la zone, au profit de nouveaux propriétaires syriens de confession chiite : « Chaque jour, nous découvrons de nouveaux visages dans le quartier et nous savons tout de suite, à leurs vêtements – surtout ceux des femmes et leur style de hijab – qu'ils sont chiites. Aucun doute, ce sont des Syriens, mais on ne sait s'ils ne sont pas de simples couvertures pour des propriétaires iraniens qui, tôt ou tard, surgiront à la surface ».

Selon Salim, ces opérations de vente concernent surtout les maisons dont les propriétaires ont quitté le pays : « On ne peut pas attester formellement que ces tractations immobilières visent à exproprier spécifiquement les sunnites, car il n'existe aucune statistique précise sur le sujet. Mais ce qui est certain, c'est que le nombre de chiites qui acquièrent des maisons et des terrains dans les quartiers anciens, grossit de jour en jour. »

De même, il est difficile de connaître avec certitude les raisons des multiples incendies qui ont eu lieu dans la vieille ville, entre le premier, déclenché à al-Asrouniyeh l'année passée, et celui de Bab al-Jabiyeh en juillet dernier.

Le 25 avril 2016, un important incendie ravage près de cent boutiques dans le souk al-Asrouniyeh, l'un des plus importants marchés couverts de la vieille ville, qui se situe entre le souk al-Hamidiyeh, le souk al-Manakhiliyeh, la mosquée des Omeyyades et la citadelle de Damas. Cet incendie, qui a sévi pendant plus d'une demi-journée, est le plus grave qu'ait connu la ville depuis bien longtemps.

La nature de son élément déclencheur fait l'objet de nombreuses interrogations. Les sources officielles ont parlé d'un court-circuit électrique qui aurait mis le feu à la première boutique, puis d'un incendie qui se serait propagé à une vitesse record, en raison des matières plastiques extrêmement inflammables dont regorgent les étals alignés côte à côte dans ce souk. Mais, à voix basse, de nombreux habitants et propriétaires des boutiques dénoncent l'implication du régime – et, derrière lui, de l'Iran – dans le déclenchement de l'incendie. Ce dernier est en effet survenu après que de nombreux commerçants ont refusé, malgré moult pressions, de vendre leurs biens fonciers à des chiites d'Iran ou à leurs intermédiaires syriens. Cette « offensive », d'après certains habitants du quartier, « vise à assurer l'agrandissement de la zone autour du tombeau de Sayyida Roqaya », qui est devenu, ces dernières années, un véritable lieu de pèlerinage où se rendent chaque jour des centaines de chiites. Des dizaines d'organisations chiites à caractère religieux ont vu le jour tout autour de la mosquée (l'Institution du martyr, l'Institution Jihad al-Bina / branche syrienne, le Mouvement des amoureux d'al-Aqila, ou l'Association Sitt Roqaya par exemple), dont la plupart opèrent dans le cadre d'activités caritatives.

L'incendie d'al-Asrouniyeh n'est pas resté un fait isolé. Il a été suivi de plusieurs autres, de moindre gravité, dans différents quartiers de la vieille ville – dont le dernier date du 27 juillet 2017, à l'entrée du quartier al-Chaghour, du côté de Bab al-Jabiyeh – suscitant, chaque fois, les mêmes interrogations sur les causes officielles et réelles de ces incidents.

FESTIVITÉS ET AUTO-FLAGELLATION

Dans les quartiers à majorité chrétienne de la vieille ville, le phénomène se manifeste différemment, à travers la multiplication ces deux dernières années de milices chiites, au point que cela confine à la « provocation idéologique », selon les termes de certains habitants.

« Des langues étrangères inconnues. Des processions funéraires. Des inscriptions murales, des affiches, des slogans religieux communautaires, qu'on n'avait jamais vus auparavant, comme 'Nous répondons à ton appel, ô Hussein', ou 'Nous répondons à ton appel, ô Zaynab'. Ces scènes viennent à leur façon consacrer la division dans nos quartiers, dont certains sont devenus les QG des miliciens chiites qui épaulent les offensives militaires du régime syrien contre ses opposants », raconte

Georges, qui vit dans l'un de ces quartiers. Il parle des fêtes chiites dont la célébration, à l'intérieur des vieux quartiers, a pris l'ampleur des fêtes chrétiennes, imposant un peu partout des barrages qui morcellent ces quartiers, ainsi que des ingérences sécuritaires inhabituelles.

Pour Georges, la prolifération de ces barrages, que ce soit à l'occasion des fêtes religieuses chrétiennes ou chiites, reflète la partition confessionnelle à l'œuvre dans la ville : « Aujourd'hui, tout le monde est enclin à constituer des entités militaires sur une base communautaire et religieuse, afin de protéger et de défendre son quartier. C'est là le résultat le plus alarmant de cette division de la ville : chaque quartier en appelle désormais à la force des armes pour assurer sa pérennité ».

On peut également faire le constat de ce morcellement de la société damascène, à l'occasion des processions religieuses chiites et des scènes d'auto-flagellation, lorsque le défilé traverse le souk al-Hamidiyeh jusqu'à la mosquée des Omeyyades. Une partie des passants et des commerçants réprouvent à l'évidence ces processions, tandis que d'autres les acclament.

Quant à passer à proximité du tombeau de Sayyida Roqaya, c'est, selon Georges toujours, une aventure d'un autre genre encore : « Autour de ce tombeau qui se situe derrière la mosquée des Omeyyades et représente l'un des principaux lieux sacrés chiites en Syrie, il y a quantité de barrages qui se qualifient eux-mêmes de "sécurité du tombeau" et dont la mission est de fouiller les passants et leurs sacs de façon extrêmement minutieuse avant de les laisser passer. Et, naturellement, ces mesures se font encore plus contraignantes lors des célébrations religieuses comme le jour de Achoura par exemple, où la zone est presqu'entièrement fermée et interdite aux bicyclettes et mobylettes. ».

« Damas n'est plus ce qu'elle était avant 2011 », poursuit Georges, « nous assistons aujourd'hui à l'éclatement, à la dissolution de nos quartiers, de nos rues, de nos maisons. Si l'on parvient un jour à dépasser nos conflits politiques, il restera difficile de dépasser les divisions sociales qui sévissent aujourd'hui et menacent de déchirer à jamais le tissu de notre ville ».

Jana Salem

LES ALAOUITES

Leur voyage vers la Syrie, leur voyage hors de Syrie[1]

LEUR VOYAGE VERS LA SYRIE

LE MANDAT FRANÇAIS

L'entité syrienne moderne est née après le départ des Ottomans, à la suite de la compétition franco-britannique sur la région et du dépeçage de l'empire. C'est pourquoi pour parler d'identité syrienne, ou d'appartenance syrienne, il a fallu un certain temps avant que ne s'en dessinent les contours. Une telle identité, ou appartenance, au début, relevait d'une représentation politique qu'appelaient de leurs vœux les élites politiques qui avaient formulé le projet de construction de l'État syrien. Cette représentation a émergé plus précisément lorsque les ambitions occidentales sur la région se sont précisées. Le tout jeune État syrien né en 1918 n'a pas eu le temps de construire ses institutions et d'installer son pouvoir sur le territoire syrien, ce qui aurait permis de consolider le sentiment d'appartenance. Dès 1920, les Français ont mis fin à cet État et l'ont divisé en plusieurs micro-États qui ont tenu beaucoup plus longtemps que le premier État syrien de 1918. Cela signifie que ces petits États sont restés plus fortement inscrits dans la mémoire des élites et des citoyens que l'idée de l'unité avec les autres régions de Syrie, défendue par une partie des élites. L'unité sera finalement réalisée, et les alaouites (objet de cette recherche) deviendront syriens pour la première fois dans

1 Des parties de ce texte ont été publiées dans *Al-Jumhuriya*, 25 mai 2013 et dans *syria.alsafahat.net*, 2 juin 2013. Traduit par Elisabeth Longuenesse et revu par Randa Baas. Les liens vers des sites internet indiqués dans les notes étaient actifs à la date de la traduction de ce texte (26 septembre 2017).

leur histoire – comme l'ensemble des Syriens. Toutefois, le « sacrifice » des alaouites au profit de cette unité fut plus grand, car ils ont perdu le premier État qu'ils aient jamais eu dans leur histoire, qui les avait rassemblés, alors qu'ils avaient jusque-là été dispersés, et qui leur avait offert la perspective et l'espoir d'être enfin maîtres de leur destin, et que les souffrances du passé ne reviendraient plus. Tous les Syriens étaient des nouveaux venus dans leur appartenance à la Syrie. C'est pourquoi, l'inquiétude fait partie intégrante de leur identité. C'est aussi le cas des alaouites. Nous ne distinguons pas le voyage de ces derniers vers la Syrie, qui a pris des voies politiques, culturelles, économiques, morales enchevêtrées. Notre propos concernera plutôt ce que nous appellerons leur voyage hors de Syrie. Ce voyage s'inscrit au niveau symbolique et psychologique, et on peut l'aborder sous plus d'un angle, tant du point de vue des alaouites eux-mêmes, que du point de vue de ceux qui ne peuvent plus supporter les alaouites, et les ont mentalement expulsés de Syrie, tandis que certains n'hésitent pas à proclamer leur intention de les chasser réellement, en les envoyant soit au ciel soit ailleurs.

La Syrie = les sunnites. Telle est l'équation admise par certains alaouites à l'époque du mandat français, et par certains alaouites d'aujourd'hui si le régime tombait. De même que cette équation allait sans dire pour certains sunnites avant l'existence de ce régime, et certains sunnites jihadistes aujourd'hui. Mais la Syrie, dans la représentation de ces alaouites, n'est pas pour autant alaouite du fait de la nature de ce régime, simplement, c'est un pays où ils peuvent vivre et coexister avec les autres, où ils peuvent être syriens. « La sensibilité à l'égard des sunnites[2] » a des racines dans le passé proche, et il n'est pas mauvais de revenir en arrière et d'évoquer quelques témoignages.

Sulayman al-Ahmad, un des grands cheikhs alaouites, répondant à Muhammad Kurd Ali, a rappelé les injustices subies par les alaouites et les souffrances qu'ils ont connues à l'époque ottomane, qui se sont traduites par une aversion à l'égard des sunnites et non à l'égard de l'État ottoman[3]. On trouve l'expression de ce sentiment dans les télégrammes

2 Nous plaçons cette expression entre guillemets parce qu'elle n'exprime pas de façon aussi précise qu'il le faudrait toutes les étapes à travers lesquelles sont passés les alaouites. En effet, il nous semble que son caractère englobant se réduit fortement durant la période de stabilité du régime, qui s'oppose aujourd'hui à une catégorie de sunnites, non à tous. L'étude explorera cette question.

3 Muhammad Kurd Ali, *Khitat al-Shâm*, Damas, Maktabat Dâr al-Nûrî, t. 3, 1983, p. 106.

envoyés par les partisans alaouites de l'indépendance à l'époque du mandat français. Dans certains d'entre eux, le refus de l'unité exprime la défense d'intérêts associés à la préservation du nouvel État créé par les Français, à savoir l'« État des Alaouites ». Toutefois, certains des arguments avancés expriment aussi une conscience enracinée dans des secteurs non négligeables des élites et de la population alaouites face aux sunnites. Dans un télégramme envoyé au ministre des Affaires étrangères, Yvon Delbos, les indépendantistes vont jusqu'à dire : « Au cas où il apparaîtrait impossible, du point de vue international, de préserver notre indépendance, [nous serions prêts] à négocier en vue d'une intégration de notre territoire au Liban, car ce pays nous ressemble, et nous pouvons facilement nous entendre avec les minorités qui le composent. Nous sommes prêts à tout, sauf à nous soumettre à la domination et au sectarisme des Syriens sunnites[4] ». Ils expliquent dans une autre lettre leur préférence pour le Liban, car ce pays « est comme nous, formé de minorités, et respectera nos croyances, nos traditions, notre dignité et notre sécurité, tandis que la Syrie représente l'oppression morale et sociale, ainsi que l'intolérance religieuse, qui la poussent à anéantir les alaouites, comme nous le montre l'histoire[5] ». Notons que, parmi les signataires, on trouve le poète Badawi al-Jabal qui sera plus tard une des personnalités du Bloc National et dont on raconte que lors de la mort de Fayçal, il ne s'est pas rendu aux cérémonies de condoléances. Quand on lui a demandé pourquoi, il a répondu : « J'ai aimé Fayçal comme homme, mais les évènements en cours en Irak, et la situation des Assyriens et des Chaldéens me rappellent que les alaouites pourraient connaître le même sort si les Arabes venaient à dominer le pays et si le pouvoir des Français, que je préfère aujourd'hui à tout autre pouvoir, se trouvait réduit[6] ». À propos des Assyriens en Irak, il est bon de rappeler la position de la Ligue d'Action Nationale (*'asbat al-'amal al-qawmî)*, fondée en 1933, à leur propos. Cette ligue était composée « d'un groupe de jeunes de toutes les communautés confessionnelles [...], parmi lesquels les alaouites étaient largement majoritaires[7] ». Après la tenue de

4 Muhammad Hawâsh, *À propos des alaouites et de leur État indépendant*, al-Sharika al-Jadîda li-l-Matabi' al-Muttahida, Casablanca, t. 1, 1997, p. 370 (en arabe).

5 *Ibid.* p. 373.

6 *Ibid.* p. 287.

7 Bou Ali Yassin, Jamal Barout, Muhammad Najâtî Tayyara, Fayçal Darraj (coord.), *Partis et mouvements nationalistes arabes*, Damas, Centre arabe d'études stratégiques, 2012, vol. 1, p. 90. (en arabe)

son congrès fondateur, la Ligue a envoyé un télégramme de soutien au roi d'Irak Fayçal, après la répression du soulèvement des Assyriens, et proclamé leur solidarité avec l'« armée héroïque », tandis que les membres de la Ligue qualifiaient l'Irak du roi Fayçal de "Prusse des Arabes", et appelaient à l'unification avec la Syrie[8]. » Quant à leur position à l'égard de la question des minorités, on y trouve les racines de ce qui fondera ultérieurement le nationalisme arabe progressiste. La résolution de leur congrès disait en effet : « Dans la mesure où le prétexte de la défense des minorités a toujours été une arme dans les mains des colonisateurs pour justifier leur intervention dans les affaires des peuples indépendants et la poursuite de la domination coloniale, et où il n'y a pas de différence entre les citoyens du point de vue de leurs droits et de leurs devoirs, quelles que soient leur confession, leur origine ou leur langue, nous rejetons et ne reconnaissons pas l'existence des minorités confessionnelles, ethniques ou linguistiques. Les habitants des pays arabes n'ont qu'une nationalité (*jinsiyya*), la nationalité arabe, et une langue officielle, la langue arabe. Toute tentative de briser cette unité est un crime contre la patrie, que nous devons combattre[9] ». Ce qui précède révèle l'existence d'un courant arabiste qui avait commencé à se cristalliser à cette époque chez les alaouites, à côté des deux autres courants rivaux : les partisans de l'unité syrienne et les partisans de l'indépendance. Ce courant ne reconnaissait par la Syrie et y voyait une option imposée par l'impérialisme, qu'il fallait dépasser pour réaliser l'unité arabe.

Akram Hourani évoque dans ses mémoires un rapport de la province de Lattaquié publié par le journal *al-Baath* (n° 248 du 28/10/1949) sous le titre « Le féodalisme à Hama doit être éradiqué ». Le rapport mentionne la candidature aux élections de l'assemblée constituante d'un certain nombre de grands propriétaires de la campagne de la « province des Alaouites », ce qui a suscité les craintes des paysans pauvres alaouites, « car heureux est celui qui possède une natte dans sa maison, ou a des chaussures à ses pieds », tandis que « l'ignorance et la naïveté qui imprègnent les esprits des paysans leur font croire que les épreuves que les propriétaires leur font subir résultent de la différence de confession [...]. Cette idée erronée a poussé les alaouites à s'imaginer que tous ceux qui sont dans le pays sont leurs ennemis, les a désespérés de toute possibilité

8 *Ibid.* p. 92-93.
9 *Ibid.* p. 80.

de justice et leur a imposé un douloureux isolement spirituel et un pessimisme difficile à dépasser. C'est peut-être ce qui explique qu'ils se soient tus face aux injustices du mandat, car elles étaient moins lourdes à supporter que les injustices infligées par les propriétaires[10] ». Ce rapport me semble bien résumer les particularités psychologiques et les conditions de vie de beaucoup d'alaouites à cette époque, qui les ont accompagnés jusqu'à leur intégration dans l'entité syrienne. L'État syrien, durant la première étape de la construction nationale, a réussi à mettre en place des institutions et à surmonter certaines insuffisances et problèmes légués par les Français. Les alaouites vont alors commencer à reconnaître leur nouvelle identité syrienne, en s'enrôlant dans ses institutions, en particulier l'armée, qui était l'institution la plus forte et la plus prestigieuse, socialement et politiquement. La jeune entité syrienne sera bientôt confrontée à une première secousse qui mettra en cause sa légitimité et son existence, lors de l'unité avec l'Égypte en 1958, lorsque la Syrie est devenue la province nord de la République Arabe Unie – unité qui prendra fin avec un coup d'État dirigé par un officier damascène en 1961. Viendra ensuite l'étape du pouvoir progressiste populaire instauré en 1963, qui met fin au pouvoir des séparatistes, au profit d'une direction militaire baassiste. Ces années voient l'apparition des officiers alaouites qui participent au pouvoir jusqu'à le dominer. Cette domination sera la plus marquée après le coup d'État de Hafez al-Assad en 1970. Jusqu'alors, les alaouites étaient loin de se limiter au groupe au pouvoir, au contraire, leurs positions étaient très diverses, allant de l'appui au coup d'État jusqu'à l'opposition la plus résolue. Ils n'étaient pas différents en cela des autres Syriens. Et certains alaouites opposants à ce coup d'État, ou considérés comme soutiens du pouvoir précédent, payèrent un prix particulièrement élevé. Il n'en reste pas moins qu'une dualité sunnite-alaouite émergera à la suite de la lutte pour le pouvoir qui traversera les élites militaires et politiques baassistes. Dans le même temps, les islamistes travailleront à renforcer cette division dans la société.

Un tournant majeur frappera les alaouites dans les années 1980 du siècle dernier sous la forme de deux mouvements (opposés) : le premier renverra au passé, en réactivant des peurs anciennes et le souvenir d'histoires terribles ; le second orienté vers l'avenir, verra de larges pans de

10 Akram al-Hûrâni, *Mudhakkirât* (Mémoires), Le Caire, Maktabat Madbûlî, 2000. Édition électronique accessible sur le site http://www.sooqukaz.com/, p. 1067-1068-1069.

la population alaouite penser que leur survie dépend de la permanence de ce régime. Plusieurs faits ont contribué à enraciner cette conviction. Des assassinats ont eu lieu depuis 1976, contre des personnalités considérées comme proches du régime, et ce sont les alaouites qui ont payé le prix le plus élevé. En 1979, ces assassinats ont été revendiqués par un groupe qui se donnait le nom de « Moujahidines », dans une publication secrète intitulée *al-Nadhir*[11]. La même année se produisit le massacre de l'école d'artillerie d'Alep, exécuté par un officier baassiste qui appartenait en même temps à l'avant-garde islamique combattante. Des dizaines d'élèves officiers furent tués, la plupart alaouites. Cet évènement marqua le début de l'escalade entre les deux parties, les islamistes et le régime. Le journal *al-Nadhir* annonça que la guerre sainte (*al-jihâd*) avait commencé contre « l'ennemi nossayrite[12] » et « les apostats sortis de la communauté de l'islam », en définissant la nature de leur combat comme opposant « la majorité musulmane opprimée et la minorité nossayrite impie[13] ». Le sentiment d'être ciblé est allé en croissant chez les alaouites après le massacre de l'école d'artillerie. La propagande du pouvoir y a contribué en ciblant les adversaires islamistes, qui eux-mêmes lui ont rendu service en déclarant qu'ils s'attaquaient au régime en tant que « régime alaouite », en traitant les alaouites d'impies, et en multipliant les victimes alaouites à travers affrontements et assassinats. Le régime exploita la crise pour faire le vide devant lui, non seulement en écrasant la révolte islamiste, mais aussi en réprimant toute expression politique d'opposition, qu'elle soit de gauche ou nationaliste. Or on sait qu'une grande partie de cette opposition incluait une forte proportion de jeunes et d'intellectuels alaouites, que l'on retrouva par centaines dans les prisons et en exil.

LE RÉGIME D'ASSAD

Après les années 1980, la Syrie a beaucoup changé. Elle est devenue « la Syrie d'Assad ». Il est toutefois remarquable que les craintes des alaouites, qui ont atteint un sommet suite aux évènements des années

---

11 Nikolaos Van Dam, *The Struggle for Power in Syria : Politics and Society under Asad and the Ba'th Party*, Fourth Edition, London & New-York (I.B. Tauris), 2011.

12 Qualificatif formé à partir du nom du fondateur de la doctrine, Muhammad Ibn Nusayr, qui vécut au 9e siècle de l'ère chrétienne. *Cf.* Henri Laoust, *Les Schismes dans l'islam*, Paris, Payot, 1965. (*NdT*).

13 *Ibid.*, p. 130.

1980, ne se soient jamais accompagnées de revendications de séparation ou d'un statut particulier. Diverses raisons ont peut-être contribué à cette absence de résurgence du séparatisme : entre autres la force du régime, et l'échec des Frères musulmans à mobiliser les sunnites syriens derrière eux.

En ce qui concerne les alaouites, le régime a dans une grande mesure réussi là où ont échoué les Frères musulmans. La sortie des alaouites de Syrie a pris le chemin d'une syrianité conditionnée par la survie d'un régime qui s'efforçait de confisquer le pays à son profit. L'affaire est rendue plus complexe par le fait qu'au moment où l'on parle de sortie des alaouites hors de Syrie, dans les années 1980, ils étaient en phase avec l'« identité syrienne ». En d'autres termes, la Syrie se confondait avec le régime en place, et leur appartenance syrienne ne pouvait que passer par ce régime qui leur assurait la tranquillité. Ainsi, ils se sont rapprochés des autres Syriens, et ont intensifié leurs relations avec eux. Face à l'adhésion au « nationalisme » (*al-wataniyya*) promu par le régime, les alaouites n'ont eu aucune hésitation identitaire et ne se sont pas divisés, l'« identité alaouite » (*al-alawiyya*) s'est stabilisée et s'est inscrite dans les limites de la Syrie. L'alaouite est alaouite, et en même temps syrien. Il jouit d'une stabilité identitaire et s'identifie à l'espace géographique syrien dans son ensemble. Dans le contexte alaouite syrien, durant cette période de sécurité, la mémoire populaire alaouite est riche des symboles qui ont marqué cette traversée vers l'« identité syrienne », comme le cheikh Saleh al-Ali, chef du premier soulèvement contre les Français, présenté aux côtés de Hafez al-Assad comme héros national syrien. Cette même mémoire occulte totalement tout ce qui se rattache à l'« État alaouite » créé par les Français, et n'évoque ni les personnages, ni les dates qui l'ont marquée, et la plupart des alaouites en ignorent tout. Ils ne s'intéressent pas du tout aux alaouites turcs et ne ressentent aucune sympathie particulière à leur égard, et la mention de la présence d'alaouites de l'autre côté de la frontière est accueillie avec un sourire, qui signifie que ceux-là sont turcs et que nous sommes syriens. Tout se passe comme si le régime était identifié à l'épopée fondatrice des alaouites, qu'il avait extraits de la communauté étroite et inquiète et les avait gratifiés d'un sentiment de plénitude et de tranquillité.

Face à cette situation, le temps passant, tout cela s'est reflété jusque dans le recul de l'homogénéité du groupe lui-même, avec l'intégration croissante des alaouites dans la société. Un indice fort de cette évolution était l'augmentation des mariages à l'extérieur de la « communauté », probablement plus nombreux que dans les autres communautés. De même, jamais les alaouites n'ont présenté de revendications en tant qu'alaouites, leurs enfants suivaient l'éducation religieuse sunnite, et se mariaient selon les lois religieuses en usage auprès des tribunaux de l'État. Sur un autre plan, les alaouites étaient soumis à une sorte de génocide culturel. En effet, leur culture et leur patrimoine populaire ont été confisqués afin de les mobiliser dans la nouvelle configuration du pouvoir. Le régime a fait la même chose avec tous les Syriens, mais le cas des alaouites était particulier, car il a consacré dans l'esprit de beaucoup de Syriens l'idée d'une relation étroite entre le pouvoir et les alaouites. En empruntant la formule de Gramsci à propos de l'hégémonie de la culture de la classe dominante, tout semblait faire croire que la « culture » alaouite était la culture hégémonique. Leurs chansons populaires ont été largement diffusées, leurs chanteurs sont devenus des stars, leur manière de parler est devenue un indice de force et de puissance, en même temps que nombre d'entre eux se retrouvaient dans les centres de pouvoir comme la sécurité et l'armée.

Il n'en reste pas moins que, selon l'auteur de ces lignes, ces apparences sont trompeuses. Bien plus, nous nous risquons à affirmer que non seulement la « culture » alaouite n'était pas hégémonique, y compris chez les alaouites eux-mêmes, mais que ces derniers étaient soumis à la culture du pouvoir autoritaire plus que les autres. En outre, nous estimons que parler d'hégémonie ne signifie en aucun cas que la partie adverse (les autres composantes de la société syrienne) était paralysée et dépendante. Au contraire, cette hégémonie autoritaire a renforcé un certain nombre de mécanismes locaux de défense culturelle et sociale des autres composantes, en vue de préserver leur « spécificité » et de résister à l'aliénation. La réalité matérielle du pouvoir a eu un effet bien plus violent sur la vie des gens que sa dimension culturelle. La société syrienne ne jouissait d'aucune marge de liberté, et d'aucun espace de communication politique ou culturel qui aurait assuré à ses composantes une forme d'échange culturel ouvrant la voie à l'émergence d'une identité commune dans laquelle les Syriens se rencontreraient ou qui contribuerait à amender certains aspects figés de la culture d'origine, religieuse et sociale, de chaque partie. Paradoxalement, l'interaction entre les cultures sociales locales et les systèmes politiques et culturels venus de l'Occident par le biais de l'impérialisme, des missions religieuses ou d'autres voies, qu'elle ait pris la forme du refus ou de l'acceptation, a sans doute influé grandement sur les traditions locales, dans le sens de la coexistence et de l'adaptation à l'époque moderne. Alors qu'aujourd'hui une telle interaction n'existe plus entre les composantes de la société locale. Même dans une ville aussi mélangée que Damas, qui se caractérise par la présence d'ensembles résidentiels répartis en fonction de l'origine géographique, religieuse ou confessionnelle, on y observe l'absence d'espaces publics partagés dans lesquels les habitants pourraient interagir. Ceux qui ont émigré vers Damas ont apporté avec eux leur culture d'origine et l'ont conservée. Cela suggère qu'à l'intérieur de Damas, on trouve des ilots presque indépendants qui, bien que voisins les uns des autres, vivent dans une autonomie culturelle presque absolue.

Lorsque l'on parle de cette hégémonie supposée des alaouites, on doit préciser ce qu'implique cette hypothèse. Les alaouites ne ressentent de la nervosité et un besoin de cacher une partie de leur identité sociale et culturelle que devant un sunnite. Celui-ci est caricaturé sous la forme d'un individu dévot et dépositaire de normes ayant la force d'exclure certains comportements du monde de la morale. Peut-être que cette façon de caricaturer trouve sa source dans une représentation présente dans l'inconscient des confessions musulmanes non sunnites, mais aussi dans le conscient et l'inconscient de nombreux sunnites, selon laquelle le sunnisme est la base de l'islam et son expression fondamentale. De ce fait, les alaouites sont le plus souvent dans une position défensive, de tergiversation, de justification ou de dénégation, à l'égard de certains comportements supposés et dénoncés comme tels par ce « sunnite » imaginé. Ceci alors qu'il s'agit de pratiques sociales traditionnelles. Pour être acceptés, certains adoptent alors des comportements étrangers à leur milieu, particulièrement lorsqu'ils se trouvent dans un environnement non alaouite et majoritairement sunnite. On peut observer cela chez des jeunes filles alaouites nommées comme institutrices dans la région orientale ou dans la campagne d'Alep ou d'Idlib. Certaines se mettent à porter le voile, et celles qui ne le font pas conservent une distance avec les gens de ces régions, tant elles sont convaincues d'être faites d'une argile différente et de devoir, pour être acceptées, modifier ce qu'elles considèrent comme essentiel dans leur vie. Or on ne trouve pas ce sentiment chez les membres des autres minorités, qui partagent pourtant des points communs sur le plan social et culturel avec eux, y compris précisément ceux dont ils supposent qu'ils sont condamnés par les sunnites. Dans une telle situation, certains alaouites, et certains membres des autres communautés, développent des mécanismes de défense morale qui font de « la morale sunnite » un attachement à la surface des choses. Comme quand ils disent que l'humain doit être évalué pour son essence et non pour son apparence, ou qu'ils associent ces valeurs à des mœurs sous développées, les membres des minorités étant prédisposés au progrès que les sunnites ne pourraient atteindre qu'en faisant de grands efforts d'éducation !

Il n'existe pas de mythe de la pureté, de l'harmonie et de l'autosuffisance chez les alaouites. Au plus, il s'agirait d'un mythe non authentique, qui renverrait aux situations de guerre et de danger, dont l'expression signifierait que nous ne pouvons vivre avec ceux qui veulent nous anéantir ou nous soumettre, que nous pouvons continuer à exister sans eux, puisque nous avons pu le faire autrefois. La continuité du régime apparaît alors comme la victoire de l'oubli, l'oubli d'un passé plein de douleur, susceptible de revenir dès que le régime est menacé. Ce qui signifie que, pour rester syriens, nous devons oublier que se souvenir signifierait tendre à vivre isolés. Nous sommes syriens avec l'oubli, sinon nous ferons rapidement renaître nos morts et leurs histoires. Mais le paradoxe est qu'une telle inquiétude ne soit pas apparue lors de la précédente secousse qui a touché le régime suite à l'occupation de l'Irak (2003) et à l'assassinat de Rafic Hariri (2005). Ils étaient au contraire à l'unisson avec beaucoup de Syriens face aux changements que connaissait la région. Bien plus, avant la révolution, les alaouites partageaient avec la plupart des Syriens le sentiment de colère et de rancœur à l'égard des politiques économiques de l'État. Si le régime avait donné aux alaouites un sentiment de sécurité et de stabilité, ceux-ci ne bénéficiaient pas pour autant d'avantages sur le plan économique. La plupart de leurs villages étaient marqués par la pauvreté. L'emploi public leur était ouvert comme à d'autres. Peut-être certains alaouites avaient-ils la possibilité d'obtenir des emplois grâce à des relations de parenté avec des personnages influents au sein du pouvoir, mais ce phénomène relevait de la corruption et était accessible à d'autres. Le seul endroit où ils bénéficiaient sans doute de facilités est l'armée et les services de sécurité, moyen utilisé et voulu par le régime [pour les rallier]. Toutefois, la critique exprimée à l'égard du régime du fait des conditions de vie difficiles ne signifie pas nécessairement le désir de le changer, car il leur a donné l'essentiel, la sécurité, la stabilité et l'intégration dans l'identité syrienne. La chute du régime ne leur apporterait qu'une aggravation de leurs conditions de vie, à quoi s'ajouterait une menace sur leur existence même. Les alaouites comme groupe ne sont ni commerçants ni agriculteurs, la seule voie qui leur est offerte pour vivre est l'État. Le sort de ceux qui s'en sont écartés a été la marginalisation, le chômage et l'émigration à la recherche de moyens d'existence, dans des conditions misérables, comme au Liban. C'est ce qui renforce leur allégeance à l'État (comprendre : le régime), laquelle représente aussi par certains côté une ressource. Beaucoup d'alaouites quittent leurs villages et leurs villes pour un salaire qui est la seule chose qu'ils possèdent. Beaucoup vivent dans des quartiers informels qui se sont multipliés du fait de la corruption du régime, car les alaouites qui peuvent se procurer ainsi un logement ont le sentiment que leur maison est un château.

LA RÉVOLUTION SYRIENNE

C'est avec cette psychologie de base que les alaouites ont accueilli la révolution syrienne, de sorte que le ralliement de secteurs importants d'entre eux au régime était quasiment acquis. Mais les choses ne se sont pas arrêtées là. En effet, durant le premier mois de la révolution, en plus des rumeurs qui ont circulé selon lesquelles ils seraient les premiers visés, se sont produits des évènements qui ont renforcé cette option. Cela a réveillé les peurs anciennes. Ces évènements se sont produits dans des régions où alaouites ou sunnites étaient majoritaires. Le 26 mars 2011, dix jours après le début de la révolution, pour la première fois a coulé le sang d'un jeune alaouite, fonctionnaire au club des officiers de Homs, Adel Alfandî. Le matin du 12 avril 2011, le village de Bayda dans la province de Banyas a connu une séance de torture collective perpétrée par une équipe de la sécurité, dont la diffusion sur YouTube a mis en évidence le fait que l'accent des membres de la sécurité était bien l'accent des alaouites de la côte. On a raconté que dans plusieurs villages alaouites, lors du transfert des prisonniers de Bayda vers les centres de détention, l'escorte s'était attardée afin de permettre aux habitants d'insulter les détenus. Cinq jours plus tard, le 17 avril 2011, un crime horrible s'est produit dans la ville de Homs, dont ont été victimes le colonel Abdo al-Tallawi, ses deux enfants et son neveu, dont les cadavres ont été mutilés et découpés en morceaux. Cet événement a eu un énorme retentissement et six habitants sunnites de Homs ont été assassinés en mesure de rétorsion. Certains disent que le régime était derrière l'assassinat d'al-Tallawi et des enfants, il est possible que ce soit vrai, mais l'impact a été très grand dans les milieux alaouites, surtout à Homs, et a contribué à confessionnaliser les évènements. Quatre jours après al-Tallawi, un jeune alaouite, Nidal Jannud, a été tué par deux opposants au régime dans la ville de Banyas. Photos et vidéo du meurtre étaient diffusées sur les réseaux sociaux, et provoquèrent un choc. Un autre évènement fit du bruit, à savoir l'attaque contre la section de la sûreté militaire à Jisr al-Choghour au début du mois de juin 2011, et la mort de tous les employés et officiers qui s'y trouvaient. Des récits circulèrent, certains provenant des membres de la section assiégés qui parlaient avec leurs proches. Ceux qui eurent le plus d'écho étaient les adieux des hommes de la section à leurs mères lors de leurs derniers instants, et les propos attribués aux attaquants, dont certains confirmaient le fait qu'ils étaient visés parce qu'alaouites. Ces évènements apparurent comme la confirmation des craintes enfouies des alaouites, et du discours du régime à propos des salafistes, des émirats salafistes, des menaces contre les minorités et la coexistence, et des mercenaires travaillant pour l'étranger. Ces faits occupèrent une place importante dans la propagande du régime[14]. Ils renforcèrent le sentiment d'appartenance communautaire, en même temps que la tendance préexistante en faveur du régime, d'une façon qui n'existait pas dans les années 1980. Car les alaouites n'avaient pas réagi avec une sévérité excessive contre leurs enfants qui avaient été arrêtés par centaines à l'époque de Hafez al-Assad. Quand ceux-ci étaient sortis de prison, ils n'avaient pas été abandonnés ou réprouvés par la société, bien que la majorité des gens n'aient pas approuvé leur hostilité au régime. Sans parler des cas où ils rencontraient la sympathie. Aujourd'hui, la situation est différente. Les alaouites qui se sont rangés du côté de la révolution ont vite été accusés de trahison, ou d'autres qualificatifs du même genre. Beaucoup d'alaouites se sont repliés sur des positions dures, surtout avec

14 Voir par exemple la vidéo sur Nidal Jannud sur la chaine al-Dunya : https://www.youtube.com/watch?v=wFHcKm5f41A.

le retour d'un grand nombre de leurs enfants dans des cercueils plombés. Le sentiment général que les alaouites étaient visés dans leur existence a renforcé la solidarité communautaire. La révolution apparaissait comme ciblant un régime qui les protégeait et leur avait assuré une coexistence avec tous. Sa préservation permettait de maintenir les méchants dans des limites qui exploseraient s'il disparaissait. Malgré la mort de leurs enfants, leur état d'esprit peut se résumer ainsi : « ceux de nos enfants qui meurent maintenant le font pour nous protéger. » La mort est sublimée sous la forme d'un martyre sacré et devient un devoir : « nous n'avons d'autre choix que l'affrontement, les autres nous l'ont imposé, alors que nous avons vécu si longtemps à leurs côtés, que nous avons épousé leurs filles et qu'ils ont épousé les nôtres ». Ce « martyre » est la seule voie pour empêcher un retour vers le passé.

Jusqu'à présent, aucun homme de religion alaouite n'a joué un rôle influent, n'a anathématisé les révolutionnaires, les sunnites, ou n'a appelé à se ranger derrière le régime. Personne ne parle au nom des alaouites, seul le régime prend cette mission en charge, et ils se sentent redevables à son égard. Sans lui, leur communauté est vouée à disparaître, avec lui ils sont syriens. Cela explique probablement la force de la « syrianité » qui s'exprime sur leurs sites électroniques ou par la voix de leurs intellectuels, et qui les protège contre un discours confessionnel brutal contre les sunnites, au profit d'un « nationalisme syrien » taillé à la mesure du régime. Cette expression « nationale » n'est pas exempte d'une expression alaouite particulière. Elle est tributaire de la sécurité qu'elle peut leur apporter, faute de quoi il deviendrait possible de parler de division ou de séparation. Mais cela ne s'est pas encore produit.

À partir de ce penchant pour la « syrianité », les alaouites se sont tenus éloignés, comme nous l'avons dit, d'un discours communautaire anti sunnite. Leur boussole est le régime, pas la religion, ils sont donc opposés à quiconque est contre le régime « national » (*watani*), et pour eux les sunnites, comme les alaouites comme tous les autres sont à égalité. C'est pourquoi on les voit pleurer la mort du cheikh sunnite proche du régime syrien Mohamed Said Ramadan al-Bouti, un homme de religion et penseur connu dans l'ensemble du monde musulman, vibrer à l'écoute du cheikh mufti Ahmad Badr al-Din Hassoun, célébrer la résistance de la ville de Harim (dont les habitants sunnites ont combattu en grand nombre au côté du régime), s'attrister lors de sa chute, accueillir parmi eux des centaines de milliers de déplacés des autres villes, majoritairement sunnites. Si une déclaration émerge contre les sunnites, elle l'est contre le sunnisme wahhabite jihadiste qui ne cache pas sa haine des alaouites et attaque le régime en tant que régime impie nossayrite.

LEUR EXPULSION DE SYRIE

L'avancée dont nous venons de parler, et qui était devenue une caractéristique des alaouites à l'époque de la stabilité du régime après les années 1980, n'avait pas suscité de rejet de la part des autres Syriens. Nous avons vu que les Frères musulmans avaient échoué à dominer les sunnites et à les rassembler autour de leurs objectifs politiques. Cela avait contribué à isoler ces derniers et avait facilité la tâche du régime qui avait réussi à mobiliser les alaouites derrière lui pour les frapper. Durant les années de stabilité et de force du régime, tout s'est passé comme si les Syriens se rangeaient tous derrière lui. Le régime fit tout pour exporter le « patriotisme » (*wataniyya*), le confisquer et le protéger par la force, par la propagande et par l'éducation. Le fondement de ce patriotisme est très simple, et ses mots clés sont limités : « il y a un pays nommé la Syrie, qui porte la cause arabe et qui est le gardien de l'arabisme. S'il n'existait pas, le lien des Arabes à l'arabité s'effondrerait et sa cause centrale, la Palestine, serait perdue. C'est pourquoi le complot contre lui est permanent, de la part des Américains, des sionistes, de certains Arabes qui ont vendu leur arabité ». Durant la période où le régime était fort, il semblait que son « patriotisme » avait convaincu les Syriens, et que ceux-ci lui en avaient confié les rênes à lui et à ses gardiens. C'est apparu clairement à diverses occasions, en particulier lors des grands tournants qu'a traversés le pays, dont certains ont failli emporter le régime. Ainsi, la disparition de Hafez al-Assad et l'accès de son fils Bachar al-Assad à la présidence, en 2000, se sont passés en toute tranquillité, et n'ont rencontré aucune résistance dans la société, bien au contraire. Même l'opposition démocratique nationale qui a repris son activité à l'intérieur de la Syrie après le départ de Hafez al-Assad est restée limitée à une élite et n'a pas réussi à pénétrer dans les milieux populaires.

Malgré les pressions répétées sur le régime, qui se sont concentrées durant les sept premières années du mandat de Bachar al-Assad, des évènements du 11 septembre aux États-Unis, à l'occupation de l'Irak et à l'assassinat du premier ministre libanais Rafic Hariri, suivi de la guerre de juillet 2006 au Liban, l'intérieur syrien semblait toujours appuyer solidement le régime et ses prises de positions. Cela explique peut-être que l'organisation des Frères musulmans syriens, pourtant l'ennemi féroce du régime, ait suspendu son opposition en 2009, en justifiant cette décision par le fait que le régime appuyait la Résistance contre l'occupation israélienne. C'est pour cette raison que Bachar al-Assad était confiant que la Syrie ne connaîtrait pas les évènements de Tunisie et d'Égypte, comme il l'a déclaré avant le début du soulèvement syrien et après la chute de Moubarak. Les élites syriennes dans leur ensemble n'étaient pas loin de penser la même chose, et doutaient majoritairement de la possibilité d'entrainer la Syrie dans le printemps arabe. Dans la première période du soulèvement, certains doutaient encore qu'il puisse durer. C'était aussi le cas d'intellectuels arabes très sérieux, comme Paul Salem, par exemple, directeur du Centre Carnegie pour le Moyen-Orient, qui, dans une analyse publiée avant le soulèvement syrien, déclarait : « il ne semble pas que le vent du changement atteigne le Liban et la Syrie ». Parmi les raisons évoquées, à propos de la Syrie, il affirmait que « l'attitude syrienne vis à vis d'Israël est différente de celle de l'ancien président égyptien Hosni Moubarak, ce qui fait que sa direction est populaire. De même, le président Bachar al-Assad est encore jeune, et même si le régime est ancien, il n'en est encore qu'au milieu de l'expérience de réforme entamée il y a onze ans, et ne peut être comparé à Ben Ali et à Moubarak. Une surprise est donc peu probable en Syrie[15] ». Face aux menaces extérieures contre le régime avant la révolution, les alaouites ne se sont jamais sentis visés, ils ne pensaient pas non plus que les attaques contre le régime pouvaient être le prélude à une menace contre eux. La plupart des Syriens avaient alors la même attitude vis à vis de ces attaques extérieures contre le régime.

Le confessionnalisme était enfoui sous la surface, les relations confessionnelles et le discours confessionnel n'existaient que de façon masquée, tandis que le discours public mettait en avant la coexistence

15 Paul Salem, *La Syrie est à l'écart des vents du changement*, DP News, 3/3/2011 (www.dp-news.com/pages/detail.aspx?articleid=76582) (en arabe).

admirable entre toutes les composantes syriennes, ainsi que la sécurité et la confiance dont jouissaient les Syriens et que même les pays les plus avancés dans le monde ne connaissaient pas. La première polémique confessionnelle dans l'espace public entre les Syriens surgit après l'occupation de l'Irak, à travers des chaines de télévision satellitaires qui avaient pris un caractère purement chiite ou sunnite. Certaines, comme les chaines Safa, Wisal ou al-Mustaqilla, ont organisé des débats en direct entre hommes de religion sunnites et chiites, chaque partie s'efforçant de démontrer qu'elle représentait le bon islam et que l'autre était déviante[16]. Ce débat a eu peu de conséquences parmi les Syriens. S'il a rencontré un écho auprès de certains d'entre eux, les alaouites qui l'ont suivi se sont sentis plus proches des chiites, mais guère plus, car ils n'étaient pas concernés directement. De même, les sunnites syriens étaient plutôt en faveur de la partie sunnite, surtout qu'ils en voulaient aux chiites d'Irak d'avoir aidé les Américains à renverser le régime de Saddam Hussein – à la différence de leurs sentiments à l'égard des chiites du Liban, que les Syriens admiraient pour leur « Résistance », à l'opposé des Irakiens qui avaient aidé les étrangers à occuper leur pays. Durant l'agression israélienne contre le Liban en 2006, la plupart des Syriens ont soutenu le Hezbollah libanais qui était la cible prioritaire de l'agression. Cette admiration s'est maintenue malgré les développements sur la scène libanaise après la guerre, lorsque le Hezbollah s'est embourbé dans le jeu politique libanais, qu'il a occupé le centre de Beyrouth en 2008 et utilisé ses armes dans un conflit intérieur au Liban. Cela a ouvert la voie à un renforcement de la sensibilité sunnite en réaction à la force grandissante du Hezbollah chiite, et a contribué à confessionnaliser la lutte. Néanmoins, l'hostilité politique ressentie par les Syriens à l'égard des ennemis du Hezbollah et du régime a préservé le prestige du parti auprès d'eux. Le confessionnalisme a fortement progressé dans la région dans les dernières années, et a occupé une place grandissante dans les médias écrits et audiovisuels, en s'exprimant ouvertement aux plans social et politique, tant au Liban qu'en Irak. Mais il est resté caché sous

16 Parmi les orateurs qui se sont fait remarquer dans ces débats, on peut mentionner le cheikh Adnan al-'Ar'ûr. Il sera présent dans la plupart d'entre eux, et apparaîtra comme un faucon cherchant à assommer et à anathématiser ses ennemis chiites. Par la suite, ce cheikh apparaîtra dans la révolution syrienne et certains alaouites mettront en avant l'image qu'il avait donnée dans ces débats avec les chiites en guise d'argument justifiant leur ralliement au régime.

la surface en Syrie jusqu'à la veille de la révolution. Les Syriens ont été certes marqués par ce qui se produisait en Irak et au Liban, mais ils ne comprenaient pas pourquoi les Irakiens et les Libanais se comportaient ainsi les uns avec les autres. Face au spectacle du désordre et des assassinats dans ces deux pays voisins, le souhait de préserver la stabilité dominait.

L'obsession confessionnelle n'était certes pas absente au début de la révolution syrienne. Les manifestants se sont efforcés, à travers leurs slogans, de faire connaître leurs objectifs à toutes les catégories de Syriens. Ils proclamaient que « Le peuple syrien est un », puis, un mois environ après le début de la révolution, le 22 avril 2011, un vendredi, ils ont désigné le jour de la manifestation sous le nom de « Vendredi Saint », pour envoyer un message aux chrétiens et les appeler à rejoindre la révolution. Deux mois après, le 17 juin 2011, il y eut le « Vendredi de Saleh al-Ali », message adressé aux alaouites pour les rassurer, les amener à la révolution et leur dire qu'ils avaient autant intérêt à mettre fin au régime que les autres Syriens. Il est remarquable que ce vendredi ait créé une division dans les milieux de la révolution. Certains n'ont pas repris ce nom de Saleh al-Ali et lui ont donné un autre nom, celui de « Vendredi des êtres nobles ». D'autres noms encore ont été donnés à ce même vendredi, de la part d'autres participants à la révolution. Ce nom semble avoir suscité quelques troubles dans les rangs de la révolution, et cela a obligé les gestionnaires de la page « La Révolution contre Bachar al-Assad » à publier l'éclaircissement suivant :

> Ô vous, nobles révolutionnaires, depuis la publication du nom du Vendredi de Saleh al-Ali, une violente campagne a été lancée contre le frère Fida al-Sayyid. Nous tenons donc à vous informer que Fida al-Sayyid n'est rien de plus que le responsable de la communication pour la page de la révolution syrienne. Aucun nom n'est publié sans une coordination et des consultations étroites à l'intérieur de la Syrie, ainsi qu'avec quelques militants à l'extérieur, à la suite de quoi il a été décidé de nommer ainsi ce vendredi pour contester les affirmations de ce régime corrompu qui nous accuse de sectarisme et de confessionnalisme. C'est pourquoi nous tenons à publier cette notification[17].

Malgré tout, la plupart des manifestations de ce jour-là s'en sont tenues à cette dénomination. Ce nom « Saleh al-Ali », apparu trois mois après le début de la révolution, et la polémique qu'il a suscitée dans les

17 Publié sur le site d'information Elaph, le 14 juin 2011 : http://elaph.com/Web/news/2011/6/662240.html?entry=homepagemainmiddle

milieux de la révolution, révèle qu'il y a bien une « question alaouite ». Celle-ci a commencé à faire surface et à représenter un élément de contexte que la révolution a dû affronter dans sa lutte contre le régime. Dans les mois qui ont suivi, avec l'accroissement de la violence du régime contre la société et contre les cadres révolutionnaires, le basculement de la révolution dans la lutte armée et la multiplication des affrontements communautaires dans certaines régions (particulièrement à Homs), le soutien de la majorité des alaouites au régime et l'engagement dans la lutte armée de nombre d'entre eux aux côtés du régime, la diffusion de vidéos montrant des éléments proches du régime, que l'on peut supposer être généralement des alaouites, commettant des crimes ou participant à la répression contre la révolution, tout cela poussa à ce que la « question alaouite » soit un des problèmes les plus importants de la lutte en Syrie. Plus tard est apparue la composante islamique dans la révolution, et une partie a été entrainée vers l'adoption de la thèse jihadiste qui ne vise pas seulement à « sunnitiser » la révolution, mais à construire une subjectivité sunnite qui ne s'affirme que par l'opposition aux impies, lesquels, dans le contexte syrien, sont d'abord les alaouites. Pour ceux-là, le régime est devenu un « régime nossayrite », les alaouites sont des apostats et les tuer est un devoir.

UNE EXPULSION DUELLE

L'expulsion des alaouites hors de Syrie peut être considérée à deux niveaux. Le premier se traduit par un durcissement de l'attitude vis à vis des alaouites qui a commencé à s'exprimer dans de nombreux milieux de la révolution. On observe un mécanisme d'attribution de traits négatifs et dévalorisants aux alaouites : « ils sont des intrus qui ont sali la pureté de ce pays, si nous n'étions pas si bons, si gentils, ils n'auraient pu le faire, et nous devons donc absolument retrouver notre pureté en anéantissant ces étrangers, ou au minimum en rompant avec eux. Ils sont étrangers d'abord parce qu'ils ne sont pas syriens. Comment pourraient-ils l'être, alors qu'ils sont du côté de ceux qui tuent les Syriens ? ! » Alors pour réussir à faire sortir les alaouites de la « syrianité », certains s'attaquent à leurs symboles, alors même qu'avant la révolution, certaines personnalités faisaient l'objet d'un consensus chez les Syriens, comme le cheikh Saleh al-Ali et la révolution qu'il a menée contre les Français, et que les alaouites considèrent comme un symbole et une preuve de leur authentique syrianité[18].

D'autres vont plus loin et veulent sortir les alaouites de l'islam : « ce sont des apostats, comme l'ont montré des savants éminents de l'oumma et les pieux ancêtres (*al-salaf al-sâlih*), leur histoire n'est qu'une histoire de complot contre l'islam et de diffamation contre les musulmans. Le nom "alaouites" n'est pas authentique, ce sont les Français qui les ont désignés ainsi en échange des services qu'ils leur ont rendus, et l'étape que nous vivons actuellement n'est rien qu'une étape du complot permanent de cette secte ésotérique ». Certains vont jusqu'à dire que Hafez al-Assad n'était rien qu'un instrument entre les mains de la communauté pour réaliser ses buts perfides, car il « ne faisait allégeance qu'à sa communauté avant tout, il prenait ses ordres de la direction de la communauté, et le parti n'était pour lui qu'un paravent du pouvoir nossayrite ». « Hafez al-Assad n'est pas un dirigeant comparable à Chichakli ou Hosni al-Zaim, il est une entité confessionnelle organisée qui n'a qu'un poids limité dans la communauté et ne peut le dépasser[19] ! ». Pour compléter la démonisation des alaouites, il faut les priver de toute valeur morale, ils sont donc : « [...] des vicieux libertins, ils n'ont ni pudeur ni honneur, ce trait est au fondement de leur religion et de leur vie, autrefois ils vendaient leurs filles, ou les offraient à leurs hôtes en signe d'hospitalité[20], ils ne sont

---

18 On peut trouver de nombreux exemples de cela sur Facebook.

19 Abu Abdallah al-Dhahabî, *Le phénomène Hafez al-Assad*, 1424 H. 2004 a.d.), publication en ligne sur le site saaid.net : http://www.saaid.net/book/open.php?cat=83&book=420 (en arabe).

20 Ceux qui accusent les alaouites d'offrir leurs femmes à leurs hôtes s'appuient sur le livre de Sulayman al-Azani, « Prémices de Sulayman ». Celui-ci raconte qu'il était alaouite et qu'il a ensuite changé de croyance. Non seulement le récit d'al-Azani est mensonger, mais en plus, il contient beaucoup de contradictions. Après avoir divisé les alaouites entre shimalites et kilazites, et avoir énuméré les rites étranges chez les uns et les autres, et les différences entre eux, il signale que seul les kilazites se caractérisent par ce qu'il appelle « la nécessaire obligation et le droit dû ». Et il explique ce que cela signifie : « Si un de leurs imams se rend chez un autre, alors le second doit offrir sa femme au premier », et il semble que ce soit une obligation chez l'élite des alaouites, tandis que « le peuple ne la connaît pas » (p. 58-59). Il raconte ensuite : « Je me suis rendu à la ville d'Antioche et à un village du nom de Wadi al-Jarb, j'y ai rencontré un cheikh, membre de l'élite, et il m'a invité chez lui. Lorsqu'est arrivée la nuit, on m'a déployé une couche dans une pièce vide. Or aux environs de deux heures, quelqu'un a frappé à ma porte, je l'ai ouverte, une femme est entrée, elle a fermé la porte, et elle s'est allongée près de moi. J'étais embarrassé, je ne savais pas quelle était son intention, puis, au bout d'un moment, elle a commencé à me parler et elle m'a dit : est-ce que tu n'acceptes pas la nécessaire obligation et le droit dû ? Alors m'est revenu à l'esprit le mot de l'imam al-Murshid et j'ai su que la nécessaire

pas jaloux de leurs femmes et de leurs biens, et n'ont pas honte lorsque le vice se répand parmi eux[21] ». Les enseignements religieux alaouites sont aussi visés. Leur caractère ésotérique laisse libre court à des fantasmes qui touchent aussi les croyants. Ils sont vus comme obscurs et étranges, on leur invente des pratiques ridicules, et on imagine à partir de certaines de leurs croyances des histoires grotesques ou délirantes[22].

Certains alaouites ont recours au même mécanisme lorsqu'ils parlent des opposants au régime, particulièrement les jihadistes, qui sont présentés comme des êtres dont la pensée et le comportement sont démoniaques et répugnants, qui n'ont rien d'humain, qui n'ont ni raison ni morale. Certains récits répandus chez les alaouites renforcent cette représentation. Ils parlent d'enlèvements, de viols, de meurtre et de défiguration des cadavres de leurs fils de la part de ces êtres mauvais. Tout se passe comme si ce mécanisme de « fabrication » de l'ennemi, de cette façon qui le prive de toute caractéristique humaine et lui attribue tous les défauts, était nécessaire pour justifier la condamnation de cet ennemi et même son anéantissement, souvent sans se préoccuper des moyens.

---

obligation et le droit dû signifiaient l'offre réciproque de leurs femmes » (p. 93-94). L'étrange dans cette histoire est que se présente une femme dont il est supposé qu'elle ne connaît des affaires de la religion que l'apparence et qu'elle rappelle à Sulayman al-Azani ce qu'étaient la nécessaire obligation qui lui était imposée et le droit qui lui était dû, alors qu'il fait partie de l'élite de ceux auxquels doit être offerte une femme. Bien plus, on le voit embarrassé par l'entrée de cette femme comme s'il ne savait pas quelle était son intention ! (L'ouvrage en arabe est accessible en ligne sur wikimedia à l'adresse suivante : https://upload.wikimedia.org/wikisource/ar/2/23/%D8%A7%D9%84%D8%A8%D8%A7%D9%83%D9%88%D8%B1%D8%A9_%D8%A7%D9%84%D8%B3%D9%84%D9%8A%D9%85%D8%A7%D9%86%D9%8A%D8%A9.pdf)

21 On trouve ce genre de propos sur certaines pages des réseaux sociaux, qui se spécialisent sur la question alaouite. Voir note 17.

22 Voir l'histoire que le cheikh Abu Basir al-Tartusi (Abd al-Mun'im Mustafa Halima) publie sur son site (http://www.abubaseer.bizland.com/) en la présentant comme une « histoire vraie » racontée par un alaouite après que Dieu l'ait guidé vers la vraie voie de « l'islam ». Selon la présentation de Tartusi, cette histoire montre « combien cette communauté est fermée sur elle-même, vit dans une situation d'impiété et d'athéisme extrême, de débauche, d'ignorance, de sous-développement, de terrorisme, d'oppression, d'ésotérisme et de secret… dans une culture d'humiliation des petits par les grands, des faibles par les forts ». Cette histoire est fondée sur la croyance des alaouites dans la réincarnation ; elle serait répandue dans certains milieux alaouites. Évidemment, des histoires mythiques reliées à la réincarnation se répandent dans certains milieux pieux, mais elles ne correspondent nullement à celle adoptée par Tartusi ; cette dernière est même contradictoire avec la croyance des alaouites en la réincarnation. Des rumeurs concernant Tartusi lui prêtent le rôle de parrain des brigades islamistes Ahrar al-Cham, qui combattent en Syrie. *Cf.* : www.abubaseer.bizland.com/others/read/oth006.doc.

Lors de la fabrication de cet ennemi, il importe peu que l'image qui en est dessinée corresponde plus ou moins à la réalité. La vérité n'est pas une priorité, elle est écartée au profit d'images inventées et fausses, qui au bout d'un moment se transforment en vérité indubitable, même si par de nombreux détails elles contredisent les données réelles les plus solides concernant cet autre qu'est l'ennemi.

Récemment, des fatwas et des opinions ont été promulguées, qui appellent à la purification de la Syrie des alaouites. La plupart de ces appels proviennent de jihadistes, combattants ou hommes de religion, certains autres de sites jihadistes accrédités par les jihadistes en Syrie. Le réseau des Partisans des Combattants de la Foi (*ansar al-mujahidîn*), reconnu par le Front al-Nosra, a signalé dans sa déclaration n° 5, sous le titre « Remerciements et excuses » : « Le Front al-Nosra reconnaît officiellement les réseaux jihadistes suivants comme dignes de confiance : le réseau *Shumukh al-islam* (La Grandeur de l'Islam) et le réseau des Partisans des Combattants de la Foi[23] ». Ce réseau a repris à son compte une publication du cheikh Abi 'Ubayda Abdallah al-'Adam intitulée : « Ne consulte personne à propos du meurtre des alaouites ». Le cheikh y va jusqu'à dire : « cette communauté guerrière qui s'écarte par la force des musulmans n'a droit à rien d'autre qu'à l'épée, et seulement à l'épée, alors inutile de consulter qui que ce soit, mon frère sunnite, pour tuer les alaouites et piller leurs richesses ; au contraire, les tuer est un droit et un devoir pour toi pour défendre les sunnites déshérités sur la terre. Tuez-les là où vous les trouvez, et surveillez-les partout, n'ayez ni indulgence ni clémence, car leur sang et leurs richesses sont autorisées », et « leur sang nous rapproche de Dieu[24] ». Moins brutalement que le cheikh Al-'Adam, le cheikh Ali Ibn Nayif al-Chahud, membre de l'organe suprême des oulémas musulmans en Syrie, à la question : « quel est le jugement en ce qui concerne le meurtre des alaouites de façon générale, et de leurs enfants et de leurs femmes en particulier ? a répondu : si les nossayrites (les alaouites), ou quiconque les aide, enlèvent des femmes et des enfants, il nous est permis d'enlever leurs femmes et leurs enfants, mais il n'est pas permis de forniquer avec leurs femmes, parce que la fornication est interdite en toute circonstance. Mais nous ne tuons pas ces personnes que nous avons enlevées si elles n'ont pas

23 Déclaration accessible par le lien : https://justpaste.it/1ywj

24 Document accessible par le lien : https://archive.org/details/La-toshawer.ahda

participé au combat, sauf s'il s'agit de la femme et des enfants d'un *chabih* [nervi du régime] qui a tué des femmes et des enfants, il est alors permis de les tuer par mesure de rétorsion [...], il nous est permis par exemple de tuer le fils du tueur, mais pas le fils de quelqu'un d'autre. [...] Il n'est pas permis de leur faire confiance, entre eux et nous il n'y a que l'épée. [...] Quiconque est tué parmi les musulmans est un martyr, et il est au paradis, si Dieu le veut, et quiconque est tué parmi eux va dans le feu de l'enfer[25] ». En réponse à une question sur « Le droit de marier les nossayrites et les membres des autres confessions ésotériques, et de se marier avec eux », le « Bureau scientifique du Conseil islamique de Cham » affirme que « selon les hommes de science, la communauté nossayrite est une communauté qui est sortie de l'islam, de même que les autres communautés ésotériques », et que « le consensus a été établi sur le fait que le mariage d'un impie avec une musulmane est nul [...], un contrat de mariage d'une musulmane avec un non musulman est frappé de nullité, sans qu'aucun effet du mariage juste puisse lui être appliqué ». Et si « le partenaire non musulman se repent et revient à l'islam correct, et souhaite que son mariage dure, il doit nécessairement faire un nouveau contrat [...]. Mais quiconque se serait marié alors qu'il est clair que le mariage lui était interdit, ou s'il était marié précédemment, et veut poursuivre dans le mariage, alors qu'un jugement négatif lui a été signifié, alors il tombe dans la fornication, transgresse les interdits de Dieu, et il mérite un sévère avertissement et une punition douloureuse ». Pour cela, le Bureau scientifique recommande de « se référer aux tribunaux religieux dans les différentes régions pour s'assurer du jugement prononcé sur ces époux et épouses, promulguer un avis de justice religieux, et l'enregistrer. S'il n'y a pas de tribunaux religieux, que des comités d'étudiants en sciences religieuses et de notables de la région et responsables examinent ces questions[26] ».

La volonté d'expulser les alaouites ne se limite pas aux jihadistes ou à une humeur populaire poussée par les réalités du combat en Syrie et par la violence exercée par le régime qui aurait conduit à la rupture psychologique avec les alaouites. Elle s'est aussi frayée un chemin jusqu'au

---

25 Document accessible par le lien du centre d'information des révolutionnaires de Homs : homs.revolution.worldpress.com, 14 février 2012.

26 Site du conseil islamique de Cham, Fatwas de la révolution, 14 mars 2013, 2 Jumada 1, 1434 : islamicsham.org.

sein des élites considérées comme partisanes de la modernité et du changement démocratique. Ces élites se sont trouvées poussées à recourir à une grille d'analyse qui fait du confessionnalisme un facteur explicatif de ce qui se passe en Syrie, et elles ne cachent pas leur mécontentement du fait que des alaouites appuient le régime ; elles leur font porter la responsabilité de sa résistance jusqu'à aujourd'hui.

Il y a encore une expulsion d'une autre sorte, caractéristique des militants alaouites dans les rangs de la révolution, vécue sous la forme d'un déchirement intérieur, dû à la tension entre leur soutien à la révolution et au changement d'un côté, et la douleur causée par la position dans laquelle les alaouites ont été mis ces derniers temps, loin du cœur d'une partie importante des Syriens. Cela est source de crainte dans le cœur des militants concernant l'avenir des gens de leur communauté et de leur pays. Ainsi, certains militants ont été obligés d'adopter des positions avec lesquelles ils croyaient avoir réussi à rompre. Ils ont signé des déclarations, mais en tant qu'alaouites, pour atténuer la tension et dire qu'il y a des alaouites qui sont du côté du peuple syrien et de la liberté. D'autres se sont trouvés pris dans la tentative de démontrer que le régime n'est pas ce qu'il est parce qu'alaouite, ce que d'ailleurs il n'est pas, et qu'en réalité, il convient d'abord de le considérer comme un régime despotique, ce en quoi il ne diffère pas d'autres régimes arabes qui oppriment leur peuple et ne reconnaissent pas leurs revendications. Il y a aussi des militants alaouites qui vont jusqu'à dire que la révolution est syrienne et « sunnite », parce que la majeure partie de son peuple et de ceux sur qui retombe la violence sont des sunnites, tandis que la majorité de ceux qui la combattent ou restent à l'écart sont des membres des autres communautés. Dans cette dernière catégorie, nous en trouvons qui en rajoutent dans la mise en avant du caractère sunnite de la révolution, et pour qui il est sans importance que tous les alaouites aillent en enfer. Peut-être faut-il voir derrière cette attitude des traits psychologiques et sociaux, trahissant une forme de « dhimmitude » face à la montée du caractère sunnite de la révolution. Ce penchant apparaît à travers un appel à la purification, symétrique du retrait que nous observons chez certains militants civils et politiques alaouites vers des positions de doute ou d'hostilité vis à vis de la révolution, selon lesquelles cette révolution n'est pas une révolution, mais seulement une agitation « confessionnelle » ou « sunnite ».

LE RETOUR DU RELIGIEUX CHEZ LES ALAOUITES

La fatwa du mufti de Palestine Amin al-Husseini, en 1936, était peut-être la première expression d'une reconnaissance venant de l'extérieur de la communauté alaouite de leur caractère de musulmans. Al-Husseini a affirmé : « les alaouites sont musulmans, et tous les musulmans doivent coopérer avec eux en matière de bienfaisance comme de piété ». Jusqu'alors, ni les chiites ni les sunnites ne les reconnaissaient. C'était donc la première fois qu'un sunnite reconnaissait l'islam des alaouites. La fatwa d'al-Husseini a été prononcée dans le contexte des évènements qui agitaient la région à ce moment-là, alors que des élites politiques syriennes luttaient pour l'indépendance et l'unité de la Syrie dans le cadre des négociations de 1936. C'était un moment de division au sein des alaouites eux-mêmes : entre les séparatistes qui répétaient les arguments des Français selon lesquels ils n'étaient pas musulmans et voulaient une entité alaouite sur le modèle de l'entité chrétienne du Liban ; et les unionistes qui affirmaient leur appartenance à l'islam et aussi que les États ne sont pas fondés sur une base religieuse. La fatwa d'al-Husseini est apparue comme une victoire de ces derniers.

Avec l'unité entre la Syrie et l'Égypte, certaines élites ont commencé à réfléchir au phénomène du pluralisme religieux et confessionnel, marquant dans la province nord (de l'État), la Syrie. L'appel au « rapprochement entre les confessions » était un des axes de leur action. Le cheikh d'al-Azhar de l'époque, Mahmoud Chaltout, auteur de la célèbre fatwa autorisant l'adoration de Dieu selon le rite chiite imamite à l'égal des rites sunnites, écrivit l'introduction du livre du docteur Mustafa al-Chakaa, *Un islam sans sectes*, publié dans le contexte d'une opération de rapprochement entre les sectes de l'islam. Il y affirme : « le noble but vers lequel tend l'islam, l'unification de la communauté des fidèles, peut être l'objet d'interprétations diverses, mais ni ses fondements, ni ses objectifs ne changent[27] ». Ensuite il se tourne vers le livre d'al-Chakaa, sa méthode, les sujets qu'il traite, particulièrement la question des sectes

---

27 Mustafa al-Chak'a, *Un islam sans sectes* (en arabe), Al-Dâr al-Misriyya li-l-kitâb, Le Caire, 1996, p. 26.

extrémistes, et il écrit : « il a surtout traité des sectes dont l'histoire est liée à notre République Arabe Unie[28] ». Al-Chakaa refuse de désigner les alaouites par le terme de nossayrites, et affirme que « la confession alaouite – et non nossayrite – est clairement une confession musulmane, c'est une école qui est issue de la grande confession imamite[29] ». Ce que voit al-Chakaa dans la « religiosité alaouite » comme déviance de la juste croyance, comme l'outrance et le secret, et d'autres particularités, il les rapporte à ce que la communauté a subi « au long de son histoire, tantôt une grande injustice, tantôt de la négligence, qui ont abouti à la réaction que l'on connaît, conséquence logique d'un début anormal[30] ». Il poursuit en disant que malgré cela, les alaouites se divisent en deux groupes, un groupe de fanatiques et un groupe qui représente la croyance alaouite correcte, qu'il trouve chez le cheikh Ahmed Haydar, et le cheikh Abd al-Rahman al-Khayyir, et d'autres. Les adeptes de la doctrine alaouite correcte, selon al-Chakaa, sont précisément les chiites imamites avec quelques différences, comme le fait que les alaouites n'autorisent pas le mariage de plaisir (*zawaj al-mut'a*), ou quelques autres qu'il critique gentiment, comme leur goût du secret ou leur croyance dans la réincarnation.

En 1973, l'imam libanais Moussa al-Sadr a promulgué une fatwa selon laquelle les alaouites étaient des musulmans chiites. On dit que cette fatwa répondait à une demande de Hafez al-Assad dont, après son arrivée au pouvoir, certains islamistes mettaient en doute la légitimité du fait de son origine alaouite. En effet, l'article 3 [de la constitution, NdT] prévoit explicitement que la religion du président de la république doit être l'islam, alors que les alaouites n'étaient pas reconnus comme musulmans par les islamistes opposants d'Assad.

Les alaouites sont des musulmans. Leur croyance représente une des nombreuses lectures et interprétations dont l'histoire de l'islam est remplie. Le Coran est leur livre. Les personnalités qu'ils révèrent ou qu'ils détestent sont les personnalités présentes dans l'histoire de l'islam, ce qui n'empêche pas certains emprunts aux Perses, aux Grecs ou aux Hindous. Comme tous les autres ensembles religieux, ils sont convaincus de représenter le bon islam, et que les autres sont loin de

---

28 *Ibid.* p. 28.
29 *Ibid.* p. 322.
30 *Ibid.*

l'esprit et du sens de l'islam. Du point de vue religieux, les alaouites ne sont pas gens de prosélytisme, ils ne cherchent pas à diffuser un message, ils sont loin de toute compétition avec les sectes prosélytes pour occuper une place dans le socle islamique. En ce sens, leur cas est celui des autres « minorités » musulmanes. Ils ont même été en permanence la cible des offensives missionnaires. À l'époque ottomane, on a essayé de les sunnitiser, tandis que les missions occidentales ont réussi à en christianiser quelques-uns, et qu'aujourd'hui, on assiste à des tentatives de les chiitiser ou de faire entrer des éléments de chiisme dans leur pratique religieuse. Ils ne se soucient pas de se poser en représentant de l'islam ou de contester la prétention des autres à le faire, ce qui est peut-être dû au caractère ésotérique de leur croyance.

La religion alaouite est simple. Les hommes de religion y ont une place marginale, qui se limite pratiquement aux commémorations religieuses et à la présence dans certains lieux ayant une valeur religieuse symbolique pour eux. Et encore, même la fréquentation de ces derniers a une signification sociale plus que religieuse. Les alaouites n'ont pas d'activité d'interprétation religieuse, et ne vivent pas de contradiction entre les relations imposées par la vie et leur religion. Sans doute n'ont-ils pas le dynamisme religieux des grandes sectes et religions dont les élites religieuses déploient beaucoup d'efforts pour affronter les réalités nouvelles et de s'y adapter, comme la question de la contradiction entre le texte et la science ou la réalité, ou pour acclimater certains concepts politiques à l'environnement moderne. Il n'y a pas de pensée politique dans le patrimoine alaouite, et il semble même qu'on ne trouve pas dans la religion alaouite de préoccupation pour la réalité concrète, qui aurait pu susciter un sentiment de contradiction ou un souci de l'accompagner. Leur lecture de l'histoire et leurs jugements sur l'histoire se réfèrent aux textes chiites. Cependant cela s'arrête là et ils ne sont pas pour autant influencés par le mode de vie qu'impose le système chiite.

La rationalité n'est pas en soi un trait spécifique à tel ou tel courant religieux, elle est d'abord le produit des circonstances historiques qui les poussent à s'adapter aux réalités d'un monde qui change. C'est ainsi en général une caractéristique de grandes religions qui ont su se diffuser largement dans l'histoire, en lien avec des États, des intérêts et des institutions. Dans le contexte musulman, cela s'applique à l'islam sunnite, qui a su monopoliser la production des éléments fondamentaux du socle de la religion. Les chiites arrivent en seconde position, tandis que les courants ésotériques en sont loin. Certains ont fait quelques tentatives d'ouvrir le dogme alaouite aux problématiques d'un monde où la vie s'accélère. Parmi eux, on peut citer le cheikh Ahmad Haydar, dans son livre *Au-delà de la lune*[31], dans lequel il écartait l'opinion selon laquelle il y aurait une contradiction entre la religion et la science. Mieux, selon lui, l'adoration de Dieu ne devient une vertu que « si elle est accompagnée de la science, car la génuflexion d'un savant vaut plus que mille génuflexions d'un ascète, car celui qui prétend que la science nie la religion, ne retire de la science qu'une satisfaction de misère et la part de lumière d'un aveugle[32] ». Ces mots ne signifient pas que cette préoccupation (de la contradiction entre science et religion) soit importante chez les alaouites, mais je pense que le cheikh Ahmad Haydar parle d'une question qui a dû soulever un débat sans que celui-ci ait fait l'objet d'écrits ni qu'il se soit largement développé chez les alaouites. Ce qui me laisse penser cela, c'est que la « lune » qui occupe une place importante dans la croyance alaouite est à l'origine du livre d'Ahmad Haydar, précisément après les découvertes scientifiques la concernant et les premiers pas de l'homme sur sa surface. Selon un mode festif non dénué d'exagération, Mohamad Ahmad Haydar présente le livre de son père ainsi : « lorsque la réalité matérielle de la lune a été découverte, et que s'est dissipé le voile du spiritualisme, cette religiosité imposée sans connaissance scientifique, sans loi (*char'*) et sans livre, a permis à l'esprit de se libérer de ses entraves et de se déployer sans ses chaines imaginaires [...]. La croyance dans l'aspect spirituel de la lune avait limité l'activité de la raison et avait opposé un obstacle d'illusions face à la réalité. En révélant la réalité matérielle de la lune, il est devenu possible à l'esprit de se libérer ses entraves... Cet esprit prisonnier a pu briser ses chaines et détruire les obstacles entre lui et son monde absolu[33] ». Mais ni la religiosité ni l'essence de la croyance alaouite n'ont subi d'influence importante du fait du progrès scientifique. Au contraire, cette influence s'est plutôt fait sentir dans la marginalisation de la religion chez beaucoup d'alaouites, au sens où l'attitude vis-à-vis de la religion

31 Je n'ai pas retrouvé la référence de l'édition originale de ce livre. Il est intéressant que la « Direction politique de l'armée arabe syrienne » en ait diffusé une réimpression en 1984.

32 *Ibid.* p. 350

33 *Ibid.* p. 353

oscille entre l'indifférence et l'incroyance chez certains, et chez d'autres une pratique sociale ne se préoccupant pas d'approfondissement.

Cela ne signifie pas bien sûr que l'on ne trouve pas des croyants engagés. On a même observé dans les vingt dernières années une tendance à l'engagement religieux et à l'affirmation de l'appartenance à la religion alaouite chez un nombre important de jeunes, qui recourent pour cela à des pratiques de purification et affirment leur engagement par des rites religieux négligés par leurs pères. De même, on a vu se multiplier les mosquées dans les villages alaouites.

Dans les deux dernières décennies, on a assisté à un effort de redonner aux rites religieux et aux manifestations sociales qui les accompagnent et qui caractérisaient la religiosité alaouite simple d'autres significations, en lien avec le renforcement de l'identité et de l'appartenance au groupe. Malgré cela, aucun cadre institutionnel religieux ou social n'a émergé, qui représenterait un cadre de référence pour les alaouites. L'absence d'un tel référent a peut-être facilité puis renforcé la pénétration du pouvoir au sein de la société alaouite et puis son affirmation comme le premier et le principal référent pour les alaouites. Ceux-ci ne disposent pas de ressources dans leur société qui organiseraient certains aspects de la vie sociale locale ou qui seraient responsables de l'ordre social (personnalités religieuses, associations de bienfaisance ou institutions familiales). De même, il n'existe pas d'hommes de religion spécialisés dans les sciences religieuses ou dans la production de normes juridiques ou légales. C'était le cas dès l'origine et les hommes de religion avaient souvent une autre activité qui leur permettait de gagner leur vie. Dans les dernières années, on n'a pas vu apparaître de véritable homme de religion alaouite, et ceux qui ont occupé cet espace et sont devenus des « cheikhs » étaient d'ancien éléments de l'armée ou des forces de sécurité à la retraite, des officiers ou sous-officiers qui ont suivi cette voie pour gagner le respect et un statut social[34]. Enfin, si on cherche un discours religieux alaouite, on ne le trouvera pas, peut-être du fait des spécificités religieuses dont ils s'entourent. La division provoquée par le pouvoir a dépassé les niveaux social et économique, une déchirure apparaît même au niveau religieux, même si c'est de façon plus limitée. Un bon exemple est la mythification de la personnalité du président

34 On raconte que l'un d'entre eux avait décrété que le pillage des maisons est parfaitement autorisé du point de vue religieux !

défunt Hafez al-Assad. Pour certains alaouites il a en effet atteint le rang du savant en religion et des saints serviteurs de Dieu, sa venue au pouvoir en Syrie aurait été mentionnée dans certains livres religieux, et après sa mort, ils auraient même vu son image sur la lune[35].

Bachar al-Assad ne jouit pas du même prestige que son père, mais il continue à marquer les alaouites sur différents plans. On trouve des indices de cela jusqu'après le début de la révolution. En effet, aucun homme de religion alaouite n'a exprimé une opinion sur ce qui se passait dans le pays, à la différence des autres composantes du pays qui ont vu émerger des élites religieuses actives. Même les combattants ou les partisans du régime parmi les alaouites ne se réfèrent pas à la religiosité alaouite dans leurs prises de position, contrairement à ce que prétendent certains. Alors que certains des opposants au régime brandissent des étendards et des discours se référant à l'islam sunnite, et décrivent le régime comme « nossayrite » pour dénoncer tous les alaouites, on ne trouve pas de réponse alaouite du même acabit, adressée aux musulmans sunnites. Cela ne signifie pas qu'il n'y a pas d'alaouites qui s'efforcent de donner un caractère sacré à la guerre qu'ils mènent, pour en faire un moment de la lutte du bien contre le mal, mais pour cela, ils mobilisent un discours qui s'appuie sur le vocabulaire de la religion, de l'identité syrienne, et de l'arabité. Le martyre alaouite, activé pour la circonstance, est différent du martyre chiite centré sur la mort de Hussein fils d'Ali. Il est avant tout terrestre, il se réfère à certains moments douloureux de l'histoire des alaouites, surtout l'histoire récente. Cela ne signifie pas que les alaouites soient libérés du confessionnalisme, mais que ces éléments sont les principaux arguments qui déterminent l'attitude de ceux qui se comportent sur une base communautaire. Ce communautarisme n'est pas solide, car il peut être brisé par des non alaouites dont la position à l'égard du régime serait positive.

Iyad ABDALLAH

35 La même chose s'est produite après l'exécution de Saddam Hussein. Certains de ses partisans ayant dit qu'ils avaient vu son image sur la lune.

LE PKK ET SA BRANCHE SYRIENNE

Du sadisme de la maison-mère et du masochisme de sa succursale[1]

La direction du PYD (Partiya Yekîtiya Demokrat, Parti de l'union démocratique) déploie des efforts immenses, dans la presse arabe et internationale, pour convaincre le monde qu'il ne dépend pas ou ne constitue pas une branche du PKK, dirigé par Abdullah Öcalan. Le seul lien qui les unirait serait d'ordre intellectuel. Ils ont tous deux adopté les solutions élaborées par Öcalan pour résoudre le problème kurde et ils le qualifient de « dirigeant du peuple kurde ».

Le PYD et le PKK reconnaissent donc le même « guide spirituel », suivent la même idéologie, adoptent les mêmes slogans, reconnaissent le même programme politique, et partagent la même position quant au cours de l'histoire. Il est donc évident qu'il existe une relation de dépendance dont l'orientation est attestée par l'histoire : le PKK a été fondé en 1978 et le PYD en 2003, sous l'égide du premier et dans les zones qu'il contrôlait.

La persistance des dirigeants du PYD à nier leur lien d'allégeance au PKK les a persuadés que c'est une vérité criante. Le PYD serait donc totalement libre et ne serait pas soumis aux décisions, à la volonté, aux intérêts et à la domination du PKK. Le monde entier, les pays arabes inclus, aurait été convaincu par cette assertion ! Ce parti nie donc, dans la presse arabe et internationale, cette relation de dépendance avec le PKK qui saute pourtant aux yeux. Dans le même temps, sa pratique, dans les territoires kurdes syriens, vient battre en brèche ses arguments : il y brandit le drapeau du PKK, les cadres et les dirigeants militaires de cette organisation qui y sont présents ont la haute main sur les forces de sécurité, souvent dans les coulisses, parfois même sur le devant de la scène.

---

1 Texte publié sur le site Kulilk.com, 6 mai 2017. Traduit par Franck Mermier.

De nombreux observateurs arguent que la dénégation du PYD concernant sa dépendance organique au PKK émane de l'inclusion de ce dernier dans la liste des organisations terroristes aux États-Unis et en Europe, ce qui ne les empêche pas de maintenir qu'il en serait dissocié ! Le PYD accuse en permanence l'opposition syrienne d'être dépendante de l'étranger, alors que son argumentation fragile et spécieuse concernant son absence de liens avec le PKK inspire moqueries et plaisanteries sur les réseaux sociaux. Il y a plus d'un mois, un groupe organisé de voyous, qui se donne le nom de « jeunesse révolutionnaire, Ciwanên Soresger », a détruit et incendié les bureaux des partis du « Conseil national kurde en Syrie[2] ». Durant l'opération, il a aussi frappé les partisans et sympathisants de cette organisation. Ce groupe appartient à la branche armée du PKK, la Force de défense du peuple (HPG), sur laquelle le PYD n'a aucune autorité. Il s'est aussi fait connaître par d'autres actes d'enlèvement et d'agression. Outre l'accomplissement de ce genre de basses besognes, il participe au recrutement de combattants pour le compte du PKK et des Unités de protection du peuple. Pour autant, Aldar Khalil, un des dirigeants du PYD et un membre du PKK, nia l'existence de la « jeunesse révolutionnaire ». Ce déni est naïf et ridicule puisque si on fait une recherche sur les sites Hawarnews et Firatnews[3], on trouvera des centaines de liens attestant l'existence de cette organisation et de ses activités dans les régions kurdes de Syrie ainsi que sur l'écho médiatique qu'il rencontre dans la presse gravitant autour du PYD.

Mais comment réagit la maison-mère, le PKK, vis-à-vis de sa branche, le PYD ? En scrutant les pages de la revue *Sarkhouboun*, l'organe central du PKK publié en Allemagne en langue turque, entre 2003 et le commencement de la révolution syrienne en 2011, on constate que le PYD est totalement ignoré. De fait, on ne trouve aucune mention des mesures prises contre les dirigeants et les militants du PYD par le régime d'al-Assad ! En outre, des événements importants qui se sont déroulés dans les régions kurdes sont occultés, comme le soulèvement de mars 2004, la répression sauvage exercée par les forces du régime qui a provoqué la mort de trente civils et des dizaines de blessés, l'emprisonnement de plus de

2 Cet événement s'est déroulé en mars 2017. (*NdT*).

3 Hawar News Agency (hawarnews.com), agence de presse liée au PYD, basée à Hassaké en Syrie. Firat News Agency (https://anfenglish.com), agence de presse kurde installée à Amsterdam et liée au PKK.

2500 Kurdes de Syrie, de même que la mort sous la torture de membres du PYD dans les geôles du régime et de dizaine de conscrits kurdes de l'armée syrienne dans des circonstances obscures entre le soulèvement de 2004 jusqu'à 2010 ! La revue est aussi restée muette sur l'enlèvement et l'assassinat, perpétrés par le régime syrien, du dignitaire religieux et national kurde, le cheikh Maachouq al-Khaznawi, durant l'été 2006. Pire encore, elle n'a pas mentionné l'arrestation d'un responsable du PKK en Syrie, Khobat Amad, par les services de renseignement de l'armée de l'air syrienne et sa remise aux autorités turques en 2002.

La revue *Sarkhouboun* n'a évoqué qu'un seul événement lié aux Kurdes de Syrie, celui concernant l'assassinat par un groupe islamiste extrémiste de la région de Mossoul de la dirigeante kurde syrienne, Maysaa Baqi (Chaylan Kobané) et de ses quatre camarades. Dans le numéro 299 de novembre 2006, on peut ainsi lire que « Chaylan Kobané est membre du PKK et que sa présence en Syrie avait pour objectif d'y réorganiser le parti ». On ne trouve, dans cet article, aucune mention du fait que les autres victimes étaient membres du PKK. Tandis que le PYD, contrairement à la version du PKK, allègue que Maysaa Baqi et ses camarades faisaient parti de la direction de ce parti. L'un des récits est faux, à moins que les deux ne soient vrais. De fait, Chaylan Kobané était membre du PKK et elle se trouvait en Syrie pour réorganiser le PYD. Ce dernier ne représente, pour le PKK, que sa branche syrienne, et ne constitue pas une organisation séparée ou une entité politique indépendante.

En lisant les pages du même journal, entre 2003 et fin 2012, on observe qu'aucun article d'opinion rédigé par des Kurdes syriens, responsables du PKK, ou entretien réalisé avec eux, n'a été publié. On pense notamment à Rostom Jawdé, Chahin Gilo, Bahouz Arak (ex-dirigeant de la branche militaire), et aussi aux responsables de la branche syrienne tels que Fouad Omar, l'ancien président du PYD, ou Saleh Mouslim, son actuel président. Ce dernier connaît parfaitement le turc. Quant aux manifestations de solidarité en faveur d'Öcalan, organisées par le PYD en Syrie entre 2003 et 2007, elles ont été superbement ignorées par le journal. Celui-ci couvrait ce qui se passait en Irak et en Europe mais passait sous silence ce qui se déroulait en Syrie et dans son Kurdistan.

Cette occultation des régions kurdes de Syrie fait surgir deux hypothèses. Soit le PKK espérait rétablir des bonnes relations avec le régime de Bachar al-Assad, soit il ne souhaitait pas donner une image négative de ce dernier auprès des Kurdes de Turquie qui lisaient son journal rédigé en turc et qui considéraient le régime du Baath et Hafez al-Assad comme des amis. Dans les deux cas, le PKK considérait et considère toujours sa branche syrienne et, plus généralement les Kurdes de Syrie, comme « un réservoir humain » qui lui fournit des combattants. Cette branche et les populations qui lui sont attachées ne sont que du combustible pour entretenir le foyer des intérêts régionaux du PKK.

La lecture de l'organe central du PKK permet aussi de saisir le positionnement réel du parti quant aux événements de Syrie et vis-à-vis du régime et de l'opposition. Il est ainsi important de se pencher sur la manière dont il décrit la dévolution par le régime d'une part de son pouvoir au PKK et à sa branche syrienne. Il faut d'abord observer que la revue ne commença à traiter de ce qui se passait en Syrie que plusieurs mois après le déclenchement de la révolution, précisément en juillet 2011, dans le numéro 355, dans lequel elle consacra trois pages entières d'analyse relevant d'une orientation gauchisante. Le terme de « révolution » est employé pour qualifier le soulèvement. Le régime de Bachar al-Assad est décrit comme se trouvant dans une impasse, tandis que la probabilité d'une évolution de la situation vers le terrorisme et un conflit militaire est évoquée. Il est aussi mentionné que le PKK se doit de profiter au maximum de cette situation tout en restant sur ses gardes. Dans le numéro 378 de juin 2013, la même revue publia un entretien de trois pages avec le responsable de la sécurité au PKK, Sabri Ouk. Dans le numéro suivant (379) de juillet 2013, le journal plaça en première page le titre suivant : « le Rojava en marche vers la liberté ». En page 6 du même numéro, on trouve cet article intitulé : « la révolution de Rojava est la victoire de la troisième voie ». Le texte, non signé, reflète vraisemblablement la position officielle du PKK. De fait, il commence par ces mots : « Le créateur de cette révolution est Apo (le surnom d'Abdullah Öcalan) ». Dans le numéro 386 de février 2014, un long entretien de quatre pages avec la même personne, Sabri Ouk, est publié. Il traite de la situation syrienne, des négociations de « Genève 2 », il critique l'opposition et la Turquie, ainsi que le Parti démocratique kurde[4]. Il y explique ce que devrait être le futur de la Syrie.

---

4 Le Parti démocratique kurde de Syrie (PDK-S) est né en 1957 en Syrie. Il est un des partis constitutifs du Conseil national kurde, fondé en 2011 à Erbil sous le patronage de Massoud Barzani, le dirigeant du Parti démocratique du Kurdistan.

Sous l'intitulé « la révolution de Rojava sera couronnée par la liberté », la revue publia, dans le numéro 383 de novembre 2013, un article, non signé, qui affirma que tout ce qui s'était passé, de mars 2011 jusqu'à cette date, dans les régions kurdes de Syrie était le transfert en Syrie de la guerre entre le PKK et la Turquie. L'auteur anonyme considérait que la domination du PYD sur les régions kurdes constituait une victoire du PKK sur l'alliance de la Turquie, de l'Arabie saoudite et du Parti démocratique kurde. Il affirmait que Daech, al-Qaida, le Front al-Nosra et les groupes terroristes étaient les bras armés de cette alliance. La lecture du mensuel du PKK depuis 2003, date de la fondation du PYD, sa branche syrienne, jusqu'à 2010, soit durant sept ans et 84 numéros, révèle qu'aucune mention n'est faite des atteintes aux droits de l'Homme contre les Kurdes de Syrie, en général, et contre les membre du PYD en particulier. Il n'existe aucun article ou aucun entretien réalisé avec des dirigeants de la branche syrienne sur la question de la détérioration de la situation sécuritaire des Kurdes en Syrie durant cette période. De même, entre 2011 et 2016, et en dépit du fait que le PYD a étendu sa domination sur les régions kurdes en juillet 2013 et qu'il nie toute relation avec le PKK, ce dernier affirme dans son organe officiel que tout ce qui s'est passé dans les régions kurdes de Syrie, notamment la libération de Kobané des mains de Daech, est de son fait à lui. Il ne mentionne aucun rôle stratégique dévolu au PYD. Malgré la présence de responsables syriens importants au sein du PKK, tels que Kahouz Ardak, l'ancien dirigeant de sa branche militaire, Nour al-Din al-Soufi, le dirigeant actuel de sa branche militaire, et Rostom Jawdé, membre du comité politique du parti, qui sont donc particulièrement concernés par la situation en Syrie, l'organe central de leur parti les ignore totalement. Sabri Ouk, Doran Kalkan, Moustafa Qara So, Jamil Bayak, Mourad Qurrat Eylan, et tous les dirigeants du PKK parmi les Kurdes de Turquie, seraient donc plus au courant des affaires des Kurdes de Syrie ou de la situation en Syrie que les responsables kurdes syriens mentionnés.

En guise de conclusion, on peut donc affirmer que le positionnement du PKK en ce qui concerne sa branche syrienne fait montre de beaucoup de sadisme, du fait qu'il l'a ignorée dans son organe central durant des années, et qu'il s'attribue toutes les réalisations qui ont eu lieu dans les régions kurdes de Syrie, tandis que la branche syrienne (PYD) fait preuve de beaucoup de masochisme en remplissant les obligations de sa loyauté et de son obéissance aveugle au PKK, tout en ayant pleinement conscience de la manière dont ce dernier conçoit sa relation avec sa branche syrienne. Et avec tout cela, cette dernière dément toute relation de dépendance avec sa maison-mère !

Hooshang Osei

INDEX

RÉSUMÉS

Franck MERMIER, « Présentation »

Franck Mermier est anthropologue, directeur de recherche au CNRS (IRIS). Il a dirigé le Centre français d'études yéménites et le département des études contemporaines à l'IFPO. Ses recherches portent sur les sociétés urbaines et la production culturelle dans le monde arabe : *Le Livre et la ville. Beyrouth et l'édition arabe* (Arles, 2005) et *Récits de villes. Entre Aden et Beyrouth* (Arles, 2015).

Cette présentation expose le contexte de la guerre en Syrie et signale les grilles de lecture privilégiées pour en rendre compte au détriment des manières de voir et des visions de l'intérieur des acteurs syriens, particulièrement de ceux qui forment la résistance civile. Elle met en exergue le rôle des nouveaux supports médiatiques et culturels syriens qui rendent visibles ces nouvelles écritures syriennes dont un florilège est publié dans cet ouvrage.

Mots-clés : Syrie, révolution, guerre, écritures syriennes, médias, résistance civile

Yassin AL-HAJ SALEH, « L'écriture habitée. À propos de quelques caractéristiques de la nouvelle écriture syrienne »

Yassin Al-Haj Saleh est écrivain. Membre d'un parti communiste syrien, il a passé seize ans en prison sous le régime de Hafez al-Assad, expérience qu'il a relatée dans son ouvrage *Récits d'une Syrie oubliée* (Paris, 2015). Il a publié aussi *La Question syrienne* (Paris, 2016). Il participe à la fondation du site *Al-Jumhuriya*. Ses analyses de la situation en Syrie sont particulièrement suivies et paraissent régulièrement dans la presse arabe.

Après la révolution syrienne, est apparue une écriture nouvelle, de plus en plus différente de l'écriture d'avant la révolution. La complexité de la situation syrienne a libéré la parole et l'expression, a brisé des chaines visibles et invisibles qui bridaient la génération précédente : celles du pouvoir de la censure, celles de l'idéologie et de la religion, celles de l'étroitesse de l'horizon local, celles de l'« écriture correcte » et enfin celles de la distinction entre formes d'écritures.

Mots-clés : Syrie, révolution, guerre, écritures syriennes, culture syrienne

Omar Kaddour, « Du caractère non-citadin de la révolution syrienne »

Omar Kaddour a publié plusieurs recueils de poèmes et des romans, dont *Qui ne connaît pas Simone ?* (Ras Al-Khaima, 2013). Il publie des articles sur la culture et la politique dans plusieurs journaux arabes, dont *Al-Hayat* et *Al-Modon*. En raison de ses écrits qui dénoncent la corruption et l'oppression, il se voit interdire la sortie du territoire syrien. Dès le déclenchement de la révolution, en 2011, il passe dans la clandestinité.

Un an après le déclenchement de la révolution syrienne, le discours selon lequel les villes de Damas et d'Alep ont participé de façon peu significative au soulèvement, continuait de régner dans les médias. Comprendre la « tiédeur » des deux principales villes syriennes à l'égard de la révolution, implique de connaître la nature des procédés répressifs à l'œuvre et leur puissance jusqu'à présent, ainsi que leur impact direct et indirect sur la révolution elle-même.

Mots-clés : Syrie, révolution, guerre, villes, répression, citadinité

Samira Al-Khalil, « Journal du siège de Douma, 2013 »

Samira Al-Khalil, militante pour la démocratie en Syrie, a été enlevée à Douma, ville de la banlieue de Damas, le 9 décembre 2013. Le groupe armé salafiste Jaych al-Islam (l'Armée de l'islam) est accusé par Yassin Al-Haj Saleh, le mari de Samira Al-Khalil, d'être l'auteur de cet enlèvement. Il en témoigne dans un recueil rassemblant les écrits de cette dernière : *Journal du siège à Douma* (Beyrouth, 2016).

Avant son enlèvement à Douma, l'auteure de l'article, militante pour la démocratie, avait tenu le journal du siège de la ville par les forces du régime en 2013. Plusieurs extraits de ce journal sont ici publiés pour la première fois en français et font écho au nouveau siège de Douma et aux massacres de civils perpétrés par le régime en mars 2018.

Mots-clés : Syrie, Douma, révolution, guerre, répression, quotidien, violence

Naïla MANSOUR, « Le piège désiré. Chroniques damascènes, 2014 »

Naïla Mansour est enseignante, traductrice et « écrivaine occasionnelle ». La terreur de l'État policier syrien a marqué à jamais son histoire et celle de sa famille. Elle est titulaire d'une thèse de doctorat en sciences du langage à l'université Paris 8 – Vincennes – Saint-Denis. Entre 2004 et 2014, elle a enseigné à Homs et Damas, avant de trouver refuge en France où elle travaille comme enseignante.

Écrivant sous un pseudonyme, l'auteure est encore à Damas lorsqu'elle écrit ces chroniques de la vie d'une opposante dans une ville sous le contrôle du régime et alors que ses amis vivent dans la clandestinité ou en exil. Elle montre comment le réel, la perception du temps, les rites sociaux sont perturbés par l'irruption d'une nouvelle temporalité, celle de la révolution et de la guerre.

Mots-clés : Syrie, Damas, révolution, guerre, répression, relations sociales

Saber DARWICH, « Le Daech syrien. Chômage, désespoir et violence endémique »

Saber Darwich est journaliste et chercheur. Il a réalisé de nombreuses enquêtes sociologiques sur la société syrienne après la révolution de 2011. Il a codirigé *Le Drame d'Alep* (Milan, 2016) et a coordonné *Syrie : l'expérience des villes libérées* (Beyrouth, 2015). Il a pris une part active à la révolution syrienne et a été détenu 9 jours en 2011. Il a quitté la Syrie pour le Liban en 2014 avant de rejoindre la France.

Cette étude traite du contexte dans lequel est apparu Daech en Syrie et des raisons locales qui ont permis son développement. Elle revient sur la question de son attractivité idéologique, de ses sources de financement, de sa structure organisationnelle et sur la prédominance des facteurs internes pour expliquer pourquoi cette organisation a réussi à prospérer dans les régions qu'elle a contrôlées.

Mots-clés : Syrie, révolution, guerre, Daech, violence, chômage, désespoir

Khalifa AL-KHUDER, « Abou Rassoul al-Najjar. Témoignage d'un combattant de la brigade al-Tawhid »

Khalifa Al-Khuder est journaliste et écrivain. Il étudie la psychologie à l'Open University of Switzerland. En juin 2014, il est arrêté à un barrage de l'Organisation de l'État islamique entre Alep et Raqqa. Il réussit à s'enfuir après sept mois de détention dans la ville d'Al-Bab à l'est d'Alep et se réfugie en Turquie. Il a recueilli les témoignages de détenus des prisons de l'OÉI pour un ouvrage à paraître.

Ce texte rapporte le témoignage d'un combattant de la brigade al-Tawhid, créée en juillet 2012 dans la région d'Alep fait prisonnier par l'Organisation de l'État islamique qui regroupe dans une prison les membres de l'Armée syrienne libre. Ce récit relate les préparatifs d'une évasion collective préparée par le combattant devenu le « doyen » de la prison.

Mots-clés : Syrie, révolution, guerre, Daech, brigade al-Tawhid, Armée syrienne libre, prison

Ahmed Al-Haj Saleh, « Hajar et le bataillon féminin de Daech »

Ahmed Al-Haj Saleh a obtenu son diplôme d'électricien quand trois de ses frères étaient en prison au temps de Hafez al-Assad. Il a été instituteur pendant quinze ans jusqu'en 2012. Il a été enlevé, à Raqqa, par l'Organisation de l'État islamique en 2013 et libéré après une captivité de 35 jours ; son frère Firas, arrêté en même temps, n'est pas réapparu. Menacé de nouveau par l'EI, il réussit à se réfugier en Turquie. Là, il commence à recueillir des témoignages sur les exactions et la vie à l'ombre de cette organisation. Lui et sa famille sont arrivés en France en 2016.

Ce témoignage porte sur un bataillon féminin de Daech d'après le récit de Hajar qui en fait défection. Celle-ci raconte comment Daech s'est employé à recruter des jeunes femmes et à les organiser dans un bataillon qui est spécialisé dans différentes tâches. La principale raison de sa création serait cependant de fournir des femmes aux hommes de Daech.

Mots-clés : Syrie, révolution, guerre, Daech, bataillon féminin

Yassin Swehat, « Racha, une jeune fille de Raqqa. Le silence, la liberté, et un niqab grand comme un pays »

Yassin Swehat est un journaliste et blogueur syro-espagnol. Son blog a été créé en 2004 pour héberger ses textes, écrits en arabe et en espagnol, qui se caractérisent par une double orientation : la publication d'enquêtes fouillées sur la société syrienne et d'études en arabe sur les pays hispaniques. En 2012, il participe à la fondation de la revue en ligne *AlJumhuriyya*, dont il est devenu le rédacteur en chef.

Racha, appartenant à une famille de la classe moyenne de Raqqa, raconte les différentes péripéties qu'elle a vécues depuis la révolution de 2011, puis l'expulsion des forces du régime de la ville en mars 2013. Elle revient aussi sur le début du règne de Daech à Raqqa et sur les soulèvements de la population contre cette organisation. Le récit se conclut par son exil forcé en Turquie.

Mots-clés : Syrie, Raqqa, révolution, guerre, Daech, Turquie

Ahmad ABAZEID, « Les transformations du discours d'al-Qaida en Syrie »

Ahmad Abazeid a rejoint les rangs de la révolution en mars 2011 et est membre de l'Armée syrienne libre. Il fit partie des derniers assiégés à quitter Alep en décembre 2016. Il publie des études sur la révolution syrienne, les groupes armés et sur les idéologies islamistes.

Cette étude du discours d'Al-Qaida en Syrie porte tout particulièrement sur les raisons de ses transformations en relation avec l'évolution des contextes locaux et politiques. Le positionnement par rapport à la révolution syrienne est au cœur de cette analyse qui suit au plus près les différentes déclarations des dirigeants de cette organisation mais aussi les pratiques et les symboles qu'elle déploie à différents moments et en fonction des rapports de force avec les groupes de l'opposition.

Mots-clés : Syrie, révolution, guerre, Al-Qaida, discours, Front al-Nosra

Omar KADDOUR, « Portrait commun »

Qu'est-ce que cela fait de devenir « martyr » ou plutôt de découvrir, à la télévision, qu'un homme mort porte le même nom ? Ce récit est celui du « martyr » qui se remémore des faits ayant précédé sa mort mais qui décrit aussi ses sentiments en attendant ses funérailles. C'est aussi, par les pensées qui lui sont prêtées, la question du statut du « martyr » qui est ici posée.

Mots-clés : Syrie, révolution, guerre, martyr, mort, funérailles

Sadek ABDUL RAHMAN, « Alep. Le siège, la résistance et le grand exode »

Sadek Abdul Rahman est journaliste, écrivain et juriste. Il est spécialisé dans la pensée politique constitutionnelle et dirige la rédaction des pages en arabe d'*AlJumhuriyya*.

En décembre 2016, les forces du régime syrien ont repris les quartiers d'Alep tenus par l'opposition, ce qui a constitué un tournant décisif dans le conflit. Ce texte relate les différentes phases des opérations menées par les groupes armés de l'opposition et par les forces du régime. Il revient aussi sur le contexte régional et international qui a permis à la Russie et à l'Iran d'intervenir militairement aux côtés du régime sans susciter de réactions proportionnées.

Mots-clés : Syrie, révolution, guerre, Alep, résistance, exode

Sadek Abdul Rahman, « Chroniques de Saraqib (région d'Idlib) »

La ville de Saraqib, dans la région d'Idlib, a dû combattre à la fois les troupes du régime syrien et celles de Daech. L'auteur de cet article revient sur son histoire propre durant la révolution et explique comment celle-ci s'est militarisée en raison de la répression féroce du régime. Il évoque des figures politiques locales qui ont joué un rôle important dans la mobilisation de la population. Le texte raconte aussi comment se sont déroulées les élections du conseil local de Saraqib.

Mots-clés : Syrie, Saraqib, révolution, guerre, résistance, Daech

Moustafa Abou Chams, « Rejoindre la région d'Idlib à travers 35 centimètres »

Moustafa Abou Chams était pharmacien à Alep avant d'être obligé de se réfugier en Turquie avec sa famille. Il a commencé à écrire des articles pour *Al-Jumhuriya* en 2016.

L'auteur de cet article, ayant rejoint Alep après la prise d'Alep en décembre 2016 par les forces du régime, revient en Syrie par le poste frontière de Bab al-Hawa. Il relate son périple en décrivant tous les obstacles rencontrés par les visiteurs syriens, résidant en Turquie, et de retour dans leur pays pour des visites temporaires.

Mots-clés : Syrie, Idlib, Turquie, frontière, Bab al-Hawa

Malaka Al-Ayeed, « Journal de notre exode de Raqqa. Quatre jours sous la protection d'une voiture piégée »

Malaka Al-Ayeed est une journaliste originaire de Raqqa.

Ayant fui les bombardements de Raqqa, l'auteure de cet article, qui utilise un pseudonyme, relate les quatre jours qu'elle a passés avec sa famille dans un village puis sous une tente alors que des combats se déroulaient entre les combattants de Daech et ceux des Forces démocratiques syriennes majoritairement composées de Kurdes. Elle évoque le désarroi qui s'empare des réfugiés et la méfiance qu'ils ressentent face aux protagonistes du conflit.

Mots-clés : Syrie, Raqqa, Daech, Kurdes, Forces démocratiques syriennes, réfugiés

Jana SALEM, « La vieille ville de Damas ou la peur de l'Autre »

Jana Salem est le pseudonyme utilisé par une habitante de Damas.

Ce récit d'une habitante de Damas, utilisant un pseudonyme, rapporte combien les relations sociales sont marquées par la méfiance et les catégorisations identitaires dans une capitale quadrillée par les forces de sécurité du régime. Elle prend pour exemple les critères présidant aux choix de location et de vente des appartements et à la recherche de l'entre-soi communautaire qui prévaut.

Mots-clés : Syrie, Damas, vieille ville, communautés confessionnelles, immobilier, quartier

Iyad ABDALLAH, « Les alaouites. Leur voyage vers la Syrie, leur voyage hors de Syrie »

Iyad Abdallah a enseigné la philosophie en Syrie dans l'enseignement secondaire. Militant pour la démocratie et partisan de la révolution de 2011, il a été contraint de quitter la Syrie et de se réfugier en France. Il a participé à la fondation du site *Al-Jumhuriya*. Il publie des études sur la question de l'islamisme en Syrie et sur le thème des minorités religieuses dans la presse syrienne et arabe.

Cette étude revient sur la place des alaouites à l'époque du Mandat français et sous le régime des Assad. Elle utilise la métaphore du voyage pour montrer combien leur sentiment d'exclusion vis-à-vis de l'ensemble syrien puis leur hégémonie politique ont fait varier leurs rapports avec la Syrie. Le texte aborde aussi la question du religieux et des relations entre les élites religieuses et les élites politiques de la communauté.

Mots-clés : Syrie, Alaouites, religion, politique, communauté, pouvoir

Hooshang Osei, « Le PKK et sa branche syrienne. Du sadisme de la maison-mère et du masochisme de sa succursale »

Hooshang Osei est écrivain, journaliste et chercheur. Kurde de Syrie mais sans reconnaissance de sa nationalité syrienne, il fut contraint de quitter la Syrie en 2009 pour se réfugier en Turquie avant de s'installer en Belgique. Il est l'auteur d'études sur la question kurde, publiées dans la presse arabe. Il a publié *L'Écrasement de la certitude. L'épreuve de la question et le désir de l'imaginaire* (Beyrouth, 2017).

Cette étude traite de la question des rapports entre le Parti des travailleurs du Kurdistan (PKK) et du Parti de l'union démocratique (PYD), créé en 2003 en Syrie. L'article relève que l'autonomie du second par rapport au premier est très limitée en dépit des allégations du PYD concernant son indépendance vis-à-vis du PKK fondé par Abdullah Öcalan.

Mots-clés : Syrie, Parti des travailleurs du Kurdistan, Parti de l'union démocratique, Kurdes, discours, Abdullah Öcalan

TABLE DES MATIÈRES

IMPRIM'VERT®

Achevé d'imprimer par Corlet Numéric,
Z.A. Charles Tellier, Condé-en-Normandie (Calvados). N° d'impression : 156737
Imprimé en France